Hédervári-Heller • Emotionen und Bindung bei Kleinkindern

Éva Hédervári-Heller

Emotionen und Bindung bei Kleinkindern

Entwicklung verstehen und Störungen behandeln

Das Werk und seine Teile sind urheberrechtlich geschützt.
Jede Nutzung in anderen als den gesetzlich zugelassenen Fällen
bedarf der vorherigen schriftlichen Einwilligung des Verlages.
Hinweis zu § 52a UrhG: Weder das Werk noch seine Teile dürfen
ohne eine solche Einwilligung eingescannt und in ein Netzwerk
eingestellt werden. Dies gilt auch für Intranets von Schulen
und sonstigen Bildungseinrichtungen.

Lektorat: Bernhard Schön, Idstein

© 2011 Beltz Verlag · Weinheim und Basel
www.beltz.de
Herstellung: Sarah Veith
Satz: Sarah Veith
Druck: Beltz Druckpartner, Hemsbach
Umschlaggestaltung: glas ag, Seeheim-Jugenheim
Umschlagabbildung: © Ramona Heim – Fotolia.com
Printed in Germany

ISBN 978-3-407-62736-0

Inhaltsverzeichnis

Vorwort 7
Einleitung 9

1 Kindheit und Elternschaft 14

1.1 Vorstellungen über Kindheit 14
1.2 Seelische Gesundheit in der frühen Kindheit 18
1.3 Elternschaft, Mutterschaftskonstellation 24

2 Entwicklungsprozesse in den ersten drei Lebensjahren 28

2.1 Der »rekonstruierte Säugling«: Psychoanalytische Konzepte zur vorsprachlichen Entwicklung 28
2.2 Der »beobachtete Säugling«: Ergebnisse der Säuglingsforschung 32
2.3 Die Entwicklung des Denkens und Fühlens 35
2.4 Verhaltenszustände des Säuglings 51
2.5 Mutter-Kind-Interaktion 53

3 Bindung und emotionale Sicherheit: Die Bindungstheorie 57

3.1 Grundlagen der Bindungstheorie 57
3.2 Bindung in der frühen Kindheit 63
3.3 Bindung im Erwachsenenalter 71
3.4 Frühe Bindung und spätere Entwicklung 74
3.5 Relevanz der Bindungstheorie für die psychotherapeutische Arbeit ... 76

4 Regulationsstörungen im Säuglings- und Kleinkindalter 78

4.1 Einführung 78
4.2 Risikofaktoren und Entstehungsursachen 79
4.3 Diagnose der frühkindlichen Regulationsstörungen 82
4.4 Klassische Symptome der frühkindlichen Regulationsstörungen 83
4.5 Emotionale Probleme im Säuglings- und Kleinkindalter 109

5 Behandlung von Regulationsstörungen 116

5.1 Theoretische Einführung 116
5.2 Methoden der Eltern-Säuglings- / Kleinkind Beratung und -Therapie 118

6 Möglichkeiten der Hilfe 147

6.1 Pädagogische Unterstützung 147
6.2 Psychotherapeutische Intervention 148
6.3 Stationäre Behandlung 149
6.4 Ausblick 149

7 Ist mein Kind noch zu jung für die Tagesbetreuung? Mythen und Fakten 151

7.1 Berufstätigkeit von Müttern und außerfamiliäre Tagesbetreuung von Kleinkindern 151
7.2 Übergang in die Tagesbetreuung 152
7.3 Das »Berliner Eingewöhnungsmodell« (Laewen / Andres / Hédervári 2009) 156

Literatur 162

Vorwort

Ich begegnete Éva Hédervári-Heller zum ersten Mal auf dem Margaret-Mahler-Kongress 1993 in Köln. Viele internationale Koryphäen waren bei dieser von Lotte Köhler organisierten Veranstaltung vertreten: Salman Akhtar, Franz Michael Basch, Beatrice Beebe, Anni Bergman, Harold Blum, Selma Kramer, Merton Gill, Henry Parens u.a. Ich war damals noch ein kleines Kirchenlicht, hatte gerade den »kompetenten Säugling« veröffentlicht und durfte mit meinem Freund und Kollegen Hans-Peter Hartmann eine Arbeitsgruppe über »Psychoanalyse und Säuglingsforschung« leiten, in der auch Éva saß. Sie berichtete über ihr neuestes Forschungsprojekt, wir kamen ins Gespräch, verbrachten anschließend einen netten Abend in der Kölner Altstadt und verloren uns dann wieder aus den Augen.

Aber, wie das Leben so spielt, aus den Augen bedeutet nicht immer aus dem Sinn. Als ich 1996 plante, am Institut für Medizinische Psychologie in Frankfurt am Main eine Eltern-Säuglings-Ambulanz aufzubauen, konnte ich Éva, die damals noch in Berlin lebte, für eine Mitarbeit gewinnen. Es folgten die fünf schönsten Jahre meines Arbeitslebens: Keine Konkurrenz, keine Intrigen, keine Besserwisserei, kein Neid – statt dessen Neugier, Offenheit für Neues, kooperative Sympathie und Hingabe an die Sache, mitgetragen von den anderen Kollegen und Kolleginnen des Instituts, die ähnlich strukturiert waren.

Bei Fach- und Sachbüchern kommt es indessen nicht auf die Charaktereigenschaften ihrer Verfasser an, sondern auf Inhalte. Der Leser, der das vorliegende Buch zur Hand nimmt, wird vorzüglich informiert. Er findet eine flüssig geschriebene, solide, breit gefächerte und trotzdem konzise Darstellung von Theorien frühkindlicher Entwicklung und Therapien frühkindlicher Störungen. Er wird nicht überredet, dieses für gut oder jenes für schlecht zu halten, auch wenn die Autorin durchaus erkennen lässt, womit sie sympathisiert und womit nicht, was ihr näher steht und was ferner. Es werden keine Zensuren verteilt, aber die Theorien werden auch nicht einfach aufgereiht wie an einer Perlenkette oder ausgelegt wie auf einem Kaufhausgrabbeltisch, an dem sich jeder nach Gusto bedienen kann. Auf Wissenschaftlichkeit legt die Verfasserin Wert und auf das Prinzip der Begründung. Eine bloße »Kunstlehre« ist Psychotherapie in ihren Augen nicht, sondern eine professionelle Tätigkeit, in deren Umkreis Wissenschaft stattfindet, die man zur Kenntnis nehmen sollte und von der man etwas lernen kann. Deshalb sollen wir lesen. Das Buch ist – und hier kommt dann doch die Person zwischen den Zeilen zum Vorschein – frei von Polemiken. Es spiegelt den Charakter seiner Autorin wider. Es ist liebenswürdig, vermittelnd, aber vertritt auch Positionen, die indes immer für Revisionen offen sind.

Bücher haben, wie Triebe, ihre Schicksale. Oft sind sie nicht vorherzusehen und nicht im erhofften Umfang zu beeinflussen. Ich wünsche diesem Buch ein glückliches Schicksal, viel Erfolg und weite Verbreitung bei der interessierten Leserschaft, die es verdient.

Martin Dornes   Frankfurt am Main, im November 2010

Einleitung

In den modernen Gesellschaften lassen Vorstellungen über die frühe Entwicklung den Säugling und das Kleinkind als besonders neugierig, kompetent, kreativ und kooperativ erscheinen. Gleichzeitig aber werden junge Kinder auch als unberechenbar, eigensinnig, defizitär und in vielen Verhaltensbereichen als problematisch betrachtet. Das Zusammenleben mit Säuglingen und Kleinkindern bedeutet daher eine besondere emotionale Herausforderung für die Erwachsenen sowie einen ständigen Wechsel zwischen der Freude an der faszinierenden Entwicklung des Kindes und der Verzweiflung bei »Entgleisungen« in seiner Entwicklung.

Die Sorge der Eltern ist groß, wenn ein noch sehr junges Kind Verhaltensauffälligkeiten und körperliche oder psychische Symptome zeigt, deren Entstehung nicht auf organmedizinische Ursachen zurückzuführen sind. Vor allem in den ersten Lebensjahren des Kindes erleben Eltern viele Unsicherheiten hinsichtlich der normalen und der pathologischen Entwicklung. Die Unterscheidung zwischen dem »noch normalen« und dem »schon pathologischen« Verhalten des Säuglings ist oft nicht einfach. Manche Sorgen entstehen unter anderem im Zusammenhang mit der täglichen Versorgung des Kindes, mit seinen schwer einschätzbaren Verhaltenszuständen oder mit seiner Affektregulierung. Häufig werden Fragen formuliert, die sich z. B. auf die elterlichen Kompetenzen oder auf das Überleben des Kindes beziehen: »Warum schreit mein Kind und lässt sich nicht beruhigen? Warum verweigert es die Nahrung oder nimmt nicht genügend an Körpergewicht zu? Warum schläft es nicht und akzeptiert keine Grenzen?«

Gründe für die Schwierigkeiten suchen die Eltern meistens in den Eigenarten des Kindes oder in organischen Erkrankungen. Manche Unsicherheiten ergeben sich aber auch aus der veränderten Lebenssituation in der Familie: berufliche und finanzielle Einschränkungen, Konflikte in der Partnerschaft oder in der Elternschaft. Diese und ähnliche Probleme lösen bei vielen Eltern Besorgnis aus und führen zu erheblichen Belastungen im Alltag, in einigen Fällen sogar zu einer »Krisensituation« in der Familie. Lang anhaltende »Krisen« können schließlich zur Manifestation von Symptomen des Kindes beitragen und die emotionale Eltern-Kind-Beziehung dauerhaft beeinträchtigen. Unter diesen Bedingungen wird »ein guter Start ins Leben« von Beginn an erschwert und die Grundsteinlegung für ein Aufwachsen in »seelischer Gesundheit« verhindert.

Aber nicht nur Eltern, sondern auch Erzieherinnen und Erzieher, Tagespflegepersonen oder Babysitter sind oft ratlos, wenn das ihnen anvertraute Kind Verhaltensweisen zeigt, die von der Norm abweichen und den Umgang mit dem Kind belasten. Die

Gründe für die Probleme des Kindes beim Füttern, Schlafen oder in seinem emotionalen Ausdrucksverhalten werden meistens im Elternhaus vermutet. Sowohl ein Schweigen über das Problem als auch eine nicht ausreichend feinfühlige Konfrontation der Eltern mit den Schwierigkeiten des Kindes können zu weiteren Konflikten führen oder die Schuldgefühle der Eltern verstärken. Eine differenzierte Betrachtung der frühkindlichen Verhaltensprobleme und ein differenzierter Umgang wären in solchen Situationen notwendig. Das dazu erforderliche theoretische Wissen ist beim Betreuungspersonal in der Regel jedoch kaum vorhanden, und es kann auch nicht alleine aus der praktischen Erfahrung im Alltag mit jungen Kindern erworben werden. Fachbücher sowie Fort- und Weiterbildungsmaßnahmen sind dann hilfreich, um das Wissen über Regulationsstörungen im Säuglings- und Kleinkindalter zu vermitteln.

Themen wie Störungen der Verhaltensregulation und seelische Konflikte in der frühen Kindheit sowie deren Behandlung sind bisher nur selten Bestandteil des Lehrplans an Hochschulen, Fachhochschulen, Fachschulen oder Weiterbildungsinstituten. Auch in dieser Hinsicht sind Fachbücher und Weiterbildungsprogramme wichtig für die Weiterqualifizierung von pädagogischen, psychologischen, therapeutischen und medizinischen Fachkräften. Das vorliegende Buch soll auf einer breiten Basis viele Berufsgruppen erreichen, Berufsgruppen, die sich um die Belange von jungen Kindern kümmern und offen dafür sind, psychische Entgleisungen in der frühen Entwicklung aufzudecken und / oder diese zu behandeln.

Aufbau des Buches

Entwicklungspsychologische Konzepte der normalen und der pathologischen Entwicklung des Säuglings und Kleinkindes bieten den theoretischen Rahmen für die Erklärung von seelischen Konflikten und Störungen der Verhaltensregulation in diesem frühen Alter. Erkenntnisse der akademischen Entwicklungspsychologie, der psychoanalytischen Entwicklungslehre, der modernen Säuglingsforschung und der Bindungstheorie werden im Einzelnen diskutiert. Die Beschreibung der Störungsbilder sowie deren Behandlungsmethoden werden mit Fallbeispielen aus der Beratung und der therapeutischen Arbeit ergänzt und illustriert.

Das Buch gliedert sich in einen theoretischen und einen praktischen Teil.

Im *ersten Kapitel* geht es um Vorstellungen über die Kindheit im historischen Kontext. Das Bild vom »kompetenten Säugling«, das moderne Gesellschaften über die frühe Kindheit entwickelt haben, ist das Ergebnis einer jahrhundertelangen Entwicklung. Welche Vorstellung Erwachsene in der jeweiligen Epoche über Kindheit als bedeutende Entwicklungsphase haben, nimmt Einfluss darauf, wie sie die Kinder wahrnehmen, deren gesundes und abweichendes Verhalten interpretieren und wie sie mit dem Kind im Alltag umgehen. Kindheitsbilder tauchen in inneren Bildern und Vorstellungen auf, und sie wirken in der Regel unbewusst auf das Verhalten von Erwachsenen. Aus diesem Grund erscheint es sinnvoll, sich mit den unterschiedlichen Vorstellungen über das »Bild des Kindes« (Schmid 1991) in den verschiedenen Epochen, vom frühen Mittelalter bis zur Gegenwart, näher zu beschäftigen. Das »Bild des Kindes« ist eine historische Erscheinung, es unterliegt ständigem Wandel. Es umfasst die *Natur* des Kindes, seine *Stellung und Funktion* in der Gesellschaft und seine *Entwicklung*. Diese einführende Diskussion zum Kindheitsbegriff wird mit einem kurzen Abriss über die Elternschaft und die seelische Gesundheit von jungen Kindern in unserer Gesellschaft ergänzt.

Im *zweiten Kapitel* werden theoretische Konzepte zur gesunden Entwicklung des Säuglings und des Kleinkindes diskutiert, aus der Sicht der traditionellen psychoanalytischen Entwicklungspsychologie und nach Erkenntnissen der Säuglingsforschung. Neugeborene und Säuglinge, die die Fähigkeit zur verbalen Kommunikation noch nicht beherrschen, galten in der traditionellen psychoanalytischen Entwicklungslehre lange Zeit als passive Empfänger von Außenreizen und als »undifferenzierte Wesen«, die zur Kommunikation und Interaktion nicht oder kaum in der Lage sind. Einige dieser Konzepte werden ausführlich beschrieben.

Durch Erkenntnisse der Säuglingsforschung der letzten 30 Jahre wurde die Vorstellung vom passiven Säugling radikal korrigiert. Nach wissenschaftlichen Erkenntnissen verfügen Neugeborene und Säuglinge über gut entwickelte Wahrnehmungs- und Interaktionsfähigkeiten, die es ihnen ermöglichen, mit anderen Menschen zu kommunizieren und die Beziehung zu ihren Eltern aktiv mitzugestalten (Dornes 1993, 1997, 2000). Das lässt sich mit beeindruckenden Ergebnissen der Säuglingsforschung über Neugeborene und über Säuglinge mit ihren faszinierenden Kompetenzen belegen. Darüber hinaus wird die Entwicklung von Denken und Symbolisierungsfähigkeit des Kindes nach Piagets Theorie der Objektpermanenz und nach den Ergebnissen der modernen Entwicklungspsychologie zusammengefasst. Konzepte der »Affektspiegelung« (Gergely/Watson 1999), der »Mentalisierung« (Fonagy et al. 2004) sowie die Entstehung von Emotionen werden diskutiert. Die Qualität der wechselseitigen Beziehung zwischen dem Kind und seiner primären Bezugspersonen spiegelt sich in der Interaktion beider Partner. Frühe interaktive Erfahrungen nehmen großen Einfluss auf die Gesamtentwicklung des Individuums und spielen oft eine Schlüsselrolle im Hinblick auf die Entstehung von psychischen Problemen in der Kindheit. Klinische Aspekte der Mutter-Kind-Interaktion, Feinfühligkeit der Bezugsperson und die Art und Qualität von interaktiven Prozessen werden dargestellt. Wenn ich in meinen Ausführungen von Müttern spreche, meine ich nicht allein die biologische Mutter, sondern Mutterfiguren, d. h. auch Väter oder andere für das Kind primäre Bezugspersonen.

Eine ausführliche Behandlung der Bindungstheorie erfolgt im *dritten Kapitel*. Neben den Grundlagen bindungstheoretischer Erkenntnisse wird es um den Aufbau und die Qualität von Bindungsbeziehungen in der frühen Kindheit und im Erwachsenenalter sowie um die Klassifizierung der Bindungsstörungen gehen. Die Bindungsmuster des Kleinkindes und Bindungsrepräsentanzen der Erwachsenen werden nach ihren Hauptkategorien beschrieben. Im Laufe des ersten Lebensjahres führt Bindungsverhalten zur Herausbildung von gefühlsmäßigen Bindungen zwischen dem Kind und seinen primären Bezugspersonen. Spätestens ab dem zwölften Lebensmonat zeigen Kinder individuelle Unterschiede in der Qualität ihrer emotionalen Bindungsbeziehung zu ihren primären Bezugspersonen, zur Mutter, zum Vater und zu anderen Personen ihrer engsten Umgebung. Kinder lernen bereits im Säuglingsalter verschiedene Anpassungsstrategien, wie sie in einer Stresssituation auf die Unterstützung ihrer Bindungspersonen zurückgreifen können oder aber versuchen, mit der Stresssituation alleine fertig zu werden. Wie feinfühlig die Bezugsperson auf die Signale des Kindes reagiert und die Qualität der Erwachsenen-Kind-Interaktion haben einen wesentlichen Anteil daran, ob das Kind frühzeitig lernt, sich auf die Unterstützung der Bindungspersonen zu verlassen oder aber Stresssituationen aus eigener Kraft zu bewältigen.

Das *vierte Kapitel* leitet den praktischen Teil ein und befasst sich mit Störungen der frühkindlichen Verhaltensregulation. Diese bezieht sich auf Schwierigkeiten des Säuglings und Kleinkindes, seine Befindlichkeit, sein Verhalten und seine körperlichen Prozesse zu regulieren oder seinen Entwicklungsstand entsprechend auszubalancieren. Frühkindliche Regulationsstörungen sind aus klinischer Sicht als eine Form psychischer oder psychosomatischer Erkrankungen im Säuglings- und Kleinkindalter zu betrachten und gelten oft als Vorboten späterer psychischer Erkrankungen. Leichte Störungen der Emotionalität und der Verhaltenszustände gehören zu den »ganz normalen Krisen« der frühkindlichen Entwicklung, die in der Regel auch ohne professionelle Unterstützung vorübergehen. In manchen Fällen jedoch weichen die Symptome in ihrer Dauer und in ihrer Intensität von der Norm ab, sodass professionelle Unterstützung notwendig wird. Im ersten Lebensjahr treten sie am häufigsten in Form von exzessivem Schreien, chronischer Unruhe, Schlafstörungen sowie in Form von Ess- und Gedeihstörungen auf. Im zweiten Lebensjahr erweitern sich die Probleme unter anderem auf Schwierigkeiten in der Eltern-Kind-Bindung, ausgeprägtes Trotzverhalten, Trennungsangst oder unsteuerbare Wutanfälle. Nach wissenschaftlichen Einschätzungen kommt es bei jedem vierten bis fünften gesunden Säugling zumindest vorübergehend zu Schrei-, Schlaf- oder Fütterproblemen. Von schwerwiegenden Regulationsstörungen sind allerdings nur ca. vier Prozent der Säuglinge und Kleinkinder betroffen (Papoušek / Schieche / Wurmser 2004).

Im *fünften Kapitel* werden die Behandlungsmethoden der frühkindlichen Regulationsstörungen von ihren Anfängen bis heute beschrieben. Die Behandlung kann im Rahmen der Eltern-Säuglings- / Kleinkind-Beratung und -Therapie sowohl ambulant als auch stationär erfolgen. Weltweit existiert diesbezüglich eine Vielzahl an Behandlungskonzepten, die auf der Grundlage von unterschiedlichen Theorien entwickelt wurden. Für den deutschsprachigen Raum werden psychoanalytisch, interaktionistisch und bindungstheoretisch geleitete Behandlungsmethoden beschrieben. Ein vierter, aus der Sicht der Autorin konzipierter »integrativer Ansatz« wird ausführlich vorgestellt und mit einem Fallbeispiel illustriert. Dieses Kapitel erlaubt einen genaueren Einblick in die Praxis der Eltern-Säuglings- / Kleinkind-Beratung und -Therapie und bietet Anregungen für bereits praktizierende Fachleute sowie für diejenigen, die sich in diesem Gebiet qualifizieren wollen.

Im *sechsten Kapitel* findet der Leser Informationen über Hilfsangebote im pädagogischen, therapeutischen und medizinischen Rahmen in der Beratung, Therapie und der stationären Behandlung.

Eine kurze Abhandlung über den aktuellen Stand der Krippendiskussion ist Gegenstand des abschließenden *siebten Kapitels*. Die Frage nach der Tagesbetreuung von jungen Kindern in Krippen und in Kindertagespflege wird immer noch kontrovers diskutiert; diese Kontroverse ist auch im Zusammenhang mit Regulationsstörungen von Bedeutung. Häufig suchen die Eltern Rat in Beratungsstellen oder bei Therapeuten, ob sie ihrem Kind in den ersten drei Lebensjahren eine Krippenbetreuung »ohne Schaden« zumuten können. In manchen Fällen ist es wiederum aus professioneller Sicht angebracht, den Eltern eine stundenweise Betreuung des Kindes in einer Krippe oder bei einer Tagespflegemutter zu empfehlen. Nationale und internationale Forschungsdaten werden hier zitiert und Qualitätsmerkmale der frühkindlichen Tagesbetreuung zusammengefasst.

Ich möchte allen danken, die mich bei der Arbeit unterstützt haben und mit fachlichem Rat oder durch stilistische Verbesserungsvorschläge zum Erscheinen dieses Buches wesentlich beigetragen haben: Kathrin Cziasnocha, Eszter Fischer, Hans-Peter Hartmann, Alexander Hédervári, Angelika Pohl und Maria von Salisch.

Den vielen Familien, Säuglingen, Kindern in unterschiedlichsten Alter und Jugendlichen, die ich während der letzten zwanzig Jahre therapeutisch begleitet habe, möchte ich für ihr Vertrauen danken. Sie ermöglichen mir, Einblicke in ihr Gefühlsleben zu erhalten und somit manche zunächst abstrakt erscheinende Theorie für die Praxis erlebbar zu machen. Ohne diese Erfahrung hätte das Buch nicht geschrieben werden können.

Impulse, die ich aus vielen anregenden Diskussionen mit Martin Dornes, mit Kolleginnen und Kollegen an der Universitätsklinik in Frankfurt am Main über Psychoanalyse und Entwicklungspsychologie erhalten habe sowie zahlreiche pädagogische Fachgespräche mit Annette Dreier haben mich geprägt. Ich danke ihnen für die inhaltliche und moralische Unterstützung.

Insbesondere gilt mein Dank meinem Mann, Hans Heller, erster Leser des Manuskripts, für seine Unterstützung, Geduld und sein Verständnis für die Zeiten, die ich am Schreibtisch verbracht habe. Ihm widme ich dieses Buch.

1 Kindheit und Elternschaft

1.1 Vorstellungen über Kindheit

Das Bild, das jede Gesellschaft von der Kindheit entwirft, beeinflusst nachhaltig die Einstellung zum Kind, die Erziehungsziele und die Erziehungsmethoden. Wie das Verhältnis zwischen der Welt der Erwachsenen und der Welt der Kinder sich im Laufe der Jahrhunderte verändert hat, lässt sich im historischen Rückblick aus der Geschichte der Kindheit gut ableiten (Ariès 1960, deMause 1974).

Das wissenschaftliche Interesse an der Erforschung der Kindheit entwickelte sich besonders in den letzten 100 Jahren. Vor allem Historiker, Sozialwissenschaftler und Biologen sind bis heute bemüht, das »Bild des Kindes« und den Sinn der Kindheit zu erforschen. Dieses Bild ist ein *komplexes Konglomerat* von Ideen, Vorstellungen, Anschauungen über die »*Natur*« des Kindes sowie über seine *Stellung und seine Funktion in der Gesellschaft*. Die Bedingungen seiner Entwicklung und die Ziele der Erziehung gehören ebenfalls dazu (Schmidt 1991).

Das »Bild des Kindes« ist in unterschiedlichem Kontext vorhanden: z. B. in *Familien* (Umgang mit den eigenen Kindern), in der *öffentlichen Meinung* (Erwartungen darüber, wie Kinder sich zu verhalten haben), in dem *institutionalisierten gesellschaftlichen Bewusstsein* (Bildungs- und Erziehungsprogramme) und in der Vorstellung von *Fachleuten* (Erzieher, Lehrer, Sozialpädagogen, Therapeuten). Schließlich gibt es die *vergegenständlichten Kind-Bilder* in Spielzeug, Kinderliteratur, Musik, Kinderkleidung und -mode – allerdings nicht immer zugunsten der Kinder. Meistens handelt es sich dabei um implizite (unbewusste) Vorstellungen. Auch daran lässt sich sehen, dass das »Bild des Kindes« als epochen-, kultur-, nationalitäten- und schichtspezifisches Phänomen einem ständigen Wandel unterliegt.

Erfahrungen, die Kinder in ihrer sozialen und sachlichen Umwelt sammeln, können nur dann ausreichend verstanden werden, wenn die damit einhergehenden Vorstellungen über die Kindheit als Lebensphase mit berücksichtigt werden. Die unterschiedlichen Vorstellungen über Kindheit und die damit verbundenen Erziehungsmethoden zeichnen Newman / Newman (1978) und Schmidt (1991) in ihren *Modellen von Kind-Bildern* anschaulich nach.

- *Miniatur-Modell*
  Danach wird das Kind als kleiner Erwachsener angesehen. Seine Entwicklung bedeutet eine quantitative und keine qualitative Veränderung von Fähigkeiten und Fertigkeiten. Daraus folgt, dass es keiner kindspezifischen Lebensräume bedarf. Das Kind hat einen offenen Zugang zu allen Lebensbereichen der Erwachsenen. Es gibt

keine spezifische Kinderkleidung oder eigenen Kinderspiele. Bis in das 17. und 18. Jahrhundert diente das Miniatur-Modell als gängige Vorstellung über die Kindheit.

- *Erbsünde-Modell*
Hier entsteht eine Vorstellung über Kindheit als eine Lebensphase. Hinter dem Erbsünde-Modell steckt die Idee, dass das Kind von Geburt an zum »Bösen« neigt. Es ist daher angebracht, so früh wie möglich Anforderungen an das moralische Verhalten des Kindes zu stellen, es mehr zu strafen und weniger zu loben. Die Erwachsenen-Kind-Beziehung beruht auf Distanz und auf gegenseitigem Misstrauen. Harte Strafmaßnahmen, autoritäre und kontrollierende Erziehung sowie das Unterrichten von Ethik und Moral sind Voraussetzung für eine erfolgreiche Entwicklung des Kindes. Dieses Modell hat seine Wurzeln in der christlichen Religion.

- *Tabula-rasa-Modell*
Wie schon der Name sagt (Tabula rasa = leere, unbeschriebene Tafel), geht dieses Modell von der Annahme aus, dass das Kind mit einem »leeren« Bewusstsein auf die Welt kommt. Die »Füllung« erfolgt durch äußere Einwirkungen wie Bildung und Erziehung. Biologische Tatsachen, genetisch bedingte individuelle Unterschiede oder angeborene Fähigkeiten spielen hier keine oder kaum eine Rolle. In der Erziehung wird mehr Wert auf positive, das Lernen begünstigende Erfahrungen als auf frustrierende und einschränkende Disziplinierungsmaßnahmen gelegt. Körperstrafe soll nicht angewandt werden.
Das *Tabula-rasa-Modell* wurde von dem englischen Philosophen John Locke (1693) entworfen, der damit die Grundsteine moderner Pädagogik legte. Seine Erziehungsziele lauteten: Tugend (Einübung in menschliches Denken und Fühlen), Lebensklugheit, Lebensart und Vermittlung von Kenntnissen.

- *Modell der »guten Natur«*
Der französische Philosoph und Pädagoge Jean-Jacques Rousseau (1762) sah das Kind von Natur aus als »gut« an. Die Ausgangsthese seines Modells beruht auf der Annahme, dass das Kind von Geburt an mit »positiven Naturkräften« ausgestattet sei. Er erklärt das Kind als kostbar und schützenswert. Im Mittelpunkt der Entwicklung steht die Möglichkeit, sich frei und unbehindert zu entfalten. Das Kind lernt nicht durch Belehrung, sondern durch Spielen. Erziehung erfolgt aus Sicht des Kindes und für das Wohl des Kindes. In der Erziehung geht es um die Gewährung von Autonomie und Freiräumen ohne einschränkende Disziplinierung. Pädagogische Grundprinzipien der 1968er-Protestbewegung in der Bundesrepublik Deutschland beriefen sich mitunter auf Rousseaus Ideen über Kindheit und Erziehung.

- *Ausbeutungs-Modell*
Während Philosophen, Theologen und Aristokraten über die Natur des Kindes und seine ideale Erziehung debattierten, entstand eine neue Realität für Kinder aus den unteren Gesellschaftsschichten. Im Zuge der Industrialisierung im 19. Jahrhundert wird das Kind als nutzbare Arbeitskraft entdeckt, die zur Existenzsicherung der Familie beiträgt. Es wird nicht nach seiner einzigartigen Individualität eingeschätzt, sondern nach seiner Arbeitsleistung. Konformismus, passive Anpassung und Un-

terordnung gelten als erwünschte Persönlichkeitsmerkmale. Als extreme Form der Ausbeutung von Kindern ist die Sklaverei zu nennen. Kinder verlieren hier nicht nur ihre Freiheit und Individualität, sondern auch ihre Wurzeln, den Kontakt zu den Eltern. Tragischerweise gehört die Kindersklaverei nicht der Vergangenheit an, in einigen Ländern existiert sie bis heute.

- *Defizit-Modell*
  Hier stehen die Defizite des Kindes im Vordergrund. Sie werden aus dem Vergleich mit den Fähigkeiten der Erwachsenen abgeleitet. Entwicklung bedeutet: Überwindung von Mängeln, Unreife und Unvollkommenheit. In der Bildung und Erziehung geht es in erster Linie darum, das Erwachsenwerden mit allen Mitteln zu beschleunigen.
  Das Defizit-Modell scheint über mehrere Jahrhunderte, mit kleinen Unterbrechungen, überlebt zu haben. Dass in der aktuellen pädagogischen Diskussion, mit bemerkenswertem medialem Echo, nach mehr Disziplin und Gehorsam in der Erziehung verlangt wird, zeigt, wie hartnäckig sich dieser Ansatz hält.
- *Entwicklungszentriertes Modell*
  Das entwicklungszentrierte Modell ist ein vorläufiges Resultat der vor allem evolutionsbiologischen und entwicklungspsychologischen Forschungen der letzten 100 Jahre. Das Modell betont die »Offenheit« der Entwicklung, die qualitativen Veränderungen des Entwicklungsverlaufs (Phasen, Stadien) und die eigenaktive Entwicklungsdynamik als ein Produkt der Wechselwirkung biologischer, sozialer und psychischer Komponenten. Das Recht des Kindes auf Selbstbestimmung und Selbstverwirklichung kommt zur Geltung.

Das entwicklungszentrierte Kind-Bild (Schmidt 1991) setzt sich aus einer Reihe von Faktoren zusammen, die die Liberalisierung der Erziehung ermöglicht haben.
- Demnach ist das Kind eine ganzheitlich handelnde Persönlichkeit, d. h. in allen Entwicklungsphasen ist es ein empfindendes, fühlendes, strebendes, denkendes und lernendes Wesen. Bildung und Erziehung bedeuten die Entfaltung der Emotionalität, der Intelligenz und des Lernens.
- Das kindliche Handeln ist auf die Auseinandersetzung mit der Sachwelt und der sozialen Welt gerichtet. Die Herausbildung von sozialem und moralischem Verhalten (Kooperation, solidarisches Handeln) ist besonders zu beachten.
- Die kindliche Entwicklung ist Sozialisation, d. h. Hineinwachsen in die Kultur der eigenen gesellschaftlichen Umwelt. Sie ist gleichzeitig Humanisierung im Hinblick auf die Entwicklung zu einem unverwechselbaren Individuum.
- Kindliche Entwicklung ist Selbstentwicklung. Bildung und Erziehung haben die Aufgabe, die Selbstentwicklung des Kindes zu unterstützen.
- Es existiert ein genetisch festgelegter »Verhaltensplan« des Kindes, basierend auf einem menschheitsgeschichtlichen Erbe. Dazu gehören in der frühen Kindheit z. B. die physiologischen Prozesse und Rhythmen von Schlaf-wach-Regulation oder der Wunsch nach Bindung und Exploration.

- In der Auseinandersetzung mit der Welt kommt es beim Kind zu Unsicherheiten und Ängsten. Um diese zu überwinden, braucht das Kind die Erfahrung, ernst genommen zu werden und sich als gleichberechtigter Partner im Lösen von Entwicklungsaufgaben zu erleben.

Die Kindheit im Wandel der Epochen: Zusammenfassung

Die mittelalterliche Gesellschaft hatte kein Verhältnis zur Kindheit. Sobald das Kind ohne die ständige Fürsorge seiner Mutter, seiner Amme oder seiner Kinderfrau leben konnte (mit ca. sieben Jahren), gehörte es der Gesellschaft der Erwachsenen an und unterschied sich nicht länger von ihr. Die Kindersterblichkeit war hoch und Kindesmord weit verbreitet. Das sehr kleine Kind zählte nicht, daher kümmerte sich kein Mensch um dessen Schicksal (Ariès 1960). Das Familienleben spielte sich überwiegend in der Öffentlichkeit ab, die Familie galt nicht als Schutzraum für das Kind.

Spätestens ab dem 18. Jahrhundert – das »pädagogische Jahrhundert« genannt – wurde die Kindheit als eine eigenständige Lebensphase anerkannt, die eines speziellen Schutzes und der Förderung bedarf. Das Leben spielte sich immer mehr in der privaten Sphäre der Familie ab. Sie war zu einer geschlossenen Gesellschaft geworden, in der man sich gerne aufhielt. Familie bekommt eine moralische und geistige Funktion, formt den Körper und die Seele. Vonseiten der Moralisten und Erzieher bildete sich eine neue Einstellung zur Kindheit heraus, die die gesamte Erziehung bis zum 20. Jahrhundert inspiriert hat. Sie setzten stärker auf eine »gute Erziehung«, um das Kind zu einem moralischen Wesen zu erziehen. In der Familie ging man anders mit kleinen Kindern um, sie wurden zeitweise sogar verwöhnt.

Diese neue Einstellung war in der Stadt ebenso wie auf dem Land, im Bürgertum wie im Volk anzutreffen. Allerdings unterschieden sich die Lebensbedingungen von Kindern gewaltig, je nach Schichtzugehörigkeit oder Geschlecht. Die Aufmerksamkeit für die Kindheit drückte sich nicht mehr in der amüsierten Spielerei, der »Tändelei« aus, sondern im psychologischen Interesse und in moralischen Bestrebungen. Man bemühte sich, die Individualität des Kindes zu durchschauen, um die Erziehungsmethoden besser dem kindlichen Niveau anzupassen. Die Erwachsenen fühlten sich nun für die Bildung und Erziehung von Kindern mehr als in früheren Epochen verantwortlich. Die Distanz zwischen Erwachsenen und Kindern wuchs, immer mehr Bereiche des Lebens wurden den Kindern vorenthalten: Sexualität, Geld, Gewalt, Krankheit, Tod.

Durch die Industrialisierung nahmen die Gegensätze in der Lebens- und Erziehungssituation der Kinder gravierend zu. Erziehung und Schulbildung beschränkte sich auf Kinder aus bürgerlichen Familien. Kinder aus unteren Schichten wurden ausgebeutet, sie mussten in Fabriken unter menschenunwürdigen Bedingungen arbeiten, um zu überleben. Die Lebenserwartung dieser Kinder war entsprechend niedrig.

Die Rechte der Kinder wurden zum Gegenstand von politischen Diskussionen, deren Relevanz aktuell bleibt. 1924 wurden erstmals im Dokument der Genfer Konvention Kinderrechte formuliert. Die Vollversammlung der Vereinten Nationen verkündete die Rechte des Kindes 1959. Sie forderte den Schutz des Kindes und Bedingungen der körperlichen, seelischen und geistigen Förderung der Kinder in allen Teilen der Welt.

Das Recht des Kindes auf gewaltfreie Erziehung wurde in Deutschland im Jahr 2000 gesetzlich verankert. Das Gewaltverbot in der Erziehung besagt: »*Kinder haben das Recht auf gewaltfreie Erziehung. Körperliche Bestrafungen, seelische Verletzungen und andere entwürdigende Erziehungsmaßnahmen sind unzulässig*« (§ 1631 Abs. 2 BGB). Die aktuelle politische Debatte im Hinblick auf Kinderrechtsfragen in Deutschland geht weiter. Viele Vertreter unterschiedlicher politischen Parteien fordern, die Rechte von Kindern im Grundgesetz zu verankern und das Wahlrecht von Geburt an einzuführen (Peschel-Gutzeit 2008).

1.2 Seelische Gesundheit in der frühen Kindheit

Mit dem Beginn der Industrialisierung im 18. Jahrhundert begann in den westlichen Industrieländern eine Sensibilisierung für seelische Zustände und Verletzungen durch Missbrauch, Misshandlung und Vernachlässigung von Kindern (Eagle / Hoffmann / Steffens 1997). Gleichzeitig wurde deutlich, dass viele Erscheinungsbilder psychisch gestörter Kinder nicht mit denen der Erwachsenen übereinstimmen, sondern eine entwicklungstypische Symptomatik aufweisen und eine spezielle Diagnostik und eine daran angepasste Therapie erfordern (Nissen 2005). Es dauerte dann noch weitere zwei Jahrhunderte, bis eine Altersdifferenzierung von psychischen Erkrankungen in der frühen (null bis sechs Jahren) und späteren Kindheit (ab dem Schuleintritt) stattfand. Eine systematische Erforschung der Auswirkungen von massiven Formen seelischer Verletzungen erfolgte allerdings erst viel später, und zwar in der zweiten Hälfte des 20. Jahrhunderts. Vor allem die Untersuchungen zur mütterlichen Deprivation von René Spitz (1945) und John Bowlby (1953) haben die Aufmerksamkeit der Weltöffentlichkeit auf die seelischen und emotionalen Beeinträchtigungen von Säuglingen und Kleinkindern gelenkt.

Im Laufe der vergangenen Jahrzehnte verschob sich das Interesse an Erkrankungen in der Kindheit von den somatischen (körperlichen) zu den seelischen (psychischen) Störungen. Infektions- und Mangelkrankheiten, die bis Mitte des 20. Jahrhunderts die häufigsten Erkrankungen von Kindern und die häufigsten Ursachen der Säuglings- und Kindersterblichkeit waren, stellen heute kein ernsthaftes Problem mehr dar. An ihre Stelle sind Entwicklungsstörungen, Störungen der Emotionalität und des Sozialverhaltens getreten (Schlack 2004). Ob diese Störungsbilder als die »neuen Kinderkrankheiten« zu definieren oder das Ergebnis einer verfeinerten Diagnosestellung sind, bleibt dahingestellt. Wichtiger ist es, ihre Entstehungsursachen zu definieren, Risiko- und Schutzfaktoren der Störungsbilder herauszufinden sowie vielfältige Präventiv- und Behandlungsmöglichkeiten zu entwickeln, um die Morbidität (Erkrankungshäufigkeit) zu senken (Hédervári-Heller 2005).

In den letzten Jahrzehnten kam es schließlich zu erheblichen Verbesserungen in der Versorgung von Kindern mit psychischen Störungen sowohl im psychiatrischen als auch im psychotherapeutischen Bereich. Heute ist ein bundesweites Netz ambulanter und stationärer Einrichtungen vorhanden, in dem Fachärzte der Kinder- und Jugendpsychiatrie, speziell ausgebildete Kinder- und Jugendlichenpsychotherapeuten sowie Mitarbeiter von Erziehungs- und Familienberatungsstellen der Jugendämter und freien Träger sich speziell mit dem Wohlergehen von Säuglingen und Kindern befassen. Es stehen bundesweit neben 26 Universitätskliniken ca. 70 außeruniversitäre Institutionen für die stationäre Diagnostik und Therapie zur Verfügung (Nissen 2005). Im psychotherapeutischen Bereich gibt es über 2 500 niedergelassene Kinder- und Jugendlichenpsychotherapeuten sowie über 12 400 psychologische Psychotherapeuten, die sich auch um die psychischen Probleme von jungen Kindern kümmern.

Nicht nur die Behandlungsmöglichkeiten, sondern auch die Lebensbedingungen von Säuglingen und Kleinkindern haben sich in den letzten Jahrzehnten radikal verändert und die Chancen für ein Aufwachsen in seelischer Gesundheit wesentlich verbessert (Dornes 2010). Im Gegensatz zu früheren Jahrhunderten und anders als heute noch in den armen Ländern geht es in den westlichen Industriestaaten nicht mehr um das reine Überleben der Kleinkinder, sondern um die Optimierung ihrer Entwicklungschancen.

Neben einer allgemeinen Verbesserung der Lebensbedingungen von Kindern in den letzten Jahren, kam es gleichzeitig zu einer Verschlechterung der Lebenssituation vor allem von jungen Kindern in psychosozial benachteiligten Familien. Seit Ende der Achtzigerjahre ist z. B. ein dramatischer Anstieg junger Sozialhilfeempfänger festzustellen. Nach aktuellen Berechnungen des Paritätischen Wohlfahrtsverbandes leben 14,2 Prozent der Kinder bis zum 18. Lebensjahr in Armut.

1.2.1 Was heißt »seelische Gesundheit«?

Seelische Gesundheit (die Begriffe psychische und seelische Gesundheit werden synonym verwendet) in den ersten Lebensjahren wird im Allgemeinen als selbstverständlich angenommen und erst durch abweichende Verhaltensweisen des Kindes infrage gestellt. So wehren es viele Eltern vehement ab, wenn sie ihr noch sehr junges Kind wegen psychischer Probleme beim Kindertherapeuten, Psychologen oder Kinderpsychiater vorstellen sollen. In der Fachwelt dagegen ist es unumstritten, dass ein Mensch von Geburt an seelische Verletzungen erleiden und Symptome entwickeln kann. Früher waren schwerwiegende Störungsbilder wie *Hospitalismus, frühkindliche Deprivation* oder *anaklitische Depression* im Fokus der wissenschaftlichen Betrachtung. Die *anaklitische Depression* ist eine besonders schwere Form der frühkindlichen psychischen Erkrankung (Spitz 1965).

Im Gegensatz dazu sprechen wir heute über Probleme der frühkindlichen Verhaltensregulation (exzessives Schreien, Fütter- und Schlafprobleme), über psychosomatische oder neurotische Erkrankungen und nur noch selten von Hospitalismus oder emotionaler Deprivation. Unabhängig von der Definition ist bei allen diesen Störungsbildern eine Beeinträchtigung der seelischen Gesundheit in der frühen Kindheit zu vermuten.

Eine seelische Störung liegt vor, wenn beispielsweise das Erleben wie die inneren Verhaltenszustände des Denkens und Fühlens sowie das Verhalten des Kindes von der Norm abweichen oder wenn diese Abweichung zu einer Beeinträchtigung des Befindens führt (Steinhausen 2000).

- Eine Normabweichung psychischer Störungen kann hinsichtlich
  Alter, Geschlecht, gesellschaftlicher Erwartungen, Art, Dauer, Schweregrad und Häufigkeit des Symptoms entstehen.
- Beeinträchtigungen umfassen unter anderem:
  die Emotionalität (individuelles Leiden z. B. durch Ängstlichkeit, Aggression, Bindungsunsicherheit, Bindungsstörung).
  soziale Komponenten (soziale Einengung, Isolation und Störung der sozialen Kontakte zu Gleichaltrigen oder zu Geschwistern);
  Beeinträchtigungen der Meilensteine der Entwicklung (Sprache, Motorik, Sauberkeitserziehung).

Beeinträchtigungen der frühkindlichen Verhaltensregulation (exzessives Schreien / chronische Unruhe, Fütter- und Gedeihstörungen, Schlafprobleme) in den ersten drei Lebensjahren stellen ein spezifisches Störungsbild dar.

1.2.2 Risikofaktoren für ein Aufwachsen in seelischer Gesundheit

Risikofaktoren für ein Aufwachsen in seelischer Gesundheit können vonseiten des Kindes, vonseiten der Eltern sowie von gesellschaftlichen und Umweltfaktoren wie sozialer Schicht, Armut oder mangelnden Unterstützungsmaßnahmen bedingt sein. Die Ursachen seelischer Störungen lassen sich in der Regel nicht auf einen dieser Bereiche zurückführen, sondern auf das Zusammenwirken der einzelnen Risikofaktoren.

Risikofaktoren aufseiten des Kindes

Biologische Risikofaktoren vonseiten des Kindes können unter anderem Frühgeburt oder erbliche Komponenten, z. B. frühkindlicher Autismus, Downsyndrom, Tic-Störungen, hyperkinetische Störungen oder schwieriges Temperament, sein. Kinder mit angeborenen Störungen sind in ihrem sozialen Umfeld stärker gefährdet, seelische Verletzungen zu erleiden, als Kinder ohne diese Probleme.

Störungen der frühkindlichen Verhaltensregulation sind ein Zeichen für seelische Beeinträchtigung und können als Risikofaktor für ein Aufwachsen in psychischer Gesundheit interpretiert werden.

Maßnahmen: Angebote von Frühförderstellen, Autismuszentren, Selbsthilfegruppen, psychotherapeutische und psychiatrische Behandlung sind wichtige Maßnahmen der Jugendhilfe sowie der gesetzlichen und privaten Krankenkassen.

Die psychotherapeutische Behandlung von Verhaltensregulationsstörungen im Säuglings- und Kleinkindalter erfolgt im Rahmen der Eltern-Säuglings-Beratung und -Therapie. Diese sehr effiziente Maßnahme der Frühprävention und Frühintervention wird in psychotherapeutischen Praxen, in Kinderkliniken und auch im sozialpädagogischen Kontext in der Erziehungs- und Familienberatung erfolgreich praktiziert. Eine ausführliche Darstellung dieser Maßnahmen gibt es im fünften Kapitel.

Ungünstige psychosoziale Bedingungen als Risikofaktoren vonseiten der Eltern

Eine Reihe von Risikofaktoren für seelische Beeinträchtigungen in der frühen Kindheit lässt sich im familiären Kontext bei den Eltern finden. Am häufigsten handelt es sich dabei um folgende Konflikte:
- Geringe elterliche Feinfühligkeit und wenig intuitives elterliches Verhalten sowie die daraus resultierende Störung der Mutter-Kind-Interaktion und der Mutter-Kind-Bindung
- Gefährdung von Kindern in Risikofamilien bedingt durch Arbeitslosigkeit, Armutsrisiko, psychische und psychiatrische Belastungen der Mutter oder des Vaters, Alleinerziehende oder jugendliche Eltern
- Familien mit Migrationshintergrund.

Maßnahmen: An die Eltern adressierte Programme als präventive Familienhilfe wie z. B:
- *STEEP* (»Steps Toward Effective and Enjoyable Parenting« = Stufen zu einer effektiven, genussvollen Elternschaft) (Erickson / Egeland 2009) – dieses Frühinterventionsprogramm für Eltern mit Risikokonstellation stammt aus dem USA und wurde zuerst in Hamburg und Potsdam erprobt (Ludwig-Körner et al. 2001, Suess / Kißgen 2005);
- das Heidelberger Präventionsprogramm »*Keiner fällt durchs Netz*« für werdende Eltern (Cierpka 2009)
- das Konzept der »*Entwicklungspsychologischen Beratung für junge Eltern*« als Maßnahme der Jugend- und Sozialhilfe (Ziegenhain et al. 2004).

Alle diese Projekte haben das Ziel, den Aufbau einer sicheren Eltern-Kind-Bindungsbeziehung zu fördern und damit einen elementaren Schutzfaktor für die seelische Gesundheit im frühen Kindesalter zu unterstützen. Diese und viele andere Angebote stehen für alle Eltern offen und nehmen im Sinne der Unterstützung und Begleitung frühzeitig Einfluss auf eine zufriedenstellende Elternschaft in Familien mit jungen Kindern.

Kinder mit psychisch oder psychiatrisch erkrankten Müttern sind besonders gefährdet, selbst psychisch zu erkranken. Daher ist, wie bereits im Abschnitt 1.2 erwähnt, eine frühzeitige Behandlung der Mütter gemeinsam mit ihren Säuglingen und Kleinkindern von besonderer Bedeutung. Inzwischen bieten bundesweit viele psychiatrische Kliniken stationäre Behandlung für psychisch schwer erkrankte Mütter und ihre Kleinkinder an. Auch hier stehen neben der psychiatrischen Behandlung der Mütter die Förderung der Mutter-Kind-Interaktion und der Aufbau einer sicheren Mutter-Kind-Bindung gleichberechtigt nebeneinander.

Umweltbedingte Risikofaktoren

Die umweltbedingten Risikofaktoren können vielschichtig sein:
- Traumatische Früherfahrungen des Kindes durch Verwahrlosung, Vernachlässigung, psychische, physische und sexuelle Misshandlung oder Verlust von primären Bindungspersonen durch Tod sind oft die Gründe für schwerwiegende seelische Beeinträchtigungen.
- Trennung und Scheidung der Eltern sind für Kinder eine emotionale Belastung, jedoch nicht an sich schädigend. Die damit verbundenen Risiken durch das Zusammenspiel einer Reihe von ungünstigen Faktoren, z. B. die Art und Weise, wie Eltern mit der Trennungssituation in ihrer elterlichen Verantwortung umgehen, das Alter des Kindes oder seine vorherigen Trennungserfahrungen, müssen berücksichtigt werden. Entscheidend ist dabei vor allem, ob die Eltern es schaffen, im Interesse und zum Wohl des Kindes auf der Elternebene Kompromisse zu finden und zu handeln, oder ob sie das Kind instrumentalisieren, um emotionale Verletzungen auf der Paarebene zu kompensieren. Die Neugestaltung der familiären Beziehungen im Sinne einer gemeinsamen elterlichen Verantwortung ist zwar ein schwieriger, aber notwendiger Schritt, um das Kind, auch wenn es noch sehr jung ist, vor seelischen Beeinträchtigungen zu schützen.

Mütterliche Berufstätigkeit und die damit einhergehende Tagesbetreuung von Kindern in den ersten drei Lebensjahren galten bis vor Kurzem in der öffentlichen Meinung ebenfalls als Risikofaktor. Diese Auffassung beruhte auf Vorurteilen und ist aus heutiger Sicht der Wissenschaft, Politik und Forschung nicht länger haltbar (Dornes 2006): Die Qualität der Mutter-Kind-Beziehung ist nicht allein abhängig von der mütterlichen Berufstätigkeit, denn zufriedene berufstätige Mütter sind oft viel eher geeignet, den Bedürfnissen ihrer Kinder entgegenzukommen. Außerdem: Eine qualitativ hochwertige Tagesbetreuung kann mögliche Defizite in der elterlichen Lebenssituation sogar ausgleichen. Daher kommt der Qualität von Krippen und Kindergärten eine besonders große und auch bildungspolitische Bedeutung zu (vgl. auch Kapitel 7 dieses Buches).

Maßnahmen: Der Bundesrat hat im Juli 2005 das Gesetz zur »Weiterentwicklung der Kinder- und Jugendhilfe« (KICK) beschlossen und unter anderem ein umfangreiches Handbuch für den »Allgemeinen Sozialen Dienst« (ASD) der Jugendämter erstellt.

Diese Handlungsanleitung soll Mitarbeiter des ASD unterstützen, um mehr Entscheidungskompetenz im Falle einer Kindeswohlgefährdung zu erlangen.

Darüber hinaus existiert eine Vielzahl von Hilfsangeboten der Jugendhilfe, die vom betreuten Wohnen von Mutter und Kind bis hin zu Familienpflegestellen, Erziehungsstellen und Heimen für die Unterbringung von gefährdeten Säuglingen und Kleinkindern reichen. Mit dem im Jahr 2005 veröffentlichten Heft »Wegweiser für den Umgang nach Trennung und Scheidung« werden Eltern informiert, wie sie sich in der Trennungssituation richtig verhalten. Das Heft wurde im Auftrag des Bundesministeriums für Familie, Senioren, Frauen und Jugend gefördert (Deutsche Liga für das Kind in Familie und Gesellschaft et al. 2005).

1.2.3 Protektive Faktoren oder Schutzfaktoren

Nicht alle Kinder, die unter ungünstigen psychosozialen Bedingungen und vielfältigen Belastungen aufwachsen, entwickeln eine psychische Störung. In den letzen Jahren hat sich das wissenschaftliche Interesse an der Untersuchung der Risikofaktoren für die kindliche Entwicklung auf die Untersuchung der Schutzfaktoren verlagert (Rutter 2006). Die Resilienzforschung (Erforschung der Widerstandsfähigkeit) ist darauf ausgerichtet, neben Risikofaktoren auch Schutzfaktoren zu identifizieren, die an der Entwicklung und dem Erhalt seelischer und körperlicher Gesundheit maßgeblich beteiligt sind (Fröhlich-Gildhoff / Rönnau-Böse 2009). Es stellt sich immer wieder die Frage, wie es sein kann, dass manche Erwachsene, trotz ungünstiger Erfahrungen in der Kindheit, eine relativ normale Entwicklung durchlaufen haben.

So konzentriert sich die Resilienzforschung nicht auf negative Umstände, sondern auf die Bestimmung solcher Faktoren, die sich trotz negativer Umstände positiv auf die psychische und soziale Entwicklung eines Menschen auswirken. Die protektiven (begünstigenden, unterstützenden) Faktoren können ihren Ursprung in der angeborenen oder im Laufe der Entwicklung herausgebildeten Individualität des Kindes sowie in positiver Einflussnahme innerhalb und außerhalb der Familie haben.

Ergebnisse der Protektions- und Resilienzforschung weisen auf eine Reihe protektiver Faktoren hin, die ein Kind vor seelischen Beeinträchtigungen schützen. Hervorzuheben sind vor allem:
- ein robustes, aktives und kontaktfreudiges Temperament des Kindes
- eine gute bis überdurchschnittliche Intelligenz
- Selbstvertrauen und ein positives Selbstwertgefühl
- eine dauerhafte und emotional sichere Bindung zu mindestens einer primären Bezugsperson
- Aufwachsen in einer Familie mit Entlastung der Mutter
- gutes Ersatzmilieu nach frühem Mutterverlust
- soziale Förderung
- geringere Risikogesamtbelastung.

Die Ergebnisse der Protektionsforschung haben den Weg für Präventions- und Interventionsprogramme bei gefährdeten Kindern und Jugendlichen geebnet. Ob allerdings die im frühsten Kindesalter gesetzten psychischen Beeinträchtigungen zu beheben sind oder ob ungünstige Lebensbedingungen in den frühen Jahren zu späteren negativen Folgen führen, lässt sich nicht eindeutig beantworten. Aus der Trauma- und Adoptionsforschung ist bekannt, dass die Dauer, Intensität und die Gesamtumstände von traumatischen und ungünstigen Lebenserfahrungen eines Kindes die wesentliche Rolle dabei spielen, ob frühe schädigende Einflüsse bei einem später schützenden Milieu nur zu vermindern oder auch rückgängig zu machen sind (Rutter 2006).

1.3 Elternschaft, Mutterschaftskonstellation

Der Übergang zur Elternschaft führt zu großen Veränderungen im Leben der Familie. Es kommt zu einer Neukonstruktion der Paarbeziehung, zu psychischen Veränderungen im Erleben der Mutter und des Vaters. Die Liebesbeziehung wird, durch die gemeinsame Verantwortung für das Kind, um die Elternschaft erweitert. Je nach vorheriger Qualität der Paarbeziehung wird die Geburt des Kindes in den meisten Fällen als eine Bereicherung erlebt, oder aber eine konfliktreiche Paarbeziehung wird weiter belastet und in Einzelfällen zur Trennung führen.

Die psychischen Veränderungen beim Übergang zur Mutterschaft betreffen allerdings unabhängig von der Qualität der Paarbeziehung ähnliche Themen (Stern 1995). Die Geburt des Kindes ist ein Einschnitt im Leben und der Beginn einer neuen Zeitrechnung. Die Mutter verändert ihre Persönlichkeit und ihre Identität, indem sie von der Tochter einer Mutter zur Mutter einer Tochter / eines Sohnes wird. Sie interessiert sich stärker für die eigene Mutter als Mutter, für andere Frauen und für ihr eigenes Frausein. Das Interesse am eigenen Mann als Liebhaber geht vorübergehend zurück, und das Interesse an der Sexualität ist reduziert. Der Mann ist zunächst vor allem in seiner Rolle als Vater gefordert. Aggressive Anteile in der Beziehung lassen zugunsten der Kooperationsfähigkeit nach, trianguläre (Dreiecks-)Beziehungen rücken in den Vordergrund. Unter günstigen Bedingungen und bei Vorliegen triangulärer Fähigkeiten der Eltern entfaltet sich die Beziehung zwischen »Mutter – Vater – Kind« oder die Beziehung zwischen »Mutter – eigener Mutter – Kind«.

Beim Übergang zur Elternschaft spielen vor allem vier Themen eine Rolle:
- *Bin ich kompetent genug, um für das Überleben meines Kindes zu sorgen?* Die übermäßige Angst um das Überleben des Kindes kann bei vielen Eltern zu starken Zweifeln bis zur Verzweiflung führen. Gedanken wie »Stirbt mein Kind bei mir oder durch mich?« nehmen zuweilen extreme Formen an und lassen das Erleben der Mutterschaft zur Qual werden.
- *Werde ich mein Kind lieben können?* Die Vorstellung, das eigene Kind emotional zu besetzen und zu lieben, geht mit vielen Zweifeln einher: »Werde ich zu einer liebevollen Mutter, die sich natürlich verhält und in ihrer Liebe zum Kind natürlich und

authentisch sein kann? Wird mein Kind mich lieben? Werde ich merken, dass es mich liebt?« Einige Mütter sind enttäuscht, wenn nach der Geburt die Sorge um das Kind im Vordergrund steht und sie die unbekümmerte »Mutterliebe« nicht gleich erleben. Mutterliebe ist nicht erlernbar, sie ist nur erlebbar. Unabhängig von den Gefühlen verfügen Mütter und Väter über ein intuitives Repertoire, das es ihnen ermöglicht, sich spontan auf das Neugeborene und den Säugling einzustellen.
- *Bekomme ich genügend Unterstützung?* Eine Mutter benötigt Personen und Situationen, in welchen sie bestätigt und geschätzt wird. Dies kann am besten durch die eigene oder eine andere erfahrene Mutter / Frau geleistet werden. Der Ehemann / Vater erhält dabei ebenfalls eine wichtige Funktion als jemand, der mental und physisch zur Verfügung steht und die Mutter unterstützt.
- *Kann ich meine neue Identität erlangen?* Hierbei steht die Frage im Mittelpunkt, ob die Mutter zur Umstrukturierung und Reorganisation ihrer Persönlichkeit bzw. Identität in der Lage sein wird. Von der Tochter zur Mutter, von der Partnerin zum Elternteil, von der Karrierefrau zur Hausfrau. Diese Identitätsveränderung begünstigt die Prozesse, die mit dem Mutterwerden einhergehen. Andere Prioritäten werden im Denken, Fühlen und Handeln gesetzt. Vieles dreht sich um das Kind, um die Mutterschaft und die Elternschaft.

Entsprechend diesen Themen bilden sich neue mütterliche / elterliche Repräsentationen heraus:
- *Schemata über sich selbst* als Frau, Mutter, Tochter, Geliebte
- *Schemata über den Partner / Ehemann* als Vater, als Liebhaber, als Person, die die Mutter uneingeschränkt lieben soll
- *Schemata über die eigene Mutter*, die – ebenso wie die eigene Kindheit – neu bewertet wird (Erziehungsvorstellungen werden oftmals im Vergleich zur eigenen Kindheit gefasst)
- *Schemata über den eigenen Vater* – bei der Geburt eines Sohnes dienen z. B. der Bruder und der Vater der Mutter als Vorbilder
- *Schemata über die Herkunftsfamilie* – das Kind soll die Familientradition fortsetzen oder auf der »gesellschaftlichen Leiter« weiter nach oben steigen
- *Schemata über Ersatzbezugspersonen* – insbesondere bei schlechten Kindheitserfahrungen hilft das Schema einer guten Großmutter, Tante oder anderer wichtiger Personen
- *Schemata über familiäre / kulturelle Ereignisse* – Familienlegenden, Geheimnisse oder durch die Medien und in der Öffentlichkeit vertretene Vorstellungen zur Mütterlichkeit nehmen hier Einfluss auf die mütterliche / elterliche Repräsentation.

Die Geburt eines Kindes führt zur Herausbildung einer *Mutterschaftskonstellation,* die das Erleben der Mutter in ihrer neuen Rolle auf einer mehr oder weniger unbewussten Ebene steuert. Das Konzept der Mutterschaftskonstellation (Stern 1995) erklärt, wie die Mutter sich selbst als Mutter erlebt, wie sie über ihr Kind denkt und fühlt und wie sie ihre Beziehung zu ihrer eigenen Mutter in der Vergangenheit und in der Gegenwart bewertet.

Postpartale, psychische Erkrankungen der Mutter

Auf besondere Schwierigkeiten zu Beginn der Mutterschaft möchte ich kurz eingehen. In manchen Familien löst aufgrund einer psychischen Erkrankung der Mutter die Geburt des Kindes eine krisenhafte Situation aus. Frauen, die nach der Geburt (postpartal) des Kindes psychisch erkranken, haben es besonders schwer, für ihr Kind zu sorgen und sich als »ausreichend gute Mutter« zu fühlen.

Die häufigste psychische Erkrankung im Zusammenhang mit der Geburt eines Kindes ist die *Wochenbettdepression* (postpartale Depression). Es handelt sich dabei um eine depressive Erkrankung, die überwiegend innerhalb der ersten zwei bis zwölf Wochen nach der Entbindung beginnt. Ca. zehn bis 20 Prozent der Mütter sind von dieser meist vorübergehenden Erkrankung betroffen (Papoušek 2002). Die Dauer der Wochenbettdepression unterliegt großen Schwankungen. Sie kann einige Wochen, Monate oder in Einzelfällen sogar länger als ein Jahr dauern (Hartmann 2001).

Symptome der Wochenbettdepression sind unter anderem gedrückte Stimmung, Appetitlosigkeit, Schlafstörungen, Müdigkeit, Schuldgefühle, Minderwertigkeitskomplexe sowie Suizidgedanken und -versuche. Kinder von depressiven Müttern tragen ein hohes Risiko, selbst psychisch auffällig zu werden und Entwicklungsstörungen zu zeigen. Diese können sich im Säuglingsalter unter anderem durch exzessives Schreien, Anklammern (Ausdruck gesteigerten Bindungsverhaltens) oder im zweiten Lebensjahr durch exzessives Trotzverhalten äußern (Papoušek 2002). Säuglinge von depressiven Müttern lächeln und lautieren weniger, sie sind schwer zugänglich und vermeiden oft Blickkontakt.

Bleibt die Wochenbettdepression unbehandelt, besteht die Gefahr, dass sie chronisch wird. Beim Kind können Beziehungskonflikte, Verhaltensauffälligkeiten sowie Störungen der emotionalen und kognitiven Entwicklung die Folge sein. Mittlerweile gibt es in Deutschland in vielen psychiatrischen Kliniken die Möglichkeit zur gemeinsamen stationären Behandlung von Müttern und Kindern. Die erste eigenständige Mutter-Kind-Station wurde in Heppenheim vor mehr als zehn Jahren aufgebaut (Hartmann und Grande 2007). Seitdem werden in Wiesloch (Hornstein et al. 2003), in Hamburg, in Homburg an der Saar und in vielen anderen Kliniken in Deutschland Mutter-Kind-Behandlungen angeboten.

Die Wochenbettdepression ist vom »*Baby-Blues*« (postpartaler Blues oder »Heultage«) und von der *Wochenbettpsychose* (postpartale Psychose) abzugrenzen. Der »Baby-Blues« tritt zwei bis fünf Tage nach der Geburt auf und geht mit leichten depressiven Verstimmungen und Traurigkeit einher. Dieser Zustand klingt nach wenigen Tagen spontan ab und erfordert keine medizinische oder psychotherapeutische Behandlung.

Eine sehr hohe Prozentzahl der Mütter (50 bis 80 Prozent) bekommt den »Baby-Blues« (Hartmann 2001). Die postpartale Psychose ist dagegen eine schwere Erkrankung und betrifft einen sehr geringen Anteil von Müttern (0,1–0,2 Prozent). Sie tritt in den ersten zwei bis vier Wochen nach der Geburt auf. Die Symptomatik, die sich unter anderem in Halluzinationen, Wahnvorstellungen und / oder gehobener Stimmung und beschleunigtem Denkablauf zeigt, kann über Wochen und Monate anhalten. Eine psychiatrische und psychotherapeutische Behandlung der Mutter ist notwendig. Die gemeinsame stationäre Behandlung von Mutter und Kind erweist sich für die Heilung der Mutter prognostisch als sehr günstig. Auch für das Kind bringt sie viele Vorteile, vor allem im Hinblick auf den Aufbau der Mutter-Kind-Bindungsbeziehung.

2 Entwicklungsprozesse in den ersten drei Lebensjahren

Freud, der Begründer der Psychoanalyse, und seine Nachfolger entwarfen das Bild des »klinisch rekonstruierten Säuglings«, das wenig gemeinsam mit dem aus der Säuglingsforschung stammenden »real beobachteten Säugling« hat (Stern 1985, Dornes 1993, Burian 1998). Das Konzept des »realen oder kompetenten Säuglings« aus Sicht der Säuglingsforschung wird im Kapitel 2.2 ausführlich diskutiert.

Psychoanalytiker gehen in ihren Vorstellungen über die frühe Kindheit retrospektiv vor, indem sie in der Analyse mit erwachsenen Patienten Rückschlüsse auf deren frühe Kindheit ziehen und so aus den Erinnerungen die Vergangenheit rekonstruieren. Seit den 30er-Jahren des vorigen Jahrhunderts gab es zwar Bestrebungen, psychoanalytisch abgeleitete Direktbeobachtungen von jungen Kindern zu praktizieren (Hermann 1936, Balint 1937, Spitz 1965, Mahler / Pine / Bergman 1975), die Vorstellung vom passiven, undifferenzierten und triebhaften Säugling blieb jedoch mehr oder weniger bestehen. Erst in der neueren Entwicklung der psychoanalytischen Entwicklungspsychologie wandelt sich das Bild vom passiven hin zu einem »kompetenten Säugling« (Stern 1985, Dornes 1993, Fonagy 2001, Beebe / Lachmann 2002). Aktuell begegnen wir jedoch sowohl in der theoretischen Auseinandersetzung als auch in der Praxis beiden Vorstellungen über das Wesen des Säuglings und Kleinkindes. Aus dieser Überlegung heraus solle anschließend ein kurzer Überblick über einige bedeutende psychoanalytische Konzepte der frühkindlichen Entwicklung gegeben und über Forschungsergebnisse der Säuglingsforschung referiert werden.

2.1 Der »rekonstruierte Säugling«: Psychoanalytische Konzepte zur vorsprachlichen Entwicklung

2.1.1 Der Beitrag von Sigmund Freud

Freud war einer der ersten Theoretiker, der seine Aufmerksamkeit auf die Bedeutung von frühen Lebenserfahrungen in Bezug auf die Entfaltung psychischer Prozesse gelenkt hat. In seinem berühmten Werk »Drei Abhandlungen zur Sexualtheorie« (1905) legte er die Grundlagen der psychoanalytischen Entwicklungstheorie und fokussierte dabei auf die »infantile Sexualität«. Freud sah in der vorsprachlichen Entwicklung den Ursprung aller psychopathologischen Phänomene. In seiner klassischen psychoanalytischen Triebtheorie erklärt Freud die seelischen Vorgänge mit ihrer Regulierung durch das »Lustprinzip« (Freud 1920) »In der psychoanalytischen Theorie nehmen wir unbedenklich an, dass der Ablauf der seelischen Vorgänge automatisch durch das Lustprinzip reguliert wird, das heißt, dass er jedesmal durch eine unlustvolle Spannung, also mit einer Vermeidung von Unlust oder Erzeugung von Lust zusammenfällt« (Freud 1920, S. 3). Die Entwicklung von zwischenmenschlichen Bindungen und vor allem die Bindung zwischen Mutter und Kind lassen sich somit in erster Linie mit der Triebbefriedigung, mit der Befriedigung körperlicher Bedürfnisse nach Nahrung und Pflege, in Zusammenhang bringen (Freud 1917). Das erste Liebesobjekt des Kindes ist die Brust der Mutter, erst später erweitert es seine Liebe auf die ganze Person. Freud betonte die Ausschließlichkeit der frühen Mutter-Kind-Bindung und vertrat die Auffassung, dass die Bindung zum Vater erst in der ödipalen Phase, d. h. erst ab dem zweiten Lebensjahr des Kindes entsteht (Freud 1931).

2.1.2 Die psychoanalytische Ich-Psychologie

Vertreter der psychoanalytischen »Ich-Psychologie« wie z. B. Anna Freud oder René Spitz, die sich ergänzend zu Sigmund Freud mit der frühesten Entwicklung des Kindes befassten, betonten die Entwicklung von Objektbeziehungen im Kontext mit der Entwicklung von Ich-Funktionen. Der Begriff »Objektbeziehung« bedeutet nach der psychoanalytischen Entwicklungspsychologie die Beziehung zu primären Bezugspersonen. Mit dem Begriff »Objekt« sind nicht Gegenstände im materiellen Sinn gemeint, sondern Personen. Es gibt auch verinnerlichte Objektbeziehungen, d. h. Beziehungen zu Repräsentanzen von Personen, nicht zu den Personen selbst. Die Entwicklung der Objektbeziehungen vollzieht sich nach dem Konzept der psychoanalytischen Ich-Psychologie in drei Stadien.

- 1. *Das undifferenzierte, narzisstische oder objektlose Stadium* bedeutet, dass sich der Säugling ungefähr bis zum dritten Lebensmonat in einem undifferenzierten und objektlosen (Spitz 1965) Zustand befindet. Auch Margaret Mahler (Mahler/Pine/Bergman)1975) vertrat diese Ansicht und sprach in Bezug auf den ersten Lebensmonat von einem weitgehend objektlosen »autistischen« Zustand, der von der symbiotischen Phase abgelöst wird. Inspiriert von Ergebnissen der Säuglingsforschung gab Mahler später ihre Thesen zur autistischen und symbiotischen Phasen der frühkindlichen Entwicklung auf.
  Nach Anna Freud besteht am Anfang des Lebens zwischen Mutter und Kind eine »biologische Einheit« (A. Freud 1965). Das Neugeborene ist ganz auf sich bezogen, und nur unter dem Einfluss von Körperbedürfnissen, z. B. Hunger, stellt es Verbindungen zur Umwelt her und macht somit seine erste Erfahrungen von Lust und Wunscherfüllung (A. Freud 1946).
- 2. *Das Übergangsstadium* ist eine Periode, in der sich bestimmte Ich-Funktionen entwickeln, z. B. Wahrnehmung und Gedächtnisspuren. Die Objektbeziehung ist immer noch direkt an die Nahrungsaufnahme angelehnt, d. h. der Säugling nimmt

die Nahrung bzw. die Nahrungsquelle (Milch, Brust oder Flasche) als Ursache der Bedürfnisbefriedigung an. In dieser Entwicklungsphase sind Ich und Außenwelt noch wenig differenziert, und es findet ein allmählicher Übergang vom Narzissmus zur Objektliebe statt (A. Freud 1946, 1965).

Spitz (1965) spricht von der Stufe des »Objekt-Vorläufers«. Nach seinen Beobachtungen richtet sich das Interesse des Säuglings vom zweiten Lebensmonat an auf das menschliche Gesicht, und ca. im dritten Lebensmonat reagiert er unter bestimmten Bedingungen, wenn beispielsweise ein sich bewegendes Gesicht ihm von vorn dargeboten wird, mit einem Lächeln. Spitz betrachtet dieses Lächeln nicht als Indiz für das Vorhandensein von echten Objektbeziehungen. Er argumentiert vielmehr so, dass der drei Monate alte Säugling nicht einen menschlichen Partner und das menschliche Gesicht mit all seinen Einzelheiten wahrnehme, sondern nur eine Gestalt, bestehend aus Stirn, Augen und Nase.

- 3. *Das Stadium der echten Objektbeziehungen* ist nach Anna Freud (1957) erreicht, wenn die Libidobesetzung von der Befriedigung physischer Bedürfnisse unabhängig wird. Der Säugling nimmt nun die Mutter unabhängig von seiner eigenen Existenz wahr. Nach Spitz (1965) markiert den Beginn des Stadiums der »echten Objektbeziehungen« das Auftauchen der »Achtmonatsangst« (zwischen dem sechsten bis achten Lebensmonat). Der Säugling registriert nun viel bewusster als zuvor, wenn die Mutter für eine kurze Zeit weggeht. Er nimmt beispielsweise wahr, dass ein Fremder sich von seiner Mutter unterscheidet, indem er das Gesicht des Fremden mit seinen Gedächtnisspuren vom Gesicht der Mutter vergleicht. Aufgrund der wahrgenommenen Unterschiede beider Gesichter und der Enttäuschung, dass die Mutter abwesend ist, bekommt er Angst und lehnt den Fremden ab.

Den bislang diskutierten psychoanalytischen Konzepten zur Entstehung und Entwicklung von Objektbeziehungen ist gemeinsam, dass sie Objektbeziehungen als sekundär und aus den Grundtrieben des Kindes abgeleitet betrachten. Bowlby (1969) nannte diese Auffassung die »Theorie vom Sekundärtrieb«, wonach der Ursprung der Mutter-Kind-Bindung darin besteht, dass sich das Kind an die Mutter bindet, da sie als die Quelle der Befriedigung von physiologischen Bedürfnissen erlebt wird. Der biologische Kern der Persönlichkeit ist demnach das primär Triebhafte, und die sozialen Objektbeziehungen werden als sekundär abgeleitet betrachtet. Diese klassische psychoanalytische Auffassung wird nicht nur von Bowlby und anderen Vertretern der »Bindungstheorie« infrage gestellt, sondern auch von Vertretern der psychoanalytischen Objektbeziehungstheorie (u. a. Balint, Ferenczi, Hermann) und der Psychoanalyse nahen Säuglingsforschern (u. a. Stern, Fonagy, Emde).

2.1.3 Die Objektbeziehungstheorie

Vertreter der Objektbeziehungstheorie (u. a. M. Klein, D.W. Winnicott, M. Balint) postulieren aufgrund erster Beobachtungsdaten das Bestehen einer wenn auch primitiven Objektbeziehung von Geburt an. Melanie Klein (1952) vertrat die Auffassung, dass ein primitives Fantasieleben und rudimentäre Formen von Objektbeziehungen zu den Eltern vom Neugeborenenalter an existieren. Winnicott (1958, 1965) stellt in der Mutter-Kind-Beziehung nicht die Oralität in den Mittelpunkt seiner Betrachtungen. Viel wichtiger sind für ihn Phänomene wie beispielsweise »die hinreichend gute Mutter« oder die Funktion des »Haltens« als das Hauptelement mütterlicher Fürsorge. Das »psychische Halten« bezieht sich auf die Fähigkeit der Mutter, sich mit der äußeren Realität und dem psychischen Zustand des Säuglings zu identifizieren.

Balint (1937) und andere Vertreter der »Budapester Schule« (Ferenczi 1924; Hermann 1936), nahmen eine primitive Form von Objektbeziehungen bereits bei Geburt als existent an. Frühe Objektbeziehungen sind primär vorhanden, und sie sind eigenständig, d. h. nicht an erogene Zonen (u. a. Haut, Daumen) gebunden. Sie sahen das früheste Seelenleben des Neugeborenen nicht als narzisstisch, sondern als objektgerichtet an. Vertreter der »Budapester Schule« gehörten weltweit zu den ersten Psychoanalytikern, die vor allem die aktive Rolle des Säuglings beim Aufbau der Objektbeziehung betonten. Die aktive Rolle des Säuglings, die sich z. B. durch Saugen, Festhalten oder Anklammern zeigt, leiteten sie aus direkten Beobachtungen von Mutter-Kind-Paaren ab. Die Bedeutung der »Budapester Schule« wurde erst später und parallel zur Verbreitung der Ergebnisse der Säuglingsforschung international anerkannt.

Bowlby, der ursprünglich die Objektbeziehungstheorie weiterentwickeln wollte (Bowlby 1988), legte ein Konzept zur Erklärung der Entstehung und Entwicklung von frühen Beziehungen zwischen Mutter und Kind vor. Er formulierte die Grundlagen der ethologischen Bindungstheorie, die im nachfolgenden dritten Kapitel ausführlich dargestellt wird. Bowlby löste sich aus dem Rahmen der Psychoanalyse, obwohl er einen endgültigen Bruch nie vollzogen hat. Seine Hauptkritikpunkte an der Psychoanalyse bezogen sich darauf, dass sie die Erkenntnisse der Entwicklungspsychologie und der kognitiven Psychologie kaum berücksichtige und sich auf retrospektive Fragestellungen und Daten verlasse. Es sollte erwähnt werden, dass es neben Bowlby seit den 40er-Jahren auch andere Psychoanalytiker gab, z. B. René Spitz und Margaret Mahler, die sich mit der Direktbeobachtung von Säuglingen und Kleinkindern befasst haben.

Seit Bowlbys kritischen Anmerkungen hat sich die psychoanalytische Entwicklungslehre in vieler Hinsicht erneuert. Neben dem Festhalten an den traditionellen Auffassungen etabliert sich eine neue theoretische Ausrichtung, deren Vertreter den Dialog mit den Nachbarwissenschaften suchen und die empirische Forschung in der Psychoanalyse unterstützen, u. a. mit der akademischen Entwicklungspsychologie, der Bindungstheorie und den Neurowissenschaften (Lichtenberg 1983; Stern 1985; Dornes 1997; Köhler 1998; Fonagy et al. 2004; Leuzinger-Bohleber 2009).

2.2 Der »beobachtete Säugling«: Ergebnisse der Säuglingsforschung

Im Gegensatz zum »klinisch rekonstruierten Säugling« der psychoanalytischen Entwicklungspsychologie geht aus der experimentellen Entwicklungspsychologie der »real beobachtete Säugling« hervor. Die Fortschritte der Video- und Tontechnik in den letzten Jahrzehnten machten es möglich, die menschliche Entwicklung in ihrer präverbalen Phase während der ersten eineinhalb Lebensjahre durch direkte Beobachtung systematisch zu erforschen.

Mithilfe ausgeklügelter Experimente war man in der Lage, dem Säugling »Fragen zu stellen«, auf die er antworten konnte. Die »Antworten« konnten aus seinem Verhalten, seinen Augen- und Kopfbewegungen, seinen motorischen Aktivitäten oder seinem emotionalen Ausdrucksverhalten entschlüsselt werden. Durch die Analyse der Augenbewegungen lässt sich beispielsweise feststellen, dass der Säugling von zwei angebotenen Gegenständen den einen Gegenstand länger anschaut. Wenn man dem Säugling das Bild eines menschlichen Gesichts und eines visuell ebenso komplexen Schachbretts darbietet, zeigt er eine Präferenz für das menschliche Gesicht, indem er dieses länger anschaut (Gopnik/Kuhl/Meltzoff 2003). In einem anderen Experiment lässt man den Säugling an einem Schnuller saugen, der mit verschiedenen Video- und Audiobändern verbunden ist. So kann der Säugling durch das Saugen am Schnuller selbst bestimmen, wie lange er ein dargebotenes Bild sehen oder eine Stimme hören möchte. In dem Versuch saugte der Säugling länger am Schnuller, wenn er eine vertraute Stimme, z. B. die der Mutter, hörte. Bot man dem Säugling immer wieder dasselbe Bild oder dieselbe Stimme an, so gewöhnte er sich daran, verlor das Interesse und fing an, sich zu langweilen. Beim Angebot eines neuen visuellen oder akustischen Reizes zeigte der Säugling von Neuem Interesse.

In zahlreichen Experimenten zur visuellen und auditiven Wahrnehmung sowie zum Geruchs-, Geschmacks- und Tastsinn konnte mehrfach belegt werden, dass Säuglinge von Geburt an Unterschiede erkennen und sich Präferenzen (Vorlieben) herausbilden. Daraus wurde abgeleitet, dass der Säugling aus der Sicht der psychoanalytischen Entwicklungspsychologie in einigen Entwicklungsbereichen lange Zeit überschätzt und in anderen unterschätzt wurde: überschätzt z. B. im Hinblick auf seine Fähigkeiten, zu fantasieren, unterschätzt, was seine von Geburt an vorhandenen Fähigkeiten zur Wahrnehmung, zur Differenzierung und zu Aktivitäten angeht.

Erkenntnisse der Säuglings- Kleinkind- und Bindungsforschung über Entwicklungsprozesse in den ersten drei Lebensjahren lassen die menschliche Entwicklung in einem veränderten Bild erscheinen, in dem frühe Aktivitäten, die »soziale Bezogenheit« und die Kompetenzen des jungen Kindes im Vordergrund stehen. Der »kompetente Säugling« (Stone/Smith/Murphy 1973; Dornes 1993) ist von Geburt an aktiv, differenziert und beziehungsfähig. Wie diese Fähigkeiten und Fertigkeiten des Säuglings im Einzelnen zu verstehen sind, soll nachfolgend an einigen Ergebnissen der Säuglingsforschung skizziert werden. Die Befunde zeigen eine neue Sicht auf das präverbale Kind und führen zu einem erweiterten Verständnis für die kognitive, soziale und emotionale Entwicklung des Säuglings und Kleinkindes.

Visuelle Wahrnehmung

Bereits Neugeborene können auf eine Distanz von 20 cm scharf sehen und Objekten, die sich innerhalb dieser Entfernung bewegen, mit den Augen folgen. Junge Säuglinge zeigen eine Präferenz für bekannte Gesichter, indem sie sie länger anblicken als fremde. Daraus kann abgeleitet werden, dass der Säugling den Unterschied zwischen dem vertrauten und dem fremden Gesicht wahrnimmt und darauf durch eine längere Beobachtung des vertrauten Gesichtes reagiert.

Säuglinge erkennen von Geburt an unterschiedliche Farben. Einen Monat später werden schon Farben wie Rot und Rosa als ähnliche Farben wahrgenommen. Säuglinge sind ebenfalls von Geburt an dazu fähig, verschiedene Muster zu unterscheiden, z. B. können sie zwischen schwarz-weißen Kreisen und schwarz-weißen Streifen differenzieren. Sie bevorzugen Hell-Dunkel-Kontraste. Zwischen dem zweiten und dem vierten Lebensmonat werden verzerrte Gesichter (mit einer falschen Anordnung von Mund, Augen oder Nase) von richtigen Gesichtern unterschieden. Bereits sehr junge Säuglinge zeigen eine Präferenz für menschliche Gesichter. Verschiedene Gesichtsausdrücke wie Freude, Überraschung oder Traurigkeit werden zwischen drei und fünf Monaten oder vermutlich noch früher unterschieden.

Eine wichtige Entdeckung der Säuglingsforscher ist die Fähigkeit von Säuglingen, Gesichtsausdrücke von Erwachsenen zu imitieren (Meltzoff 1938). Streckt man einem einmonatigen Säugling die Zunge heraus, wird er dasselbe tun. Öffnet man den Mund, öffnet der Säugling ihn ebenfalls. Die Fähigkeit zur Nachahmung wurde bereits bei Neugeborenen nachgewiesen.

Auditive Wahrnehmung

Lange Zeit wurde angenommen, dass Neugeborene nichts oder kaum etwas hören (Keller / Meyer 192; Dornes 1993). Neuere Untersuchungen liefern jedoch den Nachweis, dass Neugeborene bereits von Geburt an hören (DeCasper / Spence 1986). Schon im Mutterleib lernt der Fötus, mit Geräuschen zu leben, und wenn er auf die Welt kommt, ist sein Gehör ein sehr empfindliches Sinnesorgan.

Neugeborene bevorzugen die Stimme der Mutter und reagieren unterschiedlich auf höhere und tiefere Töne. Hohe und leise Töne wirken beruhigender als tiefe und laute. Ein weiterer bemerkenswerter Befund der Säuglingsforschung ist die Erkenntnis, dass Neugeborene fähig sind, zwischen synthetisch erzeugten Geräuschen und der menschlichen Stimme zu unterscheiden, und auch die Quelle von Geräuschen lokalisieren können. Menschliche Laute werden gegenüber nicht menschlichen Geräuschen bevorzugt. Im Zusammenhang mit dem Spracherwerb ist die grundlegende Fähigkeit der Lautwahrnehmung von jungen Säuglingen von Bedeutung (Klann-Delius 1989).

Geruchs- und Geschmackssinn

Im Bereich des Geruchs- und Geschmackssinns gibt es sehr viel weniger Untersuchungen als im Bereich der visuellen und akustischen Wahrnehmungsfähigkeit von Neugeborenen. Diese Sinne sind deshalb nicht weniger bedeutend. Im Gegenteil, sie liefern Informationen, die für das Überleben des Säuglings wichtig sein können (Wilkening/Krist 2008).

Bereits Neugeborene differenzieren zwischen verschiedenen Gerüchen. Sie zeigen z. B. positive Gesichtsausdrücke beim Riechen von Erdbeeren und reagieren negativ auf unangenehme Gerüche. Eine Woche alte Säuglinge erkennen ihre engsten Bezugspersonen allein über den Geruchssinn. Sie sind dazu in der Lage, den Brustgeruch ihrer Mutter von dem anderer Frauen zu unterscheiden.

Die Fähigkeit zur differenzierten Geschmackswahrnehmung ist ebenfalls von Geburt an vorhanden. Bereits zwei Stunden nach der Geburt zeigen Neugeborene unterschiedliche Gesichtsausdrücke und Saugaktivitäten, je nachdem wie die dargebotene Flüssigkeit schmeckt. Ebenso wie Erwachsene und auch Tiere bevorzugen sie den süßen Geschmack (Keller/Meyer 1982). Bittere Flüssigkeit wird sogar aktiv gemieden. Auf bittere, saure und salzige Lösungen reagieren Säuglinge mit reflexivem Grimassieren. Neugeborene bevorzugen süße Flüssigkeit, dabei können sie schon die vier Zuckerarten (Saccharose, Fructose, Glucose und Lactose) unterscheiden und ziehen in den meisten Fällen Saccharose vor.

Kreuzmodale Wahrnehmung

Zu den spannendsten Entdeckungen der Säuglingsforschung zählt die Fähigkeit des Säuglings zur kreuzmodalen Wahrnehmung. »Der Prozess, in dem die verschiedenen Sinneswahrnehmungen miteinander in Beziehung gesetzt werden, heißt intersensorische Koordination oder kreuzmodale Wahrnehmung. Sinneswahrnehmungen aus verschiedenen Modalitäten (sehen, hören, tasten) werden miteinander koordiniert, und auf diese Weise nehmen wir einheitliche Objekte wahr und leben nicht in einer Welt separierter Empfindungen« (Dornes 1993, S. 43). Der Säugling ist dazu von Geburt an in der Lage.

Eines der zahlreichen Experimente soll verdeutlichen, was mit kreuzmodaler Wahrnehmung gemeint ist. Einem 20 Tage alten Säugling geben die Forscher (Meltzoff/Borton 1979) einen Schnuller mit Noppen zum Saugen, ohne dass der Säugling den Schnuller zu sehen bekommt. Anschließend projizieren sie die Bilder von zwei Schnullern auf den Bildschirm, einen mit Noppen und einen ohne Noppen. Der Säugling schaut den Schnuller mit Noppen, den er vorher im Mund hatte, länger an. Daraus wird gefolgert, dass der Säugling eine Verbindung herstellt zwischen dem, was er im Mund gefühlt hat, und dem, was er sieht. In diesem Experiment ist das Funktionieren der kreuzmodalen Wahrnehmung zwischen Sehen und Fühlen nachgewiesen.

Ein weiteres Experiment zielt auf die Verbindung zwischen den Sinneswahrnehmungen Sehen und Hören. Einmonatige Säuglinge reagieren irritiert, indem sie Unruhe und Erregtheit zeigen, grimassieren oder weinen, wenn man ihnen ein sprechendes Gesicht präsentiert und die Stimme nicht über den Mund, sondern von der Seite zu hören ist. Eine ähnliche Irritation stellt sich ein, wenn gleichzeitig das Gesicht der Mutter gezeigt und die Stimme einer Fremden eingespielt wird. Bereits sehr junge Säuglinge haben somit die Erwartung, dass das Gesehene und das Gehörte zusammenpassen (Dornes 1993).

2.3 Die Entwicklung des Denkens und Fühlens

2.3.1 Das Gedächtnissystem des Säuglings- und Kleinkindes

Denken und Fühlen sind wesentliche Funktionen intrapsychischer Prozesse. Die spannende Frage ist, wie Kinder diese inneren Prozesse entdecken, wie und ab welchem Alter sie herausfinden, dass neben dem beobachtbaren Verhalten des Menschen auch nicht beobachtbare psychische Zustände wie Denken und Fühlen existieren. Die Gedächtnisforschung liefert hierbei wichtige Erkenntnisse, die anschließend kurz beschrieben werden sollen.

Bereits Neugeborene verfügen über Wiedererkennungserinnerungen, die während der ersten sechs Lebensmonate weiter verfeinert werden (Friedman 1972). Das Wiedererkennen ist eine sehr einfache Gedächtnisaktivität, bei der es darum geht, ob der Säugling einen Stimulus, den er unmittelbar wahrnimmt, als bekannt oder nicht bekannt wahrnimmt. Wie bereits erwähnt, erkennen bereits einige Tage alte Säuglinge die Mutter und den Vater an der Stimme, und sie können die Muttermilch von der Milch einer fremden Frau durch den Geruch unterscheiden.

Gedächtnisforscher unterscheiden zwischen dem unbewussten oder *impliziten (nicht deklarativen)* und dem bewussten oder *expliziten (deklarativen) Gedächtnis* (Tulving 1985). Das nicht deklarative Gedächtnis funktioniert ohne Worte und zeigt sich am Verhalten oder an Verhaltensänderungen. Es besteht zum Teil aus dem *prozeduralen Gedächtnis*, aus einfachen, mechanisch erlernten motorischen Ablaufmustern. Zu seinen Eigenschaften gehört, dass es langsam arbeitet und wenig Flexibilität besitzt. Das prozedurale Gedächtnis enthält automatisierte Handlungen wie z. B. am Daumen zu saugen, zu sitzen, einen Ball zu werfen oder Fahrrad zu fahren. Im Gegensatz dazu unterliegt das deklarative Gedächtnis expliziter (bewusster) Kontrolle und kann in

Worten mitgeteilt werden. Es besitzt einen höheren Grad der Organisation, ist flexibel und durch seine hohe Prozessgeschwindigkeit (Schneider / Büttner 1995) charakterisiert. Zur besseren Veranschauung sind Elemente und Entwicklungsprozesse der beiden Gedächtnissysteme in Tab. 1 zusammengefasst.

Eigenschaften	Nicht deklaratives Gedächtnis	Deklaratives Gedächtnis
Bewusstheit	implizit und unbewusst	explizit und bewusst
Sprachlicher Zugang	funktioniert ohne Worte	kann in Worten mitgeteilt werden
Strukturierung	niedrige Organisation, wenig Flexibilität	höhere Organisation und Flexibilität
Art und Weise der Äußerung	zeigt sich am Verhalten oder an Verhaltensänderungen	unterliegt expliziter (bewusster) Kontrolle

Tab. 1: Das Gedächtnissystem

Innerhalb des *deklarativen* Gedächtnisses erfolgt eine weitere Differenzierung zwischen dem *semantischen* und dem *episodischen Gedächtnis* (Tab. 2).
- Das semantische Gedächtnis enthält allgemeingültiges »Weltwissen«, das zeitlich nicht mit der Biografie des Individuums verbunden ist, sondern konzeptuell organisiert ist und eine allgemeine Gültigkeit besitzt. Wenn etwa jemand seine Beziehung zu einer wichtigen Bezugsperson mit Eigenschaftsworten beschreiben soll und sagt, die Beziehung sei »liebevoll« oder »unterstützend« gewesen, dann haben diese und andere Eigenschaftsworte eine allgemeine Gültigkeit. Das heißt, jeder von uns kann Eigenschaftsworte wie »liebevoll« und »unterstützend« zur Charakterisierung einer Beziehung nennen.
- Das episodische Gedächtnis verarbeitet und speichert Informationen, die sich auf eigene individuelle Erfahrungen beziehen und zeitlich mit den konkret erlebten Episoden verbunden sind. Es basiert auf autobiografischen Erinnerungen. Das folgende Beispiel soll verdeutlichen, was damit gemeint ist.

Auf der Ebene des semantischen Gedächtnisses beschreibt jemand seine Beziehung zu einer wichtigen Bindungsperson als »liebevoll«. Auf der Ebene des episodischen Gedächtnisses beschreibt dann dieselbe Person eine konkrete Episode aus der Vergangenheit als Beweis für die »liebevolle Beziehung«, etwa so: »Als ich in der dritten Klasse in Mathematik hintereinander schlechte Noten bekam und sehr traurig war, nahm mich meine Mutter in die Arme und tröstete mich. Sie schimpfte nicht mit mir, sondern bot an, mir bei den Mathematikaufgaben zu helfen.«

Eigenschaften	Semantisches Gedächtnis	Episodisches Gedächtnis
Art des Wissensbestandes	allgemeingültiges Weltwissen	beruht auf individuellen Erfahrungen
Zeitliche Eingebundenheit	zeitlich nicht mit der eigenen Biografie verbunden	zeitlich mit der eigenen Biografie verbunden
Gültigkeit	konzeptuell organisiert, besitzt eine allgemeine Gültigkeit	basiert auf autobiografischen Erinnerungen
Beginn der Entwicklung	entwickelt sich ab dem zweiten Lebensjahr im Zusammenhang mit der Fähigkeit zum Symbolisieren	entwickelt sich später als das semantische Gedächtnis

Tab. 2: Das semantische und das episodische Gedächtnis

Die Entwicklung des Gedächtnissystems schreitet von dem prozeduralen über das semantische bis hin zum episodischen Gedächtnis (Tulving 1985). In Tab. 3 wird das Verhältnis der drei Gedächtnissysteme im Zusammenhang mit dem Bewusstsein dargestellt. Säuglinge im ersten Lebensjahr verfügen über das prozedurale Gedächtnis, im zweiten Lebensjahr, mit der Entwicklung der Symbolisierungsfähigkeit, beginnt das semantische Gedächtnis zu funktionieren, und erst ca. ab dem dritten oder vierten Lebensjahr kommt das episodische Gedächtnis hinzu.

Gedächtnissystem	Bewusstsein
prozedural	nicht wissend
semantisch	wissend
episodisch	selbstwissend

Tab. 3.: Die drei Gedächtnissysteme und das Bewusstsein

Die Entwicklung des Objektbegriffes nach Piaget (1937), die Entstehung von intrapsychischen Repräsentationen aus psychoanalytischer Sicht sowie Konzepte der modernen Säuglingsforschung wie Mentalisierung (Fonagy 1998), Affektspiegelung oder die Entwicklung von Affekten sind bedeutende Konzepte im Hinblick auf das Verstehen der Symbolisierung und des Denkens von Kleinkindern. Die seelischen Zustände des

Säuglings und Kleinkindes lassen sich auf der Grundlage dieser Konzepte besser verstehen. Ihre Relevanz für die Praxis ist von Bedeutung und verdient daher eine besondere Beachtung.

2.3.2 Die Entwicklung des Objektbegriffes nach Piaget

Eine theoretische Konzipierung des Ursprungs und der Entwicklung des Objektbegriffes stammt aus der kognitiven Psychologie von Piaget (1937) und ging unter dem Begriff »Objekt- und Personenpermanenz« in die Literatur ein. Damit ist die Fähigkeit des Individuums gemeint, die Permanenz oder Existenz von Objekten und Personen unabhängig von deren äußerer Wahrnehmung anzunehmen. Kriterien dieser Fähigkeit beinhalten u. a. die Suche nach einem versteckten oder verschwundenen Objekt, den Glauben an seine Permanenz (Dauerhaftigkeit), eine bildhafte Erinnerung. Die Fähigkeit des Kindes, sich nicht anwesende Objekte in Erinnerung zu rufen, ist laut Piaget erst nach dem 18. Lebensmonat nachweisbar. Dieser Entwicklungsprozess beginnt ca. im achten Lebensmonat, nämlich dann, wenn ein Kind anfängt, nach versteckten Objekten und Personen zu suchen. Nach Piaget ist Objektpermanenz nicht angeboren, sie wird vielmehr aufgrund von Erfahrungen während der sensomotorischen Entwicklungsphase in den ersten zwei Lebensjahren in einer festgelegten Abfolge erworben.

Die ersten beiden Stadien – von der Geburt bis zum vierten Lebensmonat

Die beiden ersten Stadien der sensomotorischen Entwicklung sind dadurch gekennzeichnet, dass der Säugling kein besonderes Verhalten in Bezug auf die verschwundenen Objekte zeigt. Er verfolgt mit den Augen einen sich bewegenden Gegenstand nur so lange, bis er verschwindet. Dann verliert er das Interesse daran oder starrt kurz auf die Stelle, wo der Gegenstand verschwunden ist. Gegenständen, die aus seinem Wahrnehmungsbereich verschwinden, schenkt der Säugling generell keine Aufmerksamkeit, und er verhält sich dem Objekt gegenüber passiv. Der Gegenstand, der aus dem Wahrnehmungsbereich des Säuglings verschwindet, wird sogleich vergessen, nach dem Motto »Aus den Augen, aus dem Sinn«. In diesem Alter reagieren Säuglinge auf die Trennung von der primären Bezugsperson entweder gar nicht oder sie zeigen nur in seltenen Fällen Trennungsreaktionen.

Das dritte Stadium – vierter bis achter Lebensmonat

Im dritten Stadium der sensomotorischen Entwicklung kann aus dem Verhalten des Säuglings auf Anfänge der Objektpermanenz geschlossen werden. Nun beginnt das Kind, seine visuelle Welt mit seiner taktilen Welt zu koordinieren, indem es z. B. ein

Objekt erblickt und danach greift. Der Säugling sieht den Nuckel und steckt ihn in seinen Mund (Sehen und Greifen), oder er betastet eine Rassel und bringt sie in sein Blickfeld (Greifen und Sehen).

Die Anfänge der Objektpermanenz entstehen also laut Piaget durch die Handlungen des Kindes um den achten Lebensmonat herum, nämlich dann, wenn es anfängt, nach versteckten Objekten zu suchen. In diesem Stadium wird das Objekt, laut Piaget, allerdings noch nicht vollständig unabhängig und für sich gesehen. Es ist noch ganz in das Handeln des Säuglings einbezogen. Verschwindet ein Gegenstand, indem er z. B. aus der Hand des Säuglings fällt, gibt er sich damit zufrieden, Handlungen zu wiederholen, die er zum Zeitpunkt des Verschwindens ausführte. Diese Handlungen betrachtet Piaget (1937) als ein Zeichen für den Beginn der Objektpermanenz.

Das vierte Stadium – achter bis zwölfter Lebensmonat

Etwa ab dem achten Lebensmonat fängt der Säugling an, aktiv nach dem verschwundenen Objekt zu suchen, das z. B. vor seinen Augen unter ein Tuch gelegt wird, und an die Permanenz der Objekte zu glauben. Diese Fähigkeit unterliegt allerdings noch einschränkenden Bedingungen. In diesem Stadium der sensomotorischen Entwicklung ist der Säugling noch nicht in der Lage, die Reihenfolge der sichtbaren Verlagerungen des Objektes zu berücksichtigen. Die aktive Suche nach dem verschwundenen Objekt bleibt eingeschränkt. Der Säugling sucht und stellt sich das Objekt nur in einer bevorzugten Position vor, d. h. an dem ersten Ort, wo es versteckt und wiedergefunden wurde. Folgende Erklärung verdeutlicht, was damit gemeint ist. Wird ein Objekt an einer Stelle (A) versteckt, so sucht und findet der Säugling es. Anschließend wird das Objekt vor den Augen des Säuglings an einer zweiten Stelle (B) versteckt. Obwohl der Säugling die Verlagerung des Objektes von A nach B beobachtet hat, sucht er dennoch an der Stelle A, also dort, wo er beim ersten Mal Erfolg hatte. Diesen Irrtum nimmt Piaget (1937) als Beweis für die Annahme, dass in der Vorstellung des Säuglings die Permanenz des Objektes zwar existiert, diese Vorstellung jedoch bei einer einfachen Ortsverlagerung verloren geht. Das Objekt wird noch als Teil der eigenen Handlung begriffen.

Das fünfte Stadium – zwölfter bis 18. Lebensmonat

Jetzt ist das Kind in der Lage, den sichtbaren Bewegungen eines Objektes zu folgen. Es berücksichtigt die aufeinanderfolgenden Verlagerungen des Objektes und wird den Gegenstand dort suchen, wo er vor seinen Augen zuletzt versteckt wurde, und nicht mehr – wie im vierten Stadium – an jenem Ort, wo es den Gegenstand früher gefunden hat. Der Gegenstand hat also in der Vorstellung des Kindes eine eigene Permanenz gewonnen und wird nicht mehr als Teil der eigenen Handlung begriffen. Allerdings mit einer Einschränkung: Für das Kind unsichtbar durchgeführte Ortsveränderungen des Objektes können in diesem Stadium noch nicht nachvollzogen werden. Das Kind kann also bei der Suche nach dem verschwundenen Objekt nur dann erfolgreich sein, wenn es vorher den Ortswechsel des Objektes beobachtet hat. Bei einem unsichtbar vollzogenen Ortswechsel des Objektes fällt das Kind auf das vierte Stadium zurück und sucht nach dem Objekt nur an dem Ort, wo es beim ersten Mal Erfolg hatte.

Das sechste Stadium – 18. bis 24. Lebensmonat

Hier ist der Begriff des permanenten Objektes in der Vorstellung des Kindes vollständig ausgebildet und wird nicht mehr als Teil der eigenen Handlung begriffen. Das Kind ist nun in der Lage, nicht nur sichtbare, sondern eine Folge unsichtbarer Ortswechsel des Gegenstandes zu rekonstruieren. All das ist nach Piagets Auffassung möglich, da das Kind in diesem Alter fähig ist, zu symbolisieren, und sich Objekte als Symbole vorstellen kann. In seiner Vorstellung kann ein Objekt auch dann existieren, wenn es nicht unmittelbar zu sehen ist.

Piagets Konzept der Objektpermanenz gilt als Klassiker in der Erforschung der kognitiven Entwicklung in der frühen Kindheit. Es legte den Grundstein für viele weitere Untersuchungen über geistige Prozesse und die Entstehung des inneren Bildes des Säuglings. Neben viel Anerkennung, die Piaget bis heute erhält, gibt es in der Nach-Piaget-Debatte auch Kritik an seiner Theorie des Objektbegriffs. Anlass dafür geben vor allem neuere Forschungsdaten, nach denen die frühen Formen der Objektpermanenz ca. ab dem dritten Lebensmonat vorliegen und nicht, wie von Piaget behauptet, erst ab dem achten Lebensmonat (Baillargoen 1987; Meltzoff 1995; Dornes 1997). Entsprechend könnte die Fähigkeit des Säuglings, zu symbolisieren, auch einige Monate früher erfolgen, als Piaget annahm (Mandler 1988). Trotz dieser Kritik ist man sich einig über Piagets Annahme, nach der Objektpermanenz nicht angeboren ist, sondern in einer festgelegten Abfolge erworben wird.

2.3.3 Psychoanalytische Konzepte der Objektkonstanz

Der Begriff Objektkonstanz wurde zuerst von Hartmann (1952) im Kontext des Aufbaus von Objektbeziehungen eingeführt und wird seitdem in der psychoanalytischen Literatur mindestens in drei unterschiedlichen Definitionen gebraucht. Spitz (1954) beispielsweise setzte Objektkonstanz mit Piagets Objektpermanenz gleich. Für Anna Freud (1965) bedeutete Objektkonstanz die Fähigkeit des Kindes, die Besetzung des libidinösen Objektes (Mutter) aufrechtzuerhalten, und zwar unabhängig davon, ob das Objekt als befriedigend oder frustrierend erlebt wird. Diese Fähigkeit des Kindes sah Anna Freud als völlig unabhängig von kognitiven Prozessen an und setzte ihren Beginn, ebenso wie Spitz, um den achten Lebensmonat herum an. Nach Mahler (Mahler/Pine/Bergman 1975) wiederum beginnt die Phase der Objektkonstanz am Ende des zweiten Lebensjahres, nämlich mit dem Erreichen der letzten Subphase des Loslösungs- und Individuationsprozesses (»Konsolidierung der Individualität und die Anfänge der emotionalen Objektkonstanz«). Emotionale Objektkonstanz beinhaltet demnach dreierlei: »die Bewahrung der Repräsentanz des abwesenden Liebesobjektes«, die »Vereinigung von ›guten‹ und ›bösen‹ Objekten zu einer Gesamtrepräsentanz« (Mahler/Pine/Bergman 1975, S. 142) sowie die Fähigkeit des Kindes, kurze Trennungen von der Mutter zu tolerieren und dabei das emotionale Gleichgewicht aufrechtzuerhalten.

Unter Analytikern herrscht grundsätzlich Einigkeit darüber, dass die libidinöse Objektkonstanz immer in Verbindung mit einer Form der Repräsentation der Mutter zu sehen ist (Fraiberg 1969). Es besteht allerdings keine Übereinstimmung über die Komplexität der mentalen Repräsentation der Mutter und über den Beginn des Prozesses der libidinösen Objektkonstanz.

2.3.4 Säuglingsforschung und innere Repräsentanzen

Vertreter der Säuglingsforschung zweifeln die traditionellen psychoanalytischen Konzepte und die Auffassung von Piaget über den Beginn der Entwicklung von mentalen Repräsentationen stark an: Sie gehen davon aus, dass die Fähigkeit, ein Objekt getrennt vom Selbst zu repräsentieren, bereits von Geburt an vorhanden ist (Beebe/Lachmann 2002/2004; Stern 1995). Es besteht Übereinstimmung darin, dass die Erinnerung an erlebte Ereignisse und Personen ein evokatives (bestimmte Vorstellungen enthaltendes) Gedächtnis voraussetzt. Nicht eindeutig ist allerdings, wann sich die Fähigkeit des Säuglings herausbildet, abwesende Personen und vergangene Ereignisse zu evozieren, d. h. gedanklich vorzustellen (Fraiberg 1969).

Piaget und der traditionellen psychoanalytischen Sichtweise entsprechend entwickelt sich das evokative Gedächtnis erst um den achten Lebensmonat herum, zu einem Zeitpunkt also, an dem auch die Trennungsreaktionen des Säuglings deutlich in Erscheinung treten, oder erst im zweiten Lebensjahr, wenn die Symbolisierungsfähigkeit des Kindes vorhanden ist (u. a. A. Freud 1965; Jacobsen 1964; Kernberg 1976).

Vertreter der Säuglingsforschung sind dagegen der Auffassung, dass sich ein hinweisbedingtes evokatives Gedächtnis und somit rudimentäre Formen präsymbolischer Repräsentanzen bereits vor Geburt an herausbilden (Beebe/Lachmann 2002/2004; Stern 1995). Sie stützen sich dabei auf die Ergebnisse neuerer Untersuchungen über die frühe Mutter-Kind-Interaktion und über die Entwicklung von Wahrnehmung und Gedächtnis im frühen Kindesalter. Empirische Belege für die Existenz einer inneren psychischen Organisation in der frühen Kindheit liefern vor allem die Untersuchungen zu Imitationen (Meltzoff 1988) und zum Wiedererkennungsgedächtnis (Fagan 1976) sowie Studien, die zeigen, dass Säuglinge Erwartungshaltungen über die Reaktion und das Verhalten ihrer Bezugsperson herausbilden (Tronick/Cohn 1989; Field et al. 1988). Es scheint so zu sein, dass der Säugling während des Betrachtens einen

Stimulus als ein Modell speichert, sodass spätere Präsentationen dieses Stimulus damit verglichen werden können. Nicht ein Bild vom Objekt allein wird repräsentiert, sondern das Objekt in Beziehung zum Selbst (Beebe/Lachmann 2002/2004). Im Gegensatz zur traditionellen psychoanalytischen Auffassung betonen Säuglingsforscher somit den dyadischen Aspekt der Repräsentation.

Wie werden frühe Repräsentationen organisiert?

Es wird angenommen, dass interaktive Strukturen die frühen Repräsentationen organisieren. Interaktive Strukturen sind eine charakteristische Art, in der sich das Kind und die Bezugsperson gegenseitig beeinflussen und regulieren (Beebe/Stern 1977; Beebe/Lachmann 2002/2004). So kann man annehmen, dass sich Selbst- und Objektrepräsentanzen gleichzeitig und in enger Beziehung zueinander entwickeln (Beebe et al. 1992). Daraus folgt, dass frühe interaktive Strukturen und interaktive Prozesse wichtige Elemente für die auftauchenden Selbst- und Objektrepräsentanzen sind. Der dynamische Prozess gegenseitiger Anpassung zwischen Mutter und Kind ist der Kern der frühesten interaktiven Repräsentationen.

Zusammenfassend kann festgehalten werden, dass nach neueren theoretischen Annahmen das Individuum vor der Entwicklung der Symbolisierungsfähigkeit, nämlich von Geburt an, in der Lage ist, interaktive Strukturen präsymbolisch zu repräsentieren. Die interaktive Struktur selbst wird durch die Art der gemeinsamen Regulation zwischen Mutter und Kind repräsentiert, die durch Zeit, Raum und Affekt organisiert ist. Die frühe präsymbolische Repräsentationsfähigkeit des Kindes entwickelt sich weiter durch die zunehmende Fähigkeit, Informationen zu abstrahieren. Es ist anzunehmen, dass die Fähigkeit des Kindes, zu abstrahieren, am Ende des ersten Lebensjahres vorhanden ist. Stern (1995) beschreibt dies als die Fähigkeit des Kindes, frühe generalisierte Interaktionserfahrungen zu repräsentieren. Diese bilden einen generalisierten und abstrahierten Prototyp von Interaktionsstrukturen, welche die Basis für die spätere symbolische Form von Selbst- und Objektrepräsentanzen bildet.

Beim jungen Säugling bilden sich Erwartungen heraus, wie soziale Interaktionen funktionieren. Man geht davon aus, dass frühe interaktive Strukturen die Kognition, die Mutter-Kind-Bindung und die Art der Interaktion im zweiten Lebensjahr vorhersagen. Dabei ist Kognition eine Grundlage der Repräsentation, Bindung eine affektive und beziehungsabhängige Dimension der Repräsentation. Die interaktiven Strukturen könnten im zweiten Lebensjahr sowohl die Repräsentationen beeinflussen als auch von ihnen beeinflusst werden. Von den frühen interaktiven Strukturen kann man auf Aspekte späterer Repräsentationen schließen, d. h. frühe interaktive Strukturen sind relevant für die auftauchenden Selbst- und Objektrepräsentanzen (Beebe/Lachmann 2002/2004).

Diese Definition der frühkindlichen Repräsentationsfähigkeit unterscheidet sich von früheren Auffassungen, die die Aktivität des Kindes als den primären Faktor bei der Konstruktion von Repräsentationen hervorheben. Säuglingsforscher unterscheiden eindeutig zwischen präsymbolischen Repräsentationsvorläufern im ersten Lebensjahr und abstrakter symbolischer Repräsentation ab dem Beginn des zweiten Lebensjahres (Stern 1995). Innere Repräsentanzen sind Strukturen, die sowohl angeborene als auch Entwicklungsaspekte enthalten und die aus Wahrnehmungen, Empfindungen und Emotionen entstehen (Zelnick/Buchholz 1991).

2.3.5 Entwicklung der Mentalisierung

Der Begriff »Mentalisierung« ist zum Modewort geworden. In der öffentlichen Fachdiskussion, vor allem aber in sozialwissenschaftlichen Fachartikeln, kommt man nicht mehr ohne Bezug auf die Mentalisierungsfähigkeit von Kindern und Erwachsenen aus. Was steckt hinter diesem für viele Leser fremd klingenden Konzept?

Psychoanalytiker beschäftigen sich seit den Anfängen der psychoanalytischen Theorie mit mentalen Prozessen, also damit, wie Menschen ihre persönlichen Erfahrungen verarbeiten und repräsentieren (z. B. Freud, Winnicott, Klein, Bion). Der Fokus ist auf intrapsychische und interpersonelle Prozesse gerichtet und darauf, wie der Mensch von Geburt an lernt zu symbolisieren.

Eine Weiterentwicklung der psychoanalytischen Theorie der Symbolisierung von Erfahrungen stellt die Arbeitsgruppe um Fonagy (Fonagy et al. 2004, Fonagy/Target 2005) mit ihrem *Mentalisierungskonzept* vor. Sie verbindet die Psychoanalyse mit zwei Forschungsbereichen der Entwicklungspsychologie, der »Theorie des Geistes« (Theory of Mind) und der »Bindungstheorie« (Dornes 2006). Die Forschungen zur »Theorie des Geistes« beschäftigen sich mit der Frage, wann und wie das Kind entdeckt, dass es selbst und die anderen über mentale Zustände verfügen. Mentale Zustände wie Gedanken, Überzeugungen Wünsche und Bedürfnisse oder Ansichten und Absichten sind Repräsentationen, die ein Bindeglied zwischen den eigenen Aktivitäten und der Außenwelt darstellen (Astington 2000, Fonagy/Target 2005). Die Bindungstheorie, über die im 3. Kapitel ausführlicher gesprochen wird, befasst sich mit der Entstehung und der Entwicklung emotionaler Bindungen von Geburt an.

Die *Mentalisierung* oder *Reflexionsfunktion* beinhaltet nach Fonagy und anderen (Fonagy et al. 2004) die Fähigkeit, sich selbst und den anderen als Wesen mit geistigseelischen Zuständen zu betrachten. Mentalisierung schließt auch die Fähigkeit ein, über eigene Gedanken und Gefühle nachzudenken und zu »lesen«, was in den Köpfen anderer Menschen vorgeht.

Die Reflexionsfunktion ist das Ergebnis eines Entwicklungsprozesses, der sich zwischen dem neunten Lebensmonat und dem vierten oder fünften Lebensjahr entfaltet. Das Kind lernt ca. ab dem neunten Lebensmonat nach und nach, dass eine Handlung oder ein bestimmtes Verhalten mit mentalen Zuständen (Überzeugungen, Absichten, Wünsche …) verbunden ist. Ab diesem Alter erkennt das Kind andere als *intentionale Akteure* und fängt an, das Verhalten von anderen zu reproduzieren, d. h. sie nachzuahmen (Tomasello 2002). Wenn die Mutter z. B. den Tisch abwischt oder die Schublade öffnet, nimmt das Kind ab dem Ende des ersten Lebensjahres nicht nur bestimmte Körperbewegungen wahr, die mit diesen Handlungen einhergehen, sondern auch die damit verbundenen Intentionen. Das Kind versucht nun, diese intentionalen Handlungen zu reproduzieren und somit durch die Erwachsenen in kognitiv signifikanter Weise zu lernen.

Nach Fonagy und seinen Mitarbeitern (Fonagy et al. 2004, Fonagy/Target 2005) sind erste Anzeichen der Reflexionsfunktion ca. im 18. Lebensmonat zu beobachten. In diesem Alter ist das Kind in der Lage, sich selbst und andere als Wesen mit geistigen und seelischen Zuständen zu erkennen. Im Alter zwischen dem 18. Lebensmonat und dem vierten oder fünften Lebensjahr gibt es zwei Modalitäten, in denen die psychische Realität, d. h. Gedanken und Gefühle, erfahren werden: der *Modus psychischer Äquivalenz* und der *Als-ob-Modus*. Diese beiden Modalitäten bestehen parallel nebeneinander, und das Kind wechselt zwischen ihnen. Eine Integration der beiden Modalitäten erfolgt erst mit vier oder mit fünf Jahren.

Der Modus psychischer Äquivalenz

Diese Modalität bedeutet, dass das Kind seine eigenen und die Gedanken anderer Menschen als Widerspiegelung der Realität erlebt und nicht als deren Repräsentanzen. Das Kind verwechselt nicht seine Gedanken mit der Realität, sondern empfindet, dass seine Gedanken eine ähnliche Wirkung haben wie die Realität selbst. Der bloße Gedanke an einen Tiger unter dem Bett z. B. wirkt ähnlich beängstigend wie ein wirklicher Tiger. Oder ein Einbrecher in der vorgelesenen Geschichte löst ähnlich starke Angst beim Kind aus wie ein realer Einbrecher.

Der Umgang der Eltern mit dem Erleben des Kindes im Modus psychischer Äquivalenz ist für seine weitere Entwicklung von Bedeutung. Günstig ist, wenn die Eltern z. B. die Angst des Kindes vor einem Stoffkrokodil akzeptieren, d. h. dieses Gefühl benennen und das Stofftier entfernen, gleichzeitig aber auch deutlich machen, dass ihr Erleben sich von dem des Kindes unterscheidet. Damit erkennen sie die innere Wirklichkeit des Kindes und seine ängstlichen Gedanken an, ohne sich selbst mit der inneren Wirklichkeit des Kindes zu identifizieren und selbst Angst zu zeigen. Auf diese Weise gelingt es den Erwachsenen, die negativen Affekte des Kindes zu regulieren.

Als-ob-Modus

Im Gegensatz zum »Modus psychischer Äquivalenz« hebt das Kind hier die Realität auf. Es spielt, als ob es kochen oder das Auto in die Garage fahren würde. Es bezieht sich zunächst auf die Realität und entkoppelt sich dann von ihr. Dem Kind scheint intuitiv klar zu sein, dass es sich in seiner Aktivität nicht um die Wirklichkeit, sondern um ein Spiel handelt. Zwischen dem 18. Lebensmonat und dem fünften Lebensjahr ist für ein Kind eine klare Unterscheidung zwischen Spiel und Realität besonders wichtig. Die Bedeutung des frühen »Als-ob-Spiels« besteht darin, dass es ein eindeutiger Hinweis auf die Fähigkeit des Kindes ist, den mentalen Zustand einer anderen Person zu verstehen. Was das Kind in diesem Alter jedoch noch nicht kann: außerhalb des Spielens über Gedanken als Gedanken nachzudenken bzw. die bereits vorhandenen Repräsentanzen mit der äußeren Wirklichkeit zu verbinden (Fonagy et al. 2004). »Im ›Als-ob-Modus‹ erlebt das Kind Gefühle und Gedanken als vollkommen repräsentativ oder symbolisch und als gänzlich ohne Bezug zur äußeren Welt« (Fonagy 2003, S. 180). Das Spiel kann in diesem Alter noch keine Brücke zwischen dem inneren Erleben des Kindes und der äußeren Realität bilden.

Der reflektierende oder mentalisierende Modus

Im vierten bis fünften Lebensjahr kommt es zur Integration der beiden Modi psychischer Realität, eben des Modus psychischer Äquivalenz und des Als-ob-Modus. Das Kind verfügt nun über ein mentales Selbst- und Weltbild. Nun fangen Kinder an zu erkennen, dass Dinge anders sein können, als sie zu sein scheinen, oder dass andere Menschen die Realität anders wahrnehmen als sie selbst. Sie lernen zu begreifen, dass mentale Zustände Repräsentationen sind, die sich verändern können. Das Kind kann sich real Gedanken über die Gedanken machen, was früher nur im Spiel möglich war. Es verfügt in diesem Alter also nicht nur über ein mentales, sondern auch über ein repräsentatives Weltbild, was ihm nun ermöglicht, mit der Realität zu »spielen«.

Eine der wichtigsten Funktionen von Mentalisierung: Sie kann dem Individuum helfen, »… durch intensive Erfahrungen mit anderen Menschen ein höheres Niveau der Intersubjektivität zu erreichen und sein eigenes Leben als bedeutsamer wahrzunehmen« (Fonagy et al. 2004, S. 270). Eine unvollkommene Integration der beiden Modi psychischer Realität begünstigt vermutlich die Entwicklung von neurotischen Zuständen. Mentalisierung entsteht in der zwischenmenschlichen Interaktion und nimmt ihre ersten Anfänge im frühen Säuglingsalter in der »spiegelnden Beziehung« zur Betreuungsperson durch *Affektspiegelung* (s. Abschnitt 2.3.6).

Wie bereits oben erwähnt, realisiert der Säugling erst nach und nach, dass er Gefühle und Gedanken hat; und zwar macht er wiederholt die Erfahrung, dass die Mutter seinem inneren Zustand eine Bedeutung beimisst. Bedeutung seines inneren Zustandes erfährt der Säugling durch ihren Gesichtsausdruck, ihre Verhaltensweisen oder durch Spiegelung der kindlichen Affekte (Fonagy et al. 2004). Wenn der Säugling z. B. weint, dann reagiert die Mutter normalerweise nicht nur auf den physischen Zustand des Kindes, indem sie sagt: »Ich sehe, deine Windel ist nass«, sondern auch auf die psychische Realität des Kindes mit den Worten: »Möchtest du, dass ich dich trockenlege?« oder »Möchtest du, dass ich dich hochnehme?«. Auf diese Weise schafft die Mutter eine Verbindung zwischen der äußeren Realität (der nassen Windel) und dem inneren Zustand des Kindes.

2.3.6 Affektspiegelung

In der »Theorie des sozialen Biofeedbacks durch mütterliche Spiegelung« (Gergely/Watson 1999; Fonagy et al. 2004) wird die spannende Frage gestellt, welche Rolle die Affekte in der Entwicklung des Selbst, der Intentionalität und der Mentalisierung spielen. Darüber hinaus wird in dieser Theorie untersucht, wie der Säugling ein Bewusstsein über die eigenen Gefühle und die Gefühle anderer Menschen entwickelt. Aus der Affektforschung ist bekannt, dass bereits sehr junge Säuglinge sogenannte kategoriale oder Basisaffekte wie Freude, Ärger, Furcht, Kummer, Ekel und Überraschung ausdrücken (Ekman 1979, 1988; Izard 1977). Nach der These von Gergely (Gergely/Watson 1999) sind Säuglinge zunächst jedoch noch nicht dazu in der Lage, diese Affekte bewusst zu erleben; bei ihnen kommen vermutlich der mit dem Affekt einhergehende »hedonische Ton« (Stimmung) und die Affektstärke (Stern 1985) an.

Moderne Emotionsforscher vertreten die Auffassung, dass Mutter und Säugling von Geburt des Kindes an ein *affektives Kommunikationssystem* bilden (Beebe/Jaffe/Lachmann 1992; Beebe/Lachmann 2002), in dem die Mutter durch die Modulierung der Affektzustände des Säuglings eine entscheidende Funktion erfüllt. Die Qualität des mütterlichen Verhaltens, vor allem das mimische und vokale Spiegeln des kindlichen Affektausdrucks, nimmt einen regulativen Einfluss auf die Veränderungen der Affektzustände des Kindes (Stern 1985; Trevarthen 1979). Wie in einem Spiegel lässt die Mutter die Affekte des Kindes in ihrem eigenen Gesichtsausdruck erscheinen, und so entwickelt das Kind zunehmend ein Bewusstsein von emotionalen Zuständen.

Dieser Prozess ist mit dem *Trainingsverfahren des Biofeedbacks* (z. B. Vaitl 1993) zu vergleichen. Bei diesen Untersuchungen werden Messungen über die aktuellen Veränderungen von bewusst zunächst nicht wahrnehmbaren Prozessen des autonomen Nervensystems (z. B. von Herzschlag oder Blutdruck) durchgeführt. Die Veränderungen des inneren Zustandes können nach außen auf einen Videomonitor projiziert und vom Probanden direkt beobachtet werden. Das wiederholte Erleben der »Externalisierung« von zunächst unbemerkt ablaufenden inneren Zuständen führt schließlich zur Sensibilisierung für den inneren Zustand und zur Kontrolle über ihn.

Gergely und Watson (1999) folgend, spielt sich in der frühen Eltern-Kind-Interaktion etwas Vergleichbares ab. Sie nennen ihr Modell »soziales Biofeedback von Affektspiegelung«, weil im Vergleich zum herkömmlichen Biofeedback Affekte im menschlichen Gesicht dargestellt werden und nicht physiologische Prozesse auf einem Monitor.

Wie kann der Säugling, der seinen Gefühlszustand noch nicht bewusst erlebt, trotzdem merken, dass der gespiegelte Affekt, z. B. ein Lächeln, nicht dem Gefühlszustand der Eltern entspricht, sondern mit seinem eigenen Erleben zu tun hat? Die Antwort darauf liefern Gergely und Watson mit zwei Eigenschaften der Affektspiegelung: der Markierung und der referentiellen Entkopplung.

Markierung heißt, dass die Mutter den Affektzustand des Kindes nicht genauso spiegelt, wie das Kind diesen ausdrückt, sondern intuitiv verbal und/oder mimisch eine übertriebene Version ihres realistischen Gefühlsausdrucks produziert. Mit anderen Worten nimmt das Kind durch die Markierung wahr, dass es sich bei diesem Affektausdruck nicht um realistische Gefühlsäußerungen der Mutter handelt, sondern um etwas anderes, nämlich die übertriebene Wiedergabe des eigenen (Säugling) emotionalen Zustandes. Die Markierung erfolgt verbal z. B. durch die Ammensprache, indem die Mutter langsam, in hoher Stimmlage spricht und ihre Äußerungen mit Variationen wiederholt. Die Ammensprache ist Teil des *intuitiven elterlichen Verhaltens*, das biologisch vorprogrammiert und kultur- und geschlechtsübergreifend vorhanden ist (Papoušek / Papoušek 1987).

Die Tendenz von Erwachsenen und von Kindern (ca. ab dem vierten Lebensjahr), in der Interaktion mit Säuglingen übertriebene verbale und mimische Ausdrucksformen zu verwenden, kommt auch bei der Affektspiegelung zum Tragen. Die übertriebenen Kommunikationsmuster bei der Reaktion der Mutter auf das Lächeln des Kindes zeigen sich z. B. in einem nicht übertriebenen mimischen Affektausdruck des Lächelns. Das bedeutet nicht, dass die Mutter sich über das Lächeln des Kindes nicht freut, es heißt nur, dass ihre affektspiegelnde Reaktion auf den positiven Affektausdruck des Kindes eine andere ist als der Ausdruck von eigenem Affekterleben. Durch die Markierung merkt das Kind, dass die Mutter etwas *darstellt* und nicht etwas Eigenes ausdrückt oder mitteilt. Der gespiegelte und der normative Affektausdruck der Mutter weisen allerdings genügend Ähnlichkeit auf, damit das Kind erkennen kann, dass es sich dabei um einen bestimmten Affektinhalt, z. B. Freude, handelt.

Wie kommt nun das Kind dazu, den markierten Affekt durch die Mutter als einen Ausdruck seines eigenen inneren emotionalen Zustandes wahrzunehmen? Dies ermöglicht die zweite Eigenschaft der Affektspiegelung, die *referentielle Entkopplung*: Die markierte, »Als-ob«-Version des mütterlichen Affektausdrucks verbindet das Kind nicht mit dem Schema des bereits repräsentierten normativen mütterlichen Affektausdrucks, sondern es entkoppelt den markierten Affekt von ihrem Träger (Gesichtsausdruck der Mutter) und bezieht ihn auf sich selbst. Den Prozess, den gespiegelten und bereits entkoppelten Affekt auf sich zu beziehen, nennen Fonagy et al. 2004) *referentielle Verankerung*. Sie wird durch eine weitere Eigenschaft der Affektspiegelung möglich, die *Kontingent / Kongruenz*. Demnach besteht ein hoher Grad an Kongruenz zwischen dem den visuellen / akustischen Affekt spiegelnden Ausdruck der Mutter und dem emotionalen Ausdrucksverhalten des Kindes. Die Kongruenz bezieht sich also auf den gleichen Inhalt eines Affektes: vonseiten des Kindes empfunden (internalisierten) und durch die Mutter gespiegelten (externalisierten) Affektinhalt (Wut, Freude, Überraschung …).

Kinder werden aufgrund dieser frühen Erfahrungen in der Interaktion mit den Erwachsenen zwei unterschiedliche Formen von Affektausdrücken wahrnehmen und gleichzeitig repräsentieren: eine *realistische* und eine *markierte* Version. Die realistischen Versionen von Affektrepräsentanzen haben den Charakter von Mitteilungen, während die markierten Affektrepräsentanzen eher Darstellungen sind – eine eher formale Unterscheidung, da das elterliche Kommunikationsverhalten immer beide

Elemente enthält. Wenn die Mutter einen Affektzustand des Säuglings durch Spiegelung darstellt, teilt sie ihm gleichzeitig auch etwas mit. Wichtig ist, dass der Säugling diese Unterscheidung zwischen Mitteilung und Darstellung wahrnimmt.

Elterliche Kommunikationsmuster können auch pathologische Formen annehmen. Das zeigt sich vor allem in zwei Varianten der nicht angemessenen elterlichen Affektspiegelung. Erstens bei einer unzureichenden Markierung, wenn die Eltern den Affektausdruck des Kindes »zu echt« spiegeln, also zu wenig spielerisch reagieren. Zweitens bei einer fehlenden Kongruenz, wenn der Affektausdruck der Eltern mit dem Affektinhalt des Kindes häufig nicht übereinstimmt. Das Kind zeigt z. B. Freude, und die Eltern reagieren mit Ärger darauf.

2.3.7 Die Entstehung und Organisation von Emotionen

Spätestens seit dem Erscheinen des populärwissenschaftlichen Buches »Emotionale Intelligenz« von Daniel Goleman (1996) ist die Aufmerksamkeit einer breiten Öffentlichkeit auf dieses aktuelle Thema gelenkt worden: Die Ursachen vieler gesellschaftlichen Probleme oder Zivilisationskrankheiten können nach Einschätzung von Wissenschaftlern auch auf einen Mangel an emotionaler und sozialer Kompetenz zurückgeführt werden. Wachsende Kriminalität, Drogenmissbrauch, Depression und andere psychosoziale Erkrankungen bei Kindern und Jugendlichen aus Risikofamilien sind Ausdruck von emotionalem Elend. Daher ist die Frage, wie Emotionen entstehen und wie sich Fähigkeiten zur emotionalen Kompetenz bei Kindern in jungen Jahren ausbilden, mehr denn je von Bedeutung.

Affekte oder Emotionen, die ich in Anlehnung an die einschlägige Forschungsliteratur als Begriffe synonym benutze, spielten im Bereich der Entwicklungspsychologie neben den Theorien zur Wahrnehmung, zum Denken oder Lernen lange Zeit nur eine untergeordnete Rolle. In der Wissenschaft existiert bis heute kaum Einigkeit darüber, was Emotionen wirklich sind (Salisch 2007). Ob psychoanalytische oder entwicklungspsychologische Theorien herangezogen werden, es finden sich unterschiedliche Definitionen des Begriffs Affekt oder Emotion. Zunächst soll festgehalten werden, dass unterschieden wird zwischen einem *Affekterleben* als dem inneren Prozess, was jemand fühlt, und dem *Affektausdruck* als äußerem Erscheinungsbild, wie jemand einen Affekt zeigt. Krause (1992) nimmt in seiner Definition auf beide Aspekte Bezug, indem er formuliert, dass Affekte als ein Prozess zu verstehen sind, »der die drei Lebensbereiche Physiologie, Denken und kommunikatives Handeln geordnet ansteuert« (Krause 1992, S. 599).

Wenden wir uns zunächst kurz den psychoanalytischen Theoriekonzepten zu. Nach der traditionellen Triebtheorie Freuds (1915) werden Affekte ausschließlich als Folge einer Disregulation der Triebe und grundsächlich als Triebabkömmlinge betrachtet. Die Triebe sind primär, die Affekte sekundär. Affektausdruck dient somit als Abfuhr für Triebdisregulation. Mit anderen Worten: Affekten wird keine kommunikative bzw.

primäre soziale Funktion zugesprochen. Freud sieht die Affekte als Folge kognitiver Prozesse (Krause 1998). Weitere Vertreter der psychoanalytisch orientierten Theorien betrachten die emotionale Entwicklung hauptsächlich im Kontext des Aufbaus von Objektbeziehungen und erklären die Ich-Entwicklung mit den Trieben der Libido (Sexualtrieb) und der Aggression (Todestrieb). Zudem postulieren Theoretiker der psychoanalytischen Tradition ein zu Beginn des Lebens *undifferenziertes Affekterleben*. Demnach empfindet der Säugling nur Lust und Unlust oder gut und böse (Spitz 1965). Dieser Auffassung folgend würden sich erst ab dem zweiten Lebensjahr komplexere Gefühle herausbilden.

Die traditionelle triebtheoretische Affektlehre ist aus heutiger Sicht nicht mehr aufrechtzuerhalten (Dornes 1997; Krause 1998). Dornes formuliert sehr zutreffend: »Wir sollten Abschied nehmen von der Vorstellung, dass nur zwei Kräfte – Libido und Aggression – den seelischen Apparat in Gang setzen bzw. den Säugling motivieren, und sollten akzeptieren, dass andere Motive wie Interesse/Neugier, Furcht und Überraschung nicht Umwandlungen von Trieben sind, sondern selbstständige und triebunabhängige Antriebskräfte« (Dornes 1997, S. 42).

Seit empirische Befunde der Säuglingsforschung vorliegen und die Emotionsforschung eine Differenziertheit des Affektlebens von Geburt an zumindest als wahrscheinlich erscheinen lässt, kann die Ich-Entwicklung in erster Linie mit der Entwicklung der »diskreten« (kategorialen) Emotionen in Zusammenhang gebracht werden. Nach Izard (1978) lassen sich folgende diskreten Grundemotionen postulieren: Interesse, Freude, Überraschung, Unbehagen, Ärger, Ekel, Verachtung, Furcht, Scham und Schuld.

Bereits bei Neugeborenen sind die Muskelkonfigurationen von *kategorialem Affekt* im Gesichtsausdruck zu beobachten. Diese kategorialen, grundlegenden Affekte des Neugeborenen betreffen Freude, Interesse, Kummer und Ekel. Innerhalb der ersten Lebensmonate werden andere fundamentale emotionale Ausdrucksformen herausgebildet, beispielsweise Angst, Ärger, ab dem zweiten Lebensjahr Scham und noch später Schuld (Ekman 1988, Izard 1977, 1978). Das Affekterleben des Säuglings ist somit nicht auf das Erleben von Lust und Unlust zu reduzieren. Strittig bleibt dennoch die Frage, ob ein bestimmter Affektausdruck im Gesicht des Säuglings gleichbedeutend ist mit dem, was er fühlt, also mit dem tatsächlichen Affekterleben: Bedeutet ein Lächeln des Neugeborenen, dass es Freude erlebt, oder handelt es sich dabei nur um eine frühreife motorische Reaktion in der Gesichtsmuskulatur? Diese Frage lässt sich nicht eindeutig beantworten, da wir Säuglinge nicht direkt befragen können.

Wie bereits im vorherigen Kapitel durch das Konzept der Affektspiegelung deutlich wurde, lernt der Säugling mithilfe der Affektspiegelung durch die Mutter, dass der von der Mutter gespiegelte Affekt identisch ist mit seinem eigenen inneren Gefühlszustand. So entwickelt er zunehmend ein Bewusstsein von emotionalen Zuständen Ob diese von Geburt an vorhanden sind oder sich im Laufe der ersten Lebensmonate herausbilden, konnte wissenschaftlich noch nicht eindeutig geklärt werden.

Was wir jedenfalls wissen: Schon Neugeborene sind mit rudimentären Formen der Selbstregulation ausgestattet. Sie saugen an den Fingern, drehen ihren Kopf oder fixieren Gegenstände mit ihrem Blick. Diese Fähigkeiten zur Selbstregulierung brechen allerdings schnell zusammen. Die Neugeborenen fangen an zu weinen, oder sie fallen in den Schlaf (Salisch 2002). Sie sind eben doch auf eine umfassende Unterstützung der primären Bezugspersonen angewiesen, um ihre Affektzustände zu regulieren.

Die gemeinsame Affektregulierung mit der Bezugsperson führt zur Zufriedenheit des Säuglings und schließlich zur Weiterentwicklung und zur Stabilisierung seiner Fähigkeit zur Selbstregulierung. Lassen Bezugspersonen den Säugling weinen, weil sie befürchten, ihn zu verwöhnen, wird genau das Gegenteil erreicht. Kein oder zu spätes Reagieren auf das Weinen des Säuglings verhindert eine gemeinsame Affektregulierung. Wenn dies regelmäßig geschieht, macht der Säugling die Erfahrung, dass seine Bedürfnisse nicht ernst genommen und seine Affektsignale nicht beantwortet werden. Die Mängel an gemeinsamer Affektregulierung führen zu erheblichen Mängeln der emotionalen Selbstregulierung und zum häufigen Verbleiben in negativen Affektzuständen. Das Resultat zeigt sich schließlich in ständigem Nörgeln und Jammern des Säuglings und in ausgeprägter Wut, in Ärger, Aggressivität oder depressiven Verstimmungen des Kleinkindes.

Auf das Konzept der »*sozialen Bezugnahme*« (social referencing) möchte ich kurz eingehen. Damit soll die Bedeutung von Affekten in der Kommunikation im Säuglingsalter hervorgehoben werden. Affekte im frühen Kindesalter sind sowohl Ausdrucksform als auch Thema der Kommunikation (Stern 1985). Der Affektaustausch mit der Bezugsperson bildet die primäre Form der Kommunikation in der frühen Kindheit. Aus diesem Grund kommt dem gemeinsamen Erleben von Affektzuständen (Mutter/Vater und Kind freuen sich gemeinsam, sind traurig …) die größte Bedeutung zu. Dieses nimmt nicht nur auf die emotionale Befindlichkeit des Säuglings Einfluss, sondern auch auf die Qualität der emotionalen Beziehungen.

Experimentelle Studien zur »sozialen Bezugnahme« oder Vergewisserung erbrachten den Nachweis, dass sich Säuglinge ca. ab dem siebten Lebensmonat in unbekannten und Angst auslösenden Situationen am emotionalen Ausdrucksverhalten der Erwachsenen orientieren (Stern 1985, Emde et al. 1978). Erscheint z. B. unerwartet ein ferngesteuerter Spielzeugroboter im Raum, der das Kind ängstigt, schaut es zur Bezugsperson, um mit deren Hilfe die Situation zu bewerten. Durch den Gesichtsausdruck der Bezugsperson schätzt das Kind ein, ob dieses Objekt oder eine Situation gefährlich ist oder nicht. Zeigt die Bezugsperson einen positiven Affektausdruck (Lächeln, Ermutigung), so traut sich das Kind, das Objekt zu erkunden, und bewertet die unsicherheitserregende Situation als ungefährlich. Zeigt die Bezugsperson jedoch Furcht, Skepsis oder andere negative Affekte, so bleibt das Kind dem Objekt fern.

Die eigene Unsicherheit, wie die Situation zu beurteilen sei, bewältigt das Kind, indem es im Gesicht der Bezugsperson abliest, was diese empfindet. Ähnliches passiert beim klassischen Experiment der »*visuellen Klippe*« (Gibson/Walk 1960). Hier motiviert man sechs bis 14 Monate alte Kinder, über einen scheinbar steilen Abhang (visuelle Klippe) zu krabbeln. In diesem Alter verfügen Kinder über Tiefenwahrnehmung und trauen sich nicht ohne Weiteres, über den durch ein Plexiglas gesicherten, scheinbar steilen Abhang zu krabbeln. Ab einer bestimmten Tiefe des Abgrunds schauen sie den Gesichtsausdruck der Bezugsperson an und entscheiden danach, ob sie weiterkrabbeln oder zurückkehren. Zeigt die Bezugsperson Freude und Interesse, so krabbelt das Kind weiter; sieht es bei der Bezugsperson Angst und Unsicherheit, so kehrt das Kind auf die sichere Seite zurück. Ähnliche Phänomene sind nicht nur unter experimentellen Bedingungen, sondern auch in Alltagssituationen zu beobachten.

Vertreter der ethologischen Bindungstheorie setzen die emotionale Entwicklung mit der Entwicklung von Bindungsbeziehungen und von »*inneren Arbeitsmodellen*« gleich. Diese inneren Arbeitsmodelle oder Repräsentanzen, die auf der Grundlage von Erfahrungen in der Interaktion und Erfahrungen in der emotionalen Kommunikation mit primären Bezugspersonen entstehen, bilden den Kern der emotionalen Organisation des Individuums. Bindungstheoretiker (Bowlby 1973; Ainsworth et al. 1978) betonen, dass Bindungssicherheit für die gesamte Persönlichkeitsentwicklung von grundlegender Bedeutung ist. Bindungssicherheit entsteht durch ein liebevolles und feinfühliges Verhalten seitens der Bindungsperson(en). Neben ihrer Funktion als »sichere Basis« (Ainsworth et al. 1978) spielt die Bindungsperson in der Regulierung des emotionalen Sicherheitsgefühls beim Kleinkind eine unverzichtbare Rolle (Stern 1995). Emotionen sind der Grundstein für Anpassung und die Motivation, soziale Beziehungen aufzunehmen. Sie nehmen somit eine Schlüsselrolle in der Entwicklung der Mutter-Kind-Bindung ein.

Seit Mitte der Sechzigerjahre interessiert sich die Forschung zunehmend für die Entstehung und Regulierung von Affekten in der frühen Kindheit, allen voran im Bereich der Entwicklungspsychologie, der Bindungstheorie, der Psycholinguistik und der modernen psychoanalytischen Entwicklungstheorie. Bei Vertretern der verschiedenen Theorierichtungen ist unumstritten, dass in der dyadischen Beziehung zwischen Mutter und Kind das affektive Klima eine wichtige Rolle spielt und es die sozialemotionale Entwicklung des Kindes wesentlich beeinflusst.

Die Bedeutung von Affekten für den Erwerb der Sprache und der Dialogfähigkeit des Kindes wird beispielsweise auch in neueren Forschungsansätzen der Psycholinguistik betont und empirisch nachgewiesen (Klann-Delius 1989, 2008; Tomasello 2009). Schon Spitz wies darauf hin: »Wir können tatsächlich mit Sicherheit annehmen, dass Gefühle die bewegende Kraft sind, die den Dialog in Gang bringen und vorwärts treiben« (Spitz 1963, 1988, S. 67).

2.4 Verhaltenszustände des Säuglings

Lange Zeit wurde angenommen, dass Neugeborene mit neurobiologischen Defiziten geboren werden. Demnach ist das Gehirn von jungen Säuglingen noch unterentwickelt, und die Hirnrinde (Cortex) nimmt keinen Einfluss auf das Verhalten (Brazelton / Cramer 1989, Keller 1999). Bis in die 1930er-Jahre zog man daraus die Schlussfolgerung, dass das Verhalten von Säuglingen ausschließlich auf Reflexen beruhte und dementsprechend gute Pflege ausreiche, um eine gesunde Entwicklung des Säuglings zu garantieren.

Die Säuglingsforschung hat zusammen mit den neurobiologischen Untersuchungen der letzten Jahrzehnte aufgezeigt, dass Säuglinge von Geburt an auf die Reize der Außenwelt reagieren. Nach diesen Ergebnissen sind sie von Geburt an fähig, zu kommunizieren und mit ihren Bezugspersonen zu interagieren (Dornes 1993). Um mit dem Neugeborenen und dem Säugling in angemessenen Kontakt zu treten, muss der Erwachsene die verschiedenen Zustände seines Verhaltens kennen. In einem Zyklus von 24 Stunden durchläuft jeder Säugling in seinem eigenen Rhythmus die Verhaltenszustände des *Schlafens, Quengelns, Schreiens* und des *Wachseins*.

Schlafen

Es gibt zwei Gruppen von Schlafzuständen: den ruhigen oder tiefen Schlaf und den unruhigen oder »REM-Schlaf« (Rapid Eye Movement Sleep).
- 1. Die vier Phasen des *ruhigen Schlafes* – Einschlafen, leichter Schlaf, mittlere Schlafphase und tiefer Schlaf – bilden sich ungefähr bis zum sechsten Lebensmonat heraus. Im Stadium des tiefen Schlafes ist der Säugling motorisch ruhig, seine Augen sind geschlossen, sein Atem ist regelmäßig. Mitunter zuckt er zusammen, ohne aufzuwachen.
- 2. Der *unruhige oder REM-Schlaf* tritt erstmals eine Stunde nach dem Einschlafen auf. Bei älteren Kindern und Erwachsenen setzt in dieser Schlafphase das Träumen ein. Ob Säuglinge träumen, wissen wir bis heute nicht; allerdings können wir lebhafte REM-Schlafphasen bei Säuglingen beobachten. Die ruhigen und unruhigen Schlafzustände wechseln im Laufe der Nacht regelmäßig. Die Dauer des REM-Schlafes ist von Geburt an großen Veränderungen unterworfen. Neugeborene z. B. verbringen 80 Prozent ihrer Schlafzustände mit unruhigem Schlaf und beginnen den Schlaf mit einer REM-Phase (Keller 1999). Bis zum sechsten Monat sinkt der Anteil des REM-Schlafes auf 28 Prozent. Bei älteren Kindern und Erwachsenen fällt der Anteil des unruhigen Schlafes weiter auf 15 bis 20 Prozent ab. In Phasen des unruhigen Schlafes reagiert der Säugling leicht auf Umweltreize, verzieht sein Gesicht, blinzelt, seine Atmung ist unregelmäßig.

Dösen und Quengeln

markieren den Übergang zwischen Schlafen und Wachsein. Die Augen des Säuglings sind überwiegend offen, und es hat den Anschein, als ob er durch die Welt hindurchschaute. Typischerweise ist der Säugling jetzt in seinen Bewegungen zurückhaltend, seine Lautäußerungen geben eine negative Stimmung wieder, und sein Quengeln wird von Pausen unterbrochen.

Schreien
ist das wichtigste Mittel des Säuglings, um mitzuteilen, dass er sich nicht wohlfühlt und auf die Unterstützung seiner Bezugspersonen angewiesen ist. Bereits Neugeborene verfügen über drei verschiedene Arten des Schreiens: den Grundschrei, den wütenden Schrei und den schmerzbedingten Schrei (Keller 1999).
- Typisch für den *Grundschrei* ist ein regelmäßiger Rhythmus, in dem sich kurze Schreiphasen in schnellem Wechsel mit kurzen Pausen wiederholen. Der Grundschrei kann z. B. durch Hungergefühl ausgelöst werden.
- Das *wütende Schreien* ist eine Variante des Grundschreies mit dem Unterschied, dass mehr Luft auf die Stimmbänder drückt. Auslöser kann z. B. ein Zustand der Langeweile sein.
- Der *schmerzbedingte Schrei* klingt grundlegend anders: Ein plötzlicher lauter Schrei bricht unvermittelt und ohne jegliche vorherige Anzeichen aus; ein zu Beginn längeres Schreien wird von einer längeren Phase abgelöst, in der das Kind die Luft anhält. Schmerz oder ein plötzlich auftretendes lautes Geräusch kann den Schmerzschrei hervorrufen.

Wachsein
Zwei Arten des Wachseins sind typisch für das Säuglingsalter: aktiver Wachzustand und wache Inaktivität.
- Der *aktive Wachzustand* ist der häufigste wache Verhaltenszustand des Säuglings. Das Kind reagiert auf äußere Reize, bewegt sich viel, ist leicht ablenkbar und irritierbar. In diesem Zustand kann der Säugling quengelig werden und anfangen zu weinen. Dementsprechend fängt er leicht zu schreien an, und zwar besonders, wenn die Bezugsperson ihn überreizt.
- Im Verhaltenszustand *wacher Inaktivität* sind die Augen des Säuglings weit geöffnet, und seine Aufmerksamkeit ist in vollem Maße auf die Umwelt ausgerichtet. Er signalisiert seine Bereitschaft zur sozialen Interaktion und Kommunikation. Bei Neugeborenen ist der Verhaltenszustand wacher Inaktivität noch von sehr kurzer Dauer. Zwei- bis dreiwöchige Säuglinge hingegen sind schon 20 bis 30 Minuten lang aufmerksam und bereit, mit ihren Bezugspersonen zu kommunizieren. Die Bereitschaft zeigt sich in der Zeit nach dem Stillen bzw. Füttern. Für die Eltern bedeuten diese Minuten, in denen ein intensiver Austausch von positiven Emotionen stattfindet, immer wiederkehrende Freude und großes Glück.

2.5 Mutter-Kind-Interaktion

Seit vielen Jahren ist die Wissenschaft im Bereich der Frühsozialisation vor allem an der Mutter als Hauptbezugsperson für das Kleinkind interessiert – und nicht mehr wie früher an der Mutter als »biologischer Mutter«. Vertreter der modernen Säuglingsforschung befassen sich zum einen mit den objektiv beobachtbaren interaktiven

Austauschprozessen und zum anderen mit ihrer inneren Repräsentierung (Stern 1995, Dornes 2006). Letztere unterliegt weniger objektiven Kriterien als vielmehr einer subjektiven Beurteilung von intrapsychischen Entwicklungsprozessen.

Die Qualität der Wechselbeziehung zwischen einem Kind und seiner Bezugsperson wird daran gemessen, wie genau das Verhalten der beiden zeitlich aufeinander abgestimmt ist und ihre Verhaltensweisen sich aufeinander beziehen (Hédervári-Heller 2003). Die Bezugsperson muss die Signale des Kindes richtig erkennen, richtig zuordnen, und sie muss in der Lage sein, angemessen – d.h. den augenblicklichen Zustand und das Entwicklungsniveau des Kindes berücksichtigend – zu antworten. Diese Art von Interaktion stellt eine »Modellsituation« dar, die neben der Förderung der Beziehungsentwicklung auch für Lernen und für die »Erfahrung von Kausalität im Handeln« eine Bedeutung hat. Die Reaktion der Bezugsperson auf die Signale des Kindes führt dazu, dass es erfährt, selbst etwas bewirken zu können (Immelmann / Keller 1988).

Interaktionen umfassen den ganzen Bereich menschlicher Kontakte. Sie bedeuten eine Wechselbeziehung zwischen aufeinander reagierenden Partnern (dyadisch, triadisch oder in sozialen Gruppen). Soziale Gruppen beispielsweise können ohne Interaktion nicht entstehen und existieren. Genauso können Bindungsbeziehungen ohne Interaktion nicht aufgebaut werden.

Der Begriff Interaktion deutet an, dass Mutter und Kind zusammen eine Entwicklung durchlaufen, die durch gegenseitige Beeinflussung gekennzeichnet ist. Dem Kind kommt hierbei von Geburt an eine aktive Rolle zu, im Gegensatz zu traditionellen Auffassungen, denen zufolge die frühkindliche Entwicklung durch äußere Einflüsse und ohne aktive Beteiligung des Kindes bestimmt wird.

Zu unterscheiden ist zwischen unterschiedlichen Interaktionstypen (ein-, zwei- und mehrphasig), je nach Richtung der Handlungen zwischen zwei oder mehreren Interaktionspartnern. Eine einphasige Interaktion bedeutet eine Handlung nur in eine Richtung von A nach B etwa, wenn die Mutter auf ein Signal des Kindes nicht reagiert oder umgekehrt das Kind das Signal der Mutter ignoriert. Zweiphasige oder reziproke Interaktion heißt eine Handlung von A nach B und von B nach A. In einer Spielinteraktion z.B. reicht die Mutter ihrem Kind einen Gegenstand, das Kind nimmt den Gegenstand an und gibt ihn der Mutter zurück. Von mehrphasigen oder ganzen Ketten von Interaktionen wird dann gesprochen, wenn die Handlungen zwischen A und B sich wiederholen. Diese kurze Beschreibung von Interaktionstypen mag dem Leser plausibel und überflüssig erscheinen, sie erhält jedoch Bedeutung, wenn es um die Qualität der Mutter-Kind Interaktion geht.

Das interaktive Geschehen zwischen zwei Individuen kann mindestens auf vier verschiedenen Verhaltensebenen definiert und beobachtet werden: nonverbal (als mimisch, als gestisch, in der Körperhaltung) und verbal. Krause (1997, S. 56) stellt im Zusammenhang mit dem Informationsaustausch ein »Linsenmodell des Beziehungsgeschehens« auf, in dem die Stimme, die Körperbewegung, die Hände, die Position des Körpers sowie die Gesichtsbewegung als die verschiedenen Informationskanäle beschrieben werden.

Säuglinge orientieren sich ab der zweiten Hälfte des ersten Lebensjahres am mimischen Ausdrucksverhalten von vertrauten Bezugspersonen, wenn sie mit einer für sie bedrohlichen Situation konfrontiert werden. Das kann eine unbekannte Umgebung, ein neues Ereignis oder eine fremde Person sein. Emde nennt dieses Orientierungsverhalten des Kindes »soziale Bezogenheit / social referencing« (Emde et al. 1978, Emde 1991), welche dem Kind erlaubt, die Gefährlichkeit einer Situation einzuschätzen, ohne die Inhalte der Sprache zu verstehen. Erwachsene konzentrieren sich in der Interaktion weniger auf nonverbale als auf verbale Signale, vor allem aber auf die Inhalte der sprachlichen Mitteilung. Nonverbale Signale des Interaktionspartners werden allerdings in der Regel auf der unbewussten Ebene wahrgenommen.

In der sozialen Interaktion mit einer Betreuungsperson macht das Kleinkind von Geburt an unzählige und miteinander verbundene Erfahrungen, bestehend aus sensomotorisch-affektiven Einheiten. Jede dieser Einheiten wird gesondert innerlich repräsentiert. In Bezug auf die innere Repräsentation von frühen Erfahrungen befasste sich Stern (1985) mit der Frage, wie interpersonale Interaktionen von Säuglingen in der präverbalen Entwicklungsphase erlebt werden. Sein Interesse galt nicht nur den Handlungen und dem Interaktionsgeschehen, sondern auch den Empfindungen und Affekten. Er geht davon aus, dass für Interaktionsepisoden Erwartungen und präverbale Repräsentationen entwickelt werden, die er als »generalisierte Interaktionsrepräsentationen« (Representations of Interactions that have been Generalized), kurz: »RIGs« bezeichnet (1985, S. 143).

Stern hebt hervor, dass es interne Repräsentation von interaktiver Erfahrung ohne affektive Komponente nicht geben kann, im Gegensatz zu Schemata, die alleine aus sensomotorischen Erfahrungen entstehen (Piaget 1936).

Mutter und Kind sind fortwährend dabei, sich in ihrem Verhalten einander anzupassen und den Aufmerksamkeits-, Erregungs- und Affektzustand des Kindes gemeinsam zu regulieren. Die Anpassungs- und Regulierungsprozesse im dialogischen Austausch zwischen Mutter und Kind verlaufen gelegentlich nicht optimal. Wenn z. B. die Mutter zu viele oder zu wenige Reize anbietet, verändert sich das Aufmerksamkeits-, Erregungs- und Affektniveau des Kindes unter oder über ein optimales Niveau, wodurch entweder sein Interesse erlischt oder zu stark intensiviert wird.

Bereits sehr junge Säuglinge verfügen über eine Vielfalt an Verhaltensweisen, die es ihnen ermöglichen, eine Interaktion selbst zu initiieren oder sich aus der Interaktion zurückzuziehen. Um sich beispielsweise vor einer Reizüberflutung in der Interaktion mit der Mutter zu schützen, dreht ein Säugling den Kopf zur Seite oder wendet den Blick von der Mutter ab. Diese Signale, die auf den Wunsch des Säuglings nach Beendigung der Interaktion deuten, können von der Mutter als eine vom Kind beabsichtigte Ablehnung ihrer Person erlebt werden. Missversteht die Mutter den Rückzug des Säuglings, so wird sie entweder weitere Angebote machen und auf die Zustimmung des Kindes warten oder sich frustriert aus der Interaktion zurückziehen. Situationen, die sich so oder ähnlich wiederholen, wirken sich negativ auf die Mutter-Kind-Interaktion aus. Vonseiten des Kindes kommt es zur Reduzierung der Aufmerksamkeitsspanne, vonseiten der Mutter zur Internalisierung des Gefühls, nicht geliebt zu werden. So kann bereits im frühen Säuglingsalter das wiederholte Erleben von misslungenen Interaktionserfahrungen zu Enttäuschungen und zur Irritation im Aufbau der Mutter-Kind-Bindung führen.

Emotionale Feinfühligkeit der Mutter

Feinfühligkeit bzw. emotional unterstützende Responsivität der Mutter bedeutet, die Signale und Kommunikationsangebote des Kindes 1) wahrzunehmen, 2) diese richtig zu interpretieren, 3) angemessen, d.h. der Situation entsprechend und dem Entwicklungsstand bzw. den Bedürfnissen des Kindes nach, und 4) prompt zu reagieren (Ainsworth 1977). Eine feinfühlige Mutter ist in der Lage, Dinge und Ereignisse vom Standpunkt des Kindes aus wahrzunehmen, ihre Reaktionen zeitlich auf die Signale des Kindes abzustimmen und sich weder ablehnend noch zurückweisend zu verhalten. Im Gegensatz dazu lenkt eine emotional weniger unterstützende Mutter das Interaktionsgeschehen meistens in Richtung ihrer eigenen Stimmungen, Wünsche und Bedürfnisse.

Das Fehlverhalten der Mutter kann sich in einer Verletzung der oben angeführten vier Kriterien von Feinfühligkeit äußern. Die Mutter nimmt beispielsweise die Signale des Kindes nicht wahr, oder sie missversteht seine Äußerungen, interpretiert sie vom eigenen Standpunkt aus und trägt dadurch zur Beeinträchtigung des emotionalen Wohlbefindens ihres Kindes bei. Ein Mangel an Feinfühligkeit der Mutter kann auch in der verzerrten Interpretation der kindlichen Signale sichtbar werden oder aber in einer zeitlich verzögerten Reaktion. Je jünger ein Kind ist, desto prompter muss die Mutter auf seine Signale reagieren, damit der Säugling die mütterliche Reaktion mit seinem eigenen Verhalten in Verbindung setzen kann. Im Säuglingsalter liegt die Latenz der mütterlichen Reaktion normalerweise innerhalb einer Zeitsekunde (Papoušek 1994).

3 Bindung und emotionale Sicherheit: Die Bindungstheorie

3.1 Grundlagen der Bindungstheorie

Anfang der Fünfzigerjahre leitete Bowlby sein theoretisches Konzept aus der Psychoanalyse, der Systemtheorie und vor allem der Ethologie (Verhaltensforschung) ab und fasste seine ethologische Bindungstheorie in einem dreibändigen Werk zusammen: Bindung (1969), Trennung (1973) und Verlust (1980). Die Verbreitung der Bindungstheorie in Deutschland ist dem Ehepaar Klaus und Karin Grossmann zu verdanken. Ihre empirischen Langzeitstudien haben bedeutende Erkenntnisse zur Grundlagenforschung, vor allem aber zur Anwendung bindungstheoretischer Erkenntnisse in der Praxis beigetragen (Grossmann/Grossmann 2004). Darüber hinaus sorgten sie für den wissenschaftlichen Nachwuchs. Mittlerweile beschäftigen sich mehr als ein Dutzend Wissenschaftler bundesweit mit theoretischen Fragen der Bindungstheorie und ihrer praktischen Anwendung.

Die Bindungstheorie wurde ab der zweiten Hälfte des 20. Jahrhunderts weltweit zu einer der wichtigsten Theorien sozialemotionaler Entwicklung von der Geburt bis ins hohe Erwachsenenalter. Der Fokus bindungstheoretisch orientierter empirischer Studien verlagerte sich von dem ursprünglichen Forschungsinteresse zur Entstehung und Entwicklung von frühen Bindungsbeziehungen auf die Entwicklung von Bindung in der späteren Kindheit, im Jugend- und im Erwachsenenalter. Breites Interesse fanden auch Fragen zur Kontinuität und Diskontinuität von Bindung im Lebenslauf sowie die Übermittlung von Bindung von Generation zu Generation. Die praktische Relevanz bindungstheoretischer Erkenntnisse ist mittlerweile sehr geschätzt und findet in der klinischen und pädagogischen Praxis gleichermaßen eine breite Anwendung.

3.1.1 Das bindungstheoretische Konzept von John Bowlby

Nach Bowlby ist Bindung ein zentrales theoretisches Konzept zur Erklärung frühkindlicher psychischer Entwicklungsverläufe. *Bindung ist ein »gefühlsmäßiges Band«*, das zwischen zwei Individuen entsteht, einem Kind und einem oder mehreren Erwachsenen, zwischen Kindern oder zwischen Erwachsenen. Die Wurzel von Bindung liegt in der frühen Kindheit, und sie entwickelt sich kontinuierlich auf der Grundlage von Interaktionserfahrungen. Emotionale Bindungsbeziehungen beschränken sich nicht auf die frühe Kindheit, sie bleiben vielmehr während des ganzen Lebenszyklus erhalten und aktiv.

Bowlby erklärte den Ursprung und das Wesen der Bindung aus ethologischer Sicht, und zwar in einem systemtheoretischen Kontext (Bowlby 1969). Er geht von der Existenz eines auf stammesgeschichtlichen Wurzeln beruhenden »*Bindungsverhaltenssystems*« aus, das Überleben und psychische Gesundheit des Individuums garantiert. Das Bindungsverhaltenssystem existiert bei allen Säugetieren und beschränkt sich nicht auf den menschlichen Primaten. Bowlby nahm an, dass jeder menschliche Säugling die angeborene Neigung hat, Nähe und Kontakt zu primären Bezugspersonen zu suchen und aufrechtzuerhalten. Diese Verhaltensweisen werden als Bindungsverhalten definiert.

Bowlby unterschied in Bezug auf das Bindungsverhalten in der frühen Kindheit zwischen:
- Signalverhalten im frühen Säuglingsalter (z. B. schreien, lächeln, Arme ausstrecken), welches bewirkt, dass die Fürsorgeperson die Nähe und Kontakt zum Kind herstellt und
- Annäherungsverhalten (sich der Mutter annähern, ihr folgen, sich anklammern), welches bewirkt, dass sich das Kind der Bindungsperson nähert.

Die aktive Suche von Nähe und Kontakt zu einer bestimmten Bindungsperson ist erst mit der zunehmenden motorischen, geistigen und sozialen Entwicklung des Kindes möglich, also ca. ab dem sechsten Lebensmonat. Bowlby (1969) erwähnte, dass dieselben Verhaltensweisen – Weinen, Lächeln oder Suche nach Nähe – je nach Kontext für Bindung oder aber auch für andere Verhaltenssysteme stehen können. Mit anderen Worten: Nicht jedes Weinen oder jede Suche nach Körperkontakt kann als Bindungsverhalten interpretiert werden. Dies hängt von der inneren oder äußeren Bedrohung ab, der das Kind gerade ausgesetzt ist, d. h. es ist kontextabhängig.

Bindungsverhalten wird erst dann aktiviert, wenn das Kind entweder durch innere Belastung (z. B. Hunger, Müdigkeit) oder durch äußeren Stress (z. B. eine fremde Umgebung, fremde Personen oder Abwesenheit der Bindungsperson in einer fremden Umgebung) auf die emotionale Unterstützung der Bindungsperson angewiesen ist. Es sucht aktiv nach Zuwendung, Schutz, Sicherheit und Unterstützung bei einer vertrauten Bezugsperson, wenn es eine Situation verunsichernd und beängstigend erlebt. Dann kann ein Kind im frühen Lebensalter seine Affekte nicht selbst regulieren.

Im Laufe des ersten Lebensjahres entwickelt das Kind eine Erwartungshaltung über die emotionale Verfügbarkeit und Erreichbarkeit der Bindungsperson, meistens der Mutter oder des Vaters, und über die Vorhersagbarkeit des mütterlichen Verhaltens in unterschiedlichen Situationen. Diese grundlegende Erwartungshaltung kommt auch bei anderen bedeutenden Bindungspersonen zum Tragen.

John Bowlby entdeckte auch, dass das Bindungsverhaltenssystem unabhängig von anderen Verhaltenssystemen wie Exploration, Furcht, sozialer Zuwendung und Sexualität existiert. Bindungsverhaltensweisen entsprechen immer der Suche nach Sicherheit und Schutz. Im Laufe der Entwicklung führt Bindungsverhalten zur Herausbildung von gefühlsmäßigen Bindungen zwischen dem Kind und einer oder mehreren primären Bezugspersonen und im Erwachsenenalter zu Bindungen zwischen den Erwachsenen. Primäre Bezugspersonen sind in der Regel die Mutter, der Vater, andere Familienmitglieder und Freunde der Familie. In der Tagesbetreuung werden die Erzieherin oder die Tagesmutter neben den Eltern zwar nicht zu primären, aber zu wichtigen Bindungspersonen. Das Vorhandensein einer Bindungsbeziehung zwischen einem Kind und anderen Erwachsenen ist annähernd ab dem sechsten, spätestens aber ab dem zwölften Lebensmonat zu beobachten. Auf die Entwicklungsphasen von frühen Bindungsbeziehungen soll später eingegangen werden.

Nicht nur das Kind, sondern auch die Fürsorgeperson spielen eine wesentliche Rolle in der frühen Bindungsorganisation. Zum Aufbau der Bindungsbeziehung trägt der Erwachsene mit seinem ebenfalls biologisch determinierten »Pflegeverhalten« bei, indem er sich den Wünschen und Bedürfnissen des Kindes zur Verfügung stellt und die Signale des Kindes beantwortet. Somit bilden das Pflegeverhalten der Mutter und das Bindungsverhalten des Kindes ein *komplementäres Verhaltenssystem*. Das Pflegeverhalten vonseiten des Erwachsenen hat die biologische und soziale Funktion, das Kind zu schützen und ihm die zum Überleben notwendige Fürsorge zukommen zu lassen; das Ehepaar Papoušek spricht in diesem Zusammenhang vom »intuitiven elterlichen Verhalten« (Papoušek / Papoušek 1987).

In der elterlichen Kommunikation gibt es zahlreiche intuitive Verhaltensanpassungen, die dazu beitragen, eine frühe Kommunikation mit dem Säugling zu ermöglichen und zu fördern. Dieses Verhalten ist den Eltern nicht bewusst und lässt sich kaum willentlich kontrollieren. Intuitive elterliche Früherziehung findet sich universell bei Eltern und Nichteltern, bei Frauen und Männern, in jedem Alter und kulturübergreifend. Ab dem vierten oder fünften Lebensjahr sind Anzeichen von intuitiven elterlichen Verhaltensweisen auch bei Kindern zu beobachten. Diese nur beim Menschen vorhandenen Fähigkeiten gewährleisten die primäre Erziehung des Säuglings.

Innere Arbeitsmodelle

Bowlbys Beitrag hat auch mit seinem Konzept innerer Arbeitsmodelle oder Vorstellungsmodelle wesentlich zur Weiterentwicklung bindungstheoretischer Überlegungen beigetragen. Im Mittelpunkt steht die Erforschung von innerpsychischen (internalen) Entwicklungsprozessen oder Repräsentanzen ab der frühen Kindheit. Es erlaubt eine differenziertere Betrachtung, wie erlebte Interaktionserfahrungen und die damit einhergehenden Affekte und Vorstellungen eines Kindes im Umgang mit seinen Bindungspersonen innerpsychisch repräsentiert werden. Arbeitsmodelle werden auf der beobachtbaren Verhaltensebene z. B. im Bindungsverhalten des Kindes sichtbar.

Bowlby (1973) beschrieb innere Arbeitsmodelle als individuelle und unbewusste mentale Repräsentationen des Selbst, der Anderen und der Welt. Mithilfe dieser Modelle wird das Individuum in die Lage versetzt, aktuelle Ereignisse wahrzunehmen, künftige Ereignisse vorherzusehen und Pläne zu konstruieren. Arbeitsmodelle sollen dem Individuum vor allem die Orientierung in der Welt ermöglichen. Sie müssen flexibel sein, um die Vielfalt der Informationen sinnvoll zu interpretieren, sich an neue Situationen anzupassen und die Welt realitätsgerecht abzubilden. Die Arbeitsmodelle stellen auch für das Kind eine wichtige Verarbeitungsstrategie dar: Zum einen werden Vorstellungen über die Verfügbarkeit, d. h. über die Zugänglichkeit und Reaktionsbereitschaft der Bezugsperson gespeichert, zum anderen liefern sie Informationen über das eigene Selbstbild.

Innere Arbeitsmodelle sind ca. ab dem sechsten Lebensmonat nachweisbar und mit den kognitiven Fähigkeiten, vor allem aber der Entwicklung der Objektpermanenz nach Piaget (1937), eng verbunden. Es gibt Grund zu der Annahme, dass ab Ende des ersten Lebensjahres das Kind in der Lage ist, Arbeitsmodelle mental aufzurufen und das erwartbare Verhalten der Bindungsperson gedanklich vorwegzunehmen (Bretherton 1990). In diesem Alter erhalten wir Informationen über Arbeitsmodelle auf der Ebene des konkret beobachtbaren Verhaltens. Ab Ende des zweiten Lebensjahres können wir Einblicke in die Arbeitsmodelle des Selbst und der Bindungsperson eines Individuums auf der sprachlichen Ebene gewinnen.

Bowlby postulierte die Evolutionsfunktion des Bindungsverhalten aus biologischer Sicht: Die Suche und das Aufrechterhalten von Nähe und Kontakt zur Bezugsperson schützen den Säugling vor Gefahren und garantieren sein Überleben. Bowlbys Schüler Peter Fonagy erweiterte dieses Konzept mit der Annahme, dass die Evolutionsfunktion des Bindungsverhaltens auch darin bestehe, ein reichhaltiges Repräsentationssystem für mentale Zustände zu entwickeln (Fonagy / Target 2005; s. auch Kapitel 2.3.5 in diesem Buch). Repräsentationssysteme von inneren Arbeitsmodellen, die sich in den ersten vier Lebensjahren entwickeln, lassen sich so zusammenfassen:

- Im ersten Lebensjahr werden Erwartungen interaktiver Eigenschaften von Betreuungspersonen herausgebildet und später weiterentwickelt.
- Ereignisrepräsentationen werden durch die allgemeinen und spezifischen Erinnerungen an bindungsrelevante Erfahrungen assimiliert (eingebunden) und reaktiviert.
- Es bildet sich ein Repräsentationssystem von autobiografischen Erinnerungen aus.
- Schließlich entwickelt sich ein Repräsentationssystem, indem psychische Eigenschaften anderer Menschen verstanden und vom eigenen Selbst differenziert wahrgenommen werden. Mit psychischen Eigenschaften oder mentalen Zuständen sind Zuschreibungen von Wünschen, Emotionen, Intentionen und Überzeugungen gemeint (Fonagy / Target 2005).

3.1.2 Das Bindungskonzept von Mary Ainsworth

Mary Ainsworth, eine enge Mitarbeiterin von Bowlby, suchte nach empirischen Beweisen für seine Thesen und legte den Schwerpunkt ihrer Betrachtungen nicht mehr allein auf die Verhaltenssysteme, die für die Entstehung für Bindung verantwortlich sind, sondern auch auf deren Resultate, d. h. die Stärke und Qualität oder Sicherheit der Bindung (Ainsworth et al. 1978). Darüber hinaus definierte sie die Funktionen der Bindungsperson in der Bindungsorganisation des Kindes.

Nach Ainsworth kommen der Bindungsperson zwei wichtige Funktionen zu. Sie *reguliert die Affektzustände* des Kindes und stellt eine *sichere Basis* dar, von der aus das Kind seine physische und soziale Umwelt erkundet. Das Bindungsverhaltenssystem einerseits, das die Herstellung von Nähe zu einer Bindungsperson fördert, und das Explorationsverhaltenssystem andererseits, das die motorische Bewegung, die Manipulation und die visuelle Erkundung mit einbezieht, stehen in einer dynamischen Balance zueinander. Eine optimale Balance zwischen Bindungsverhalten und Explorationsverhalten schafft günstige Bedingungen für die Entwicklung der kognitiven und emotionalen Fähigkeiten sowie für das Kompetenzverhalten im Kindesalter.

In emotional entspannter Situation ist das Bindungsverhaltenssystem des Kindes inaktiv und sein Erkundungsverhalten aktiv. Durch Stress kommt es zu einem Wechsel im Aktivitätsniveau dieser beiden Verhaltenssysteme. Durch Stressbelastung hört das Kind auf, zu spielen und zu explorieren, und sein Bindungsverhaltenssystem wird aktiv. Im Sinne der bisherigen Erfahrungen wird das Kind seine Bindungsperson als eine sichere Basis nutzen oder aber versuchen, mit der Stressbelastung alleine fertig zu werden. Je nach Bindungsorganisation sucht das Kind Nähe und Kontakt zu seiner Bindungsperson, vermeidet Nähe und Kontakt, oder es verhält sich ihr gegenüber ambivalent. Diese Anzeichen der unterschiedlichen Bindungsmuster in den ersten zwei Lebensjahren werden weiter unten (3.2.2) ausführlicher beschrieben.

Die Organisation von Bindungsbeziehungen

Bindungsbeziehungen, die in der frühen Kindheit gleichzeitig nebeneinander bestehen, werden unabhängig voneinander organisiert und etwa vom Ende des ersten Lebensjahres an hierarchisch geordnet. Für die Rangordnung der verschiedenen, untereinander bestehenden Bindungsbeziehungen ist die Menge der interaktiven Erfahrungen des Kindes mit diesen Personen entscheidend.

Für die *Qualität der Bindung* sind die Art und Qualität der interaktiven Erfahrung des Kindes mit seiner Bindungsfigur ausschlaggebend. An oberster Stelle der Hierarchie steht hier die Person, die die meiste Zeit mit dem Kind verbringt und mit der das Kind die häufigsten, aber nicht unbedingt die qualitativ »günstigeren« interaktiven Erfahrungen macht. Das ist nicht zwangsläufig die leibliche Mutter, es kann auch der Vater oder eine andere primäre Bezugsperson sein. Wenn der Vater hauptsächlich die Betreuung des Säuglings übernimmt, so wird zunächst er zur wichtigsten Bindungsperson für das Kind und nicht die Mutter. In fast allen Kulturkreisen ist dies jedoch eher die Ausnahme. Sowohl die Qualität der frühen Bindungsbeziehung als auch ihre Hierarchie können sich allerdings verändern.

Die Qualität der Bindung zwischen einem Kind und seinen Hauptbindungspersonen hängt in erster Linie von der Qualität interaktiver Erfahrungen des Kindes mit dem jeweiligen Elternteil ab, vor allem aber von der Feinfühligkeit der Erwachsenen, auf Signale des Kindes zu reagieren (Ainsworth et al. 1978). Feinfühligkeit bedeutet, die *Signale des Kindes wahrzunehmen*, sie *richtig zu interpretieren* und *angemessen*, d. h. den augenblicklichen Zustand (situationsangemessen) und das Entwicklungsniveau (altersangemessen) des Kindes berücksichtigend, und *prompt zu reagieren* (Ainsworth et al. 1978).

Je häufiger Eltern die Signale des Kindes feinfühlig beantworten, desto größer ist die Wahrscheinlichkeit, dass eine sichere Bindungsbeziehung entsteht. Der Anteil des Kindes bei der Entstehung von interindividuell unterschiedlichen Bindungsmustern, z.B. sein Temperament, scheint eine geringere Rolle zu spielen als die Feinfühligkeit der Erwachsenen oder ihre *Fähigkeit zur Selbstreflexion* (Fonagy et al. 2004).

Dass kindliche Temperamentsmerkmale einen unmittelbaren Einfluss auf die Qualität von Bindungsbeziehungen nehmen, ließ sich bisher nicht eindeutig bestätigen (Belsky 1999). Kinder mit einem »schwierigen« Temperament oder leicht irritierbare Säuglinge können durchaus sichere Bindungsbeziehungen zu ihren Eltern aufbauen. Wenn allerdings Irritierbarkeit des Kindes im frühen Säuglingsalter mit wenig sozialer Unterstützung der Mutter und mit anderen negativen Faktoren korrespondiert, ergibt sich eine positive Korrelation zwischen Temperament und Bindungsqualität, Kinder mit einem schwierigen Temperament und unter schwierigen psychosozialen Bedingungen bauen dann am Ende des ersten Lebensjahres eine eher unsichere Bindungsbeziehung zu ihren Eltern auf (Vaughn / Bost 1999).

3.1.3 Phasen in der Entwicklung von frühen Bindungsbeziehungen

In Abhängigkeit vom Entwicklungsstand des Kindes postulierte Bowlby (1969) vier Phasen im Aufbau von Bindungsbeziehungen. Demnach entsteht Bindung erst während des ersten Lebensjahres im emotionalen Austausch, in der Kommunikation und Interaktion mit primären Betreuungspersonen.

- *Phase 1: »Orientierung und Signale ohne Unterscheidung der Figur« (von Geburt bis zum zweiten/dritten Lebensmonat)*. Die erste Phase der Bindungsentwicklung ist gekennzeichnet durch einfache Verhaltenssysteme des Kindes wie das Weinen und ab dem zweiten Lebensmonat das »soziale Lächeln«. Der Säugling unterscheidet nicht zwischen vertrauten und weniger vertrauten Personen, er lässt sich von jedem beliebigen Erwachsenen auf den Arm nehmen, beruhigen, und er lächelt jede beliebige Person an.
- *Phase 2: »Orientierung und Signale, die sich auf eine (oder mehrere verschiedene) Person/en richten« (dritter bis sechster Lebensmonat)*. Der Säugling beginnt, sein Verhalten auf bestimmte Personen, meist auf die Mutter als primäre Bezugsperson, zu richten. Eine eindeutige Differenzierung ist in dieser Phase jedoch nur sehr

selten zu beobachten. Der Säugling erkennt die Unterschiede zwischen bekannten und weniger bekannten Personen, sein Signalverhalten (Weinen, Lächeln) richtet er jedoch nur tendenziell auf einige wenige Personen. Er lässt sich noch leicht von fremden Personen auf den Arm nehmen und trösten.
- *Phase 3: »Aufrechterhaltung der Nähe zu einer unterschiedenen Figur durch Fortbewegung und durch Signale«(sechster Lebensmonat bis drittes Lebensjahr).* Während dieser Phase der Bindungsentwicklung erweitert sich das Verhaltensrepertoire des Kindes. Es zeigt aktives Bindungsverhalten, indem es der Bindungsperson folgt oder sie begrüßt – es sucht von sich aus Nähe und Kontakt zu bestimmten, ihm vertrauten Bindungspersonen und bevorzugt deutlich einige primäre Bindungspersonen.
- *Phase 4: Bildung einer »zielkorrigierten Partnerschaft« (ab dem vierten Lebensjahr).* Durch wachsende kognitive Fähigkeiten und Erfahrungen gewinnt das Kind Einblicke in die Motive und Gefühle der Bindungsperson. Es konstituiert sich zwischen den Bindungspartnern eine komplexere Beziehung, die Bowlby (1969) »zielkorrigierte Partnerschaft« nennt: Das Kind organisiert sein Verhalten nicht mehr alleine, sondern berücksichtigt auch die Pläne und Ziele der Bindungsperson.

3.2 Bindung in der frühen Kindheit

In den Anfängen der empirischen Bindungsforschung galt das Hauptinteresse der Frage, wie emotionale Bindungsbeziehungen zu primären Fürsorgepersonen entstehen und wie sie sich in ihrer Qualität unterscheiden. In der Baltimore-Studie untersuchte Ainsworth mit ihrem Forschungsteam Säuglinge von der Geburt bis zum zwölften Lebensmonat in ihrer häuslichen Umgebung (Ainsworth et al. 1978). Sie führten regelmäßig Beobachtungen in der natürlichen Umgebung der Säuglinge durch und protokollierten ausführlich ihre Beobachtungen unter anderem über das Bindungsverhalten des Kindes und die Mutter-Kind-Interaktion. Im zwölften Lebensmonat wurden die Kinder in einem standardisierten Testverfahren, der »fremden Situation«, im Hinblick auf ihre Bindungsorganisation untersucht (Ainsworth/Witting 1969). Dieses Testverfahren wurde weltweit mit mehreren Tausend Kindern in den unterschiedlichsten Kulturkreisen durchgeführt, und es gilt bis heute als das sicherste Instrument zur Diagnose von Bindung im frühen Kindesalter; dabei wurde unter anderem die Bindung zur Mutter, zum Vater, zu Erzieherinnen in den Kindertageseinrichtungen sowie zu Pflege- und Adoptiveltern untersucht.

3.2.1 Die »fremde Situation«

Mit dem standardisierten Beobachtungsverfahren der »fremden Situation« wurden individuelle Unterschiede in der Qualität der Bindung zwischen einem zwölf oder 18 Monate alten Kind und seiner Mutter, seinem Vater (oder einer anderen Bezugsperson) untersucht (Ainsworth/Wittig 1969). Die untersuchte Situation basiert auf acht aufeinanderfolgenden dreiminütigen Episoden, die zwei kurze Trennungen von der Mutter beinhalten. Durch den fremden Raum, die kurze Anwesenheit einer fremden Person und die zweimalige Trennung von der Mutter gerät das Kind zunehmend unter Stress, wodurch sein Bindungsverhaltenssystem aktiviert wird. Somit können Informationen über die Bindungsorganisation und Anpassungsstrategien von jungen Kindern gewonnen werden. Wenn das Kind auf die Trennungsepisode stark verstört reagiert und weint, werden diese Episoden auf maximal 30 Sekunden abgekürzt.

Vor der Untersuchung erhält die Mutter schriftlich und mündlich Informationen über den Ablauf der Episoden sowie Instruktionen über das von ihr erwartete Verhalten.

- Die *erste Episode* dauert ca. 30 Sekunden und besteht darin, dass die Versuchsleiterin die Mutter und das Kind in einen freundlich eingerichteten, für beide fremden Raum führt.
- In der *zweiten Episode* sind Mutter und Kind alleine im Raum. Die Mutter erhält die Instruktion, sich auf den Stuhl zu setzen, keine Interaktionsangebote zu initiieren, jedoch auf Kontaktsuche und sonstige Signale des Kindes immer zu reagieren.
- Die *dritte Episode* beginnt, wenn eine fremde Person den Raum betritt und versucht, zu dem Kind Kontakt aufzunehmen. Die Mutter verlässt zum ersten Mal den Raum.
- In der *vierten Episode* bleiben Kind und fremde Person alleine zurück. Nach drei Minuten (wenn das Kind verstört reagiert, früher) kommt die Mutter wieder.
- Damit beginnt die *fünfte Episode*. Die fremde Person verlässt den Raum, und die Mutter bleibt mit dem Kind für weitere drei Minuten alleine. Wenn notwendig, tröstet sie das Kind und versucht, es für die Spielmaterialien zu interessieren. Die Mutter verlässt zum zweiten Mal den Raum, und
- das Kind bleibt in der *sechsten Episode* für maximal drei Minuten oder kürzer ganz alleine.
- In der *siebten Episode* kommt zuerst die fremde Person zu dem Kind zurück und bleibt für maximal drei Minuten oder für kürzere Zeit bei ihm.
- In der abschließenden *achten Episode* kehrt die Mutter zurück und bleibt mit dem Kind für weitere drei Minuten im Raum.

Klassifizierung der Bindungsqualität

Zur Verhaltensbeobachtung und Beurteilung der Bindungsqualität des Kindes wird ein Klassifikationsverfahren angewandt (Ainsworth et al. 1978), mit dem sich einordnen lässt, wie sich das Kind gegenüber der Bindungsperson bzw. der fremden Person verhält und inwieweit es in der Lage ist, seine Gefühle offen zu zeigen und die Bindungsperson bei den Wiedervereinigungsepisoden als eine »sichere Basis« zu benutzen. Die Analyse des kindlichen Verhaltens in den Wiedervereinigungsepisoden (Episoden 5 und 8) gibt die wesentlichen Anhaltspunkte zur Beurteilung der Qualität der Mutter-Kind-Bindungsbeziehung. Die folgenden vier Verhaltensbereiche werden dabei beobachtet: die *Suche nach Nähe- und Körperkontakt*; die Bemühung, den *Körperkontakt zu erhalten*; *Vermeidung* der Wiederkehr und der Kontaktangebote der Mutter; *Widerstand* gegenüber Körperkontakt sowie Interaktionsangeboten der Mutter. Die vier Variablen werden auf einem Skalenniveau von sieben Punkten bewertet. Niedriger Skalenwert bedeutet, das Verhalten tritt nicht auf, ein hoher Skalenwert, das Verhalten ist stark ausgeprägt.

Nach der Beurteilung dieser vier Verhaltensweisen erfolgt die Bindungsklassifizierung. Demnach sind verschiedene Anpassungsstrategien des Kindes zu unterscheiden, die je nach Bindungsmuster in eine »sichere« und zwei »unsichere« (vermeidend und ambivalent) Hauptbindungsgruppen eingeteilt werden – diese wiederum setzen sich aus insgesamt acht Untergruppen zusammen: Die »sichere« Bindungsgruppe enthält vier Subgruppen, die »unsicher vermeidende« und »unsicher ambivalente« Gruppe beinhalten jeweils zwei Untergruppen. Wissenschaftliche Untersuchungen mit misshandelten, verwahrlosten und vernachlässigten Kindern (Crittenden 1979–2004) führten zu einer vierten Bindungsgruppe, die als »unsicher desorganisiert/desorientiert« bezeichnet wird (Main/Solomon 1986).

Weltweit können Kinder zwischen dem ersten und dem zweiten Lebensjahr nach dem Bewertungssystem von Ainsworth und ihren Mitarbeitern klassifiziert werden. Internationale Studien liefern den Nachweis, dass ca. 65 Prozent der Kinder in den ersten zwei Lebensjahren sicher gebunden (B) sind, ca. 25 Prozent unsicher-vermeidend (A), ca. zehn bis 15 Prozent unsicher-ambivalent (C) Der Anteil der unsicher-desorganisierten (D) Kinder liegt bei ca. 10 bis 25 Prozent (Grossmann/Grossmann 2004). Desorganisation ist keine eigenständige Bindungsqualität, sondern wird meistens nur zusammen mit anderen Klassifikationen vorgenommen, also beispielsweise unsicher-vermeidend desorganisiert oder unsicher ambivalent desorganisiert. Die Desorganisation stellt somit eine zusätzliche Klassifikationsdimension dar (Zimmermann/Spangler 2008).

3.2.2 Die Qualität der Bindung

Organisierter Bindungsstatus

1. Sicheres Bindungsmuster (Bindungsgruppe B)
Bindungssichere Kinder zeigen offenes Bindungsverhalten, und sie drücken ihre Gefühle offen aus. Sie zeigen deutlich ihren Kummer bei der Trennung von der Bindungsperson, aber ebenso deutlich ihre Erleichterung und Freude, wenn die Bindungsperson wiederkommt.

Nicht alle sicher gebundenen Kinder reagieren auf die Trennung von der Bindungsperson mit Weinen. Manche hören auf zu explorieren und sind der fremden Person gegenüber zurückhaltend und skeptisch; sie zeigen eindeutig ihre Vorliebe für die Mutter und damit deutliches Bindungsverhalten. Diese Kinder können ihre Bindungsperson als eine *sichere Basis* nutzen und finden von dort aus schnell ihr inneres Gleichgewicht wieder. Sicher gebundene Kinder erholen sich innerhalb weniger Minuten von der Stresssituation sowohl physisch als auch psychisch. Ihre Stresshormone verringern sich, wenn die Bindungsperson ihnen Trost und Sicherheit spendet.

Sicher gebundene Kinder haben im Laufe des ersten Lebensjahres die Erfahrung gemacht, dass sie sich auf die Unterstützung der Bindungsperson verlassen können. Sie verfügen über die grundlegende Empfindung innerer Sicherheit und inneren Vertrauens. Sie bewahren auch in einer schwierigen Lebenssituation eine positive Lebenshaltung. Bindungspersonen von sicher gebundenen Kindern zeichnen sich durch einen hohen Grad an Feinfühligkeit sowie reflexive Kompetenz aus.

2. Unsicher vermeidendes Bindungsmuster (Bindungsgruppe A)
Unsicher vermeidend gebundene Kinder zeigen in einer Stresssituation kein offenes Bindungsverhalten, sie vermeiden Nähe und Kontakt zu einer Bindungsperson und drücken ihre Gefühle nicht offen aus. In einer Trennungssituation weinen sie kaum und zeigen insgesamt mehr Interesse für die fremde Person als für die Mutter. Sie haben gelernt, emotional belastende Situationen aus eigener Kraft zu bewältigen.

Vermeidungsverhalten dient diesen Kindern als wichtige Abwehrmaßnahme, um einer eventuellen Zurückweisung durch die Bindungsperson zu entgehen. Main (1982) nennt diese Verhaltensstrategie »Vermeidung im Dienste von Nähe«. Bindungsunsichere Kinder müssen Kompromisse finden, wie sie ihr Bedürfnis nach Schutz, nach Sicherheit und den Ausdruck von Gefühlen organisieren. Entscheidend jedoch ist, dass unsicher gebundene Kinder gelernt haben: Wenn ich mein »wahres Selbst« (Winnicott 1965) zeige, dann führt das zur Ablehnung seitens der Bindungsperson; deshalb konstruiere ich ein »falsches Selbst«.

Bindungspersonen von Kindern mit einem unsicher vermeidenden Bindungsmuster weisen deren Wünsche nach Nähe und Trost häufig zurück, sind offen feindselig gegenüber Kontaktbedürfnissen des Kindes eingestellt, oder aber sie verhalten sich oft intrusiv (beanspruchen Nähe, ohne das Bedürfnis des Kindes zu berücksichtigen), über- oder unterstimulierend. Insgesamt sind sie weniger feinfühlig gegenüber den Signalen des Kindes.

3. Unsicher ambivalentes Bindungsmuster (Bindungsgruppe C)
Kinder mit unsicher ambivalenter Bindungsorganisation verhalten sich in einer Stresssituation widersprüchlich. Einerseits zeigen sie den Wunsch nach Nähe und Kontakt zur Bindungsperson, andererseits reagieren sie mit ärgerlicher Zurückweisung, wehren sich gegen einen Kontakt oder weisen auch angebotene Spielsachen zurück. Ambivalent gebundene Kinder lassen sich von der Bindungsperson nur schwer beruhigen und sind insgesamt offen ärgerlich und / oder quengelig, manche sind passiv und wirken depressiv.

Charakteristisch für Bindungspersonen von unsicher ambivalent gebundenen Kindern ist, dass sie sich dem Kind gegenüber ambivalent verhalten. Sie reagieren mal feinfühlig auf die Signale und Kontaktbedürfnisse des Kindes, mal aber feindselig oder zurückweisend.

Unorganisierter Bindungsstatus

4. Desorganisiertes / desorientiertes Bindungsmuster (Bindungsgruppe D)
Im Gegensatz zu den unsicher vermeidend und unsicher ambivalent gebundenen Kindern haben diese Kinder keine Verhaltensstrategie im Umgang mit Trennungsepisoden. Sie verfügen über kein organisiertes Bindungsverhalten und sind unsicher, ob die Bindungsperson erreichbar und emotional verfügbar ist.

In emotional belastenden Situationen kommt es zu einem Zusammenbruch der Verhaltens- und Aufmerksamkeitsstrategie des Kindes. Dies kann sich in stereotypem Verhalten, im Bewegungserstarren oder in tranceähnlichen Zuständen äußern. Ein Großteil von misshandelten, sexuell missbrauchten und vernachlässigten Kindern gehört dieser Bindungsgruppe an (Dornes 1997).

Das desorganisierte Bindungsverhalten muss nicht in jedem Fall ein Ergebnis traumatischer Erfahrungen sein, sondern kann auch im Zusammenhang mit unbewältigten Verlusten und traumatischen Erfahrungen der Bindungsperson auftreten – mit traumatischen Erfahrungen, die sogar auf frühere Generationen (z. B. nicht verarbeitete Kriegserlebnisse der Großeltern) zurückgehen können. Die Bindungsforscherin Mary Main (Main / Kaplan / Cassidy 1985) spricht in diesem Zusammenhang vom »second-generation effect«. Der desorganisierte Bindungsstatus ist noch keine Psychopathologie, jedoch ein Risikofaktor für eine gesunde seelische Entwicklung im Kindesalter und ein Grenzfall zur klinischen Bindungsstörung.

3.2.3 Bindungsstörungen

Bindungsstörungen stellen ein pathologisches, klinisches Bild der kindlichen Bindungsorganisation dar. Sie sind eindeutig von den unsicheren (vermeidend und ambivalent) und den hochunsicheren (desorganisierten) Bindungsmustern abzugrenzen. Bindungsstörungen liegen vor, wenn in den ersten fünf Lebensjahren keine Bindungsbeziehung aufgebaut werden konnte und sich auch beim Aufbau neuer Beziehungen Schwierigkeiten insbesondere in der sozialen Interaktion einstellen (Zeanah / Boris 2005). Im Normalfall baut das Kind eine Bindung zu mindestens einer wichtigen Bezugsperson auf und zeigt je nach Bindungsmuster unterschiedliche Formen von Bindungsverhalten. In Ausnahmefällen wie z. B. bei schwerer Vernachlässigung, Misshandlung und Missbrauch oder bei häufigem Wechsel des Betreuungsmilieus kann es jedoch zu Bindungsstörungen kommen.

Trotz vorhandener Klassifikationskriterien bleibt die Erfassung von Bindungsstörungen schwierig. Die Abgrenzung der Bindungsstörung von Bindungsunsicherheit und Bindungsdesorganisation gestaltet sich unter anderem deshalb problematisch, weil der Bindungsbegriff selbst in sehr unterschiedlichen Kontexten gebraucht wird: 1) Bindung als emotionales Band (intimes emotionales Band zwischen Individuen), 2) Bindungsverhalten (Suche nach Nähe und Kontakt) 3) Bindungsverhaltenssystem (motivationales Verhaltenssystem), 4) Bindung als Beziehung (Zeanah/Boris 2005). Darüber hinaus liegen kaum empirische Daten vor, und es fehlen standardisierte diagnostischen Verfahren.

Einigkeit scheint darüber zu bestehen, dass Bindungsstörungen in den ersten fünf Lebensjahren entstehen und als klinische Phänomene zu bewerten sind. Da die Bindungsorganisation sich erst im Laufe des ersten Lebensjahres entwickelt, kann aus bindungstheoretischer Sicht über Bindungsstörung vor dem achten Lebensmonat nicht gesprochen werden (Brisch 1999, Klitzing 2009, Ziegenhain 2009). Trotz der hier erwähnten Schwierigkeiten erscheint es sinnvoll, Bindungsstörungen nach den gängigen Klassifikationssystemen zu benennen, um diese von den organisierten unsicheren und den nicht organisierten hochunsicheren Bindungsmustern abzugrenzen.

Eine erste klinische Beschreibung von Bindungsstörungen erfolgte bereits in den 40er-Jahren des vorigen Jahrhunderts im Zusammenhang mit mütterlicher Deprivation (Spitz 1945). Die Klassifizierung der unterschiedlichen Typen von Bindungsstörungen ist allerdings jüngeren Datums. Die Diagnose »reaktive Bindungsstörung« wurde zuerst 1980 in der DSM-III (American Psychiatric Association 1980) vorgestellt und in einer weiteren Ausgabe der DSM-IV (Saß/Wittchen/Zandig 1996) weiter ausdifferenziert.

Demnach sind zwei Ausprägungen von Bindungsstörungen benannt: *Bindung mit Hemmung* und *enthemmte Bindungsstörung*. Dies entspricht der Klassifikation nach dem in Deutschland benutzten ICD-10 (Internationale statistische Klassifikation der Krankheiten und verwandter Gesundheitsprobleme, Remschmidt et al. 2006) mit zwei schweren Formen von Bindungsstörungen: Reaktive Bindungsstörung im Kindesalter und Bindungsstörung im Kindesalters mit Enthemmung. Beide Störungen gehen auf schwere Beeinträchtigungen des Kindes durch Vernachlässigung, Misshandlung, Missbrauch oder auf häufige Wechsel des Betreuungsmilieus zurück. Heimkinder sind oft von diesen zwei Arten von Bindungsstörungen betroffen. Kinder mit reaktiver Bindungsstörung zeigen kein Bindungsverhalten. Demgegenüber äußert sich Bindungsstörung mit Enthemmung im undifferenzierten Bindungsverhalten mit wahlloser Freundlichkeit und Distanzlosigkeit auch nicht vertrauten Personen gegenüber.

Eine alternative Klassifikation von Bindungsstörungen schlagen Zeanah und Boris (2005) vor, die hier näher beschrieben werden sollen: das Fehlen von Bindung; das Fehlen der sicheren Basis (secure-base distortion), bei der das Kind eine gestörte Bindung zu einer bestimmten Bezugsperson hat; unterbrochene Bindungsstörung (disrupted attachment disorder) aufgrund des Verlustes einer Bindungsperson.

1. Das Fehlen von Bindung

ist als Kategorie mit den internationalen Klassifikationssystemen nach dem oben beschriebenen DSM-III-R (1987) und ICD-10 (2009) vergleichbar. Es handelt sich dabei um zwei Formen der Bindungsstörung:

- Bindungsstörung mit emotionalem Rückzug, Hemmung und fehlender Bindung.
  Wichtiges Bindungsverhalten wie die Suche nach Nähe und Trost, das Zeigen von Zuneigung und das Verlangen von Hilfe und Kooperation ist sehr eingeschränkt. Diese Störung geht einher mit eingeschränktem Explorationsverhalten. Die Kinder versagen bei sozialen Kontakten, und sie zeigen ernste Probleme bei der emotionalen Selbstregulierung.
- Bindungsstörung mit fehlender Unterscheidung zwischen vertrauten und nicht vertrauten Personen.
  Das Kind hat keine bevorzugte Bindungsfigur und sucht Nähe, Kontakt und Trost auch bei fremden Personen, ohne die zu erwartende soziale Zurückhaltung bei Fremden. Kinder, die diese Kriterien erfüllen, haben oft die Schwierigkeit, sich selbst zu schützen.

2. Das Fehlen der sicheren Basis
Das Kind hat eine bevorzugte Bindungsperson, die Bindung zu ihr ist jedoch gestört. Vier Typen dieser Art Bindungsstörung werden unterschieden:
- Bindungsstörung mit Selbstgefährdung.
  Das Kind sucht keine Nähe zur Bindungsperson, sein Explorationsverhalten ist jedoch aktiv. Es begibt sich in besonders gefährliche Situationen, indem es z. B. auf die Straße rennt, in einer Menschenmenge wegläuft oder klettert, ohne die Gefahren dabei zu beachten. Gegen sich und gegen die Bindungsperson gerichtete aggressive Verhaltensweisen sind bei Kindern mit dieser Bindungsstörung zu beobachten.
  Fallstudien deuten an, dass Gewalt in der Familie oft im Zusammenhang mit der Bindungsstörung mit Selbstgefährdung steht. Es scheint, als ob das Kind versuchen würde, Aufmerksamkeit und Schutz von einer nicht verfügbaren oder nicht zuverlässigen Betreuungsperson durch Selbstgefährdung auf sich zu ziehen.
  Die provokativen und selbstverletzenden Verhaltensweisen sind nur dann Anzeichen für eine Bindungsstörung, wenn sie stark, anhaltend und beziehungsspezifisch sind. Das hyperkinetische Syndrom (ADHD) ist ein Ausschlusskriterium für diese Art Bindungsstörung. Es kann erst ab dem dritten Lebensjahr diagnostiziert werden und ist nicht beziehungsspezifisch.
- Bindungsstörung mit Anklammern und gehemmter Exploration.
  Dabei traut sich das Kind nicht, von der Bindungsperson wegzugehen, um die Umwelt altersangemessen zu erkunden. Dieses Verhalten tritt nur situationsspezifisch auf, z. B. bei gleichzeitiger Anwesenheit der Bindungsperson und eines unbekannten Erwachsenen. Es fehlt die Balance zwischen Bindungs- und Explorationsverhalten.
  Die Abgrenzung vom Normalverhalten ist hier schwierig. Die Frage stellt sich, ob das Verhalten des Kindes mit Temperamentsmerkmalen zu tun haben könnte oder ob es eine Bindungsstörung darstellt. Das Fehlen einer funktionierenden Regulation zwischen Nähe und Distanz zur Bindungsperson, Exploration und sozialer Bezogenheit kann auf diese Art Bindungsstörung hinweisen. Dennoch stellt sich die Frage, ab wann die Disregulation stark genug ist, um als Störung definiert zu werden.

- Bindungsstörung mit Wachsamkeit und übertriebener Anpassung (Compliance).
Das Kind, das Anzeichen dieser Bindungsstörung zeigt, ist emotional eingeschränkt und der Betreuungsperson gegenüber wachsam und übertrieben folgsam. Es hat offensichtlich Angst vor der Bindungsperson oder befürchtet, ihr nicht zu gefallen. Dieses Verhalten wird wahrscheinlich ausgelöst durch eine intensive, lang anhaltende Wut und Frustration der Bindungsperson. Mit Wachsamkeit und übertriebener Anpassung will sich das Kind vor weiteren Verletzungen schützen.
- Bindungsstörung mit Rollenumkehr.
Anstatt das Kind zu versorgen und ihm emotionale Unterschützung und Schutz zu bieten, ist die Bezugsperson innerlich mit ihrem eigenen emotionalen Zustand beschäftigt. Das mangelnde Fürsorgeverhalten der Betreuungsperson geht einher mit einem nicht angemessenen kindlichen Verhalten. Das Kind übernimmt die emotionale Last der Beziehung, indem es der Betreuungsperson gegenüber bestrafend, übermäßig besorgt, fürsorglich oder in einer anderen nicht angemessenen Rolle verhält. Hier scheint es eine Verbindung zwischen der desorganisierten Bindung in der frühen Kindheit und dem kontrollierenden Verhalten im späteren Kindesalter zu geben.

Klinische Erfahrungen deuten an, dass die Identifizierung von Bindungsstörung mit Rollenumkehr besonders schwierig ist. Das Kind muss alt genug sein (20 bis 60 Monate) und Angst um das Wohlbefinden der Bezugsperson haben. Die Bezugsperson kann das unangebrachte Verhalten des Kindes nicht erkennen. Diese Kinder zeigen oft Störungen in der Beziehung zu Gleichaltrigen und zu Geschwistern.

3. Unterbrochene Bindungsstörung aufgrund des Verlustes einer Bindungsperson
Die Reaktion des Kindes auf den Verlust der Bindungsperson lässt sich mit den Beobachtungen von Robertson / Robertson (1975) vergleichen: Nach einer Phase des Protests ist das Kind verzweifelt und verhält sich schließlich gleichgültig, als ob es keinen Trennungskummer hätte.

Der Verlust einer Bindungsperson in der frühen Kindheit ist viel belastender als im späteren Lebensalter. Die daraus entstandene Bindungsstörung wurde noch nicht ausreichend untersucht. Betroffen sind Kinder, die Veränderungen in Pflegeverhältnissen erleben oder ihre einzige Bindungsperson durch Tod verloren haben. Das Vorhandensein einer anderen Bindungsperson kann die Verlustangst des Kindes mildern.

Fazit
Die Klassifikation von Bindungsstörungen ist zwar möglich und nützlich, eine eindeutige Einschätzung von klinischen Fällen bleibt jedoch schwierig (Klitzing 2009). Die bindungstheoretischen Methoden sind nicht differenziert genug, um diese für klinische Zwecke zu nutzen (Boris / Aoki / Zeanah1999). Der ideale Zugang zur Einschätzung von Bindungsstörung soll sowohl die Geschichte des Kindes als auch die Wahrnehmungen der Bindungspersonen sowie Beobachtungen des Kindes und der Bindungsperson im natürlichen und im klinischen Setting berücksichtigen. Beobach-

tungen in verschiedenen Kontexten sind jedoch selten möglich und oft ineffizient. Valide Methoden zur Einschätzung von Bindungsstörungen zu entwickeln ist eine wichtige Aufgabe für die Zukunft.

3.3 Bindung im Erwachsenenalter

Seit mehr als 25 Jahren gilt das Forschungsinteresse auch den Bindungsrepräsentanzen im Jugend- und Erwachsenenalter. Diese neue Entwicklung innerhalb der Bindungstheorie wurde mit der Ausarbeitung und Verbreitung des »Erwachsenen-Bindungsinterviews« (Adult Attachment Interview – AAI – nach George/Kaplan/Main 1984, 1985, 1996) erst möglich. Mit dieser Methode lässt sich die Bindungsorganisation im Jugend- und Erwachsenenalter untersuchen, Veränderungen der Bindungsorganisation im Lebenslauf können empirisch erfasst werden (Gloger-Tippelt 2001).

Das »Erwachsenen-Bindungsinterview« kommt aufgrund seiner Komplexität seltener zur Anwendung als die »fremde Situation« zur Untersuchung der Bindungsorganisation im frühen Kindesalter (van IJzendoorn/Sagi et al. 1999). Einfacher handhabbar ist der in Anlehnung an das Erwachsenen-Bindungsinterview entwickelte projektive Test, das »Erwachsenen-Bindungs-Projektiv-AAP« (Adult Attachment Projektiv) (George/West 2001).

3.3.1 Das »Erwachsenen-Bindungsinterview, AAI«

Dabei handelt es sich um ein standardisiertes, halb strukturiertes, halbklinisches Verfahren zur Erfassung von Bindungsrepräsentanzen bei Jugendlichen ab ca. dem 16. Lebensjahr und bei Erwachsenen (George et al. 1984/1985/1996). Es wird dabei untersucht, wie frühere emotionale Bindungen im Gedächtnis und in der Sprache repräsentiert werden. Das Verfahren gilt als eine retrospektive (zurückblickende) Selbstbeobachtung, bei der bewusste und unbewusste Prozesse miteinander verglichen werden.

Das Interview enthält 20 Fragen zur Beziehung zu den Eltern in der Kindheit und zum gegenwärtigen Zeitpunkt sowie über die Beziehung zu anderen bedeutenden Bindungspersonen und zum eigenen Kind. Die Fragen lassen sich in vier Hauptthemen zusammenfassen:
- 1. Fragen zum *Erleben der frühen Kindheit* zielen auf die Darstellung über die äußeren Lebensumstände ab, auf die Bewertung der emotionalen Beziehung zur Mutter und zum Vater sowie auf Belastungen durch Krankheit, Trennung, Bestrafung und Erfahrungen mit Zurückweisung und Misshandlung.
- 2. Weitere Fragen zu *tief greifenden Beziehungserfahrungen* fokussieren unter anderem den Einfluss von Kindheitserfahrungen auf die Persönlichkeitsentwicklung, Bewertung des elterlichen Verhaltens, Verlust von nahestehenden Personen, traumatische Erfahrungen sowie Veränderungen in der Beziehung zu Bezugspersonen.

- 3. Fragen über die *Beziehung zum eigenen Kind* sprechen vor allem zwei Aspekte an: die Sorge um das Kind und die Wünsche für die Zukunft des Kindes.
- 4. Die *Abschlussfragen* zielen darauf ab, zu erfahren, wie der Befragte den Einfluss der Kindheitserfahrungen auf seine aktuelle Lebenssituation bewertet. Schließlich geht es um die Vorstellung darüber, was das eigene Kind (real oder fiktiv) wohl aus seiner eigenen Kindheit lernen wird.

Ähnlich wie in der Kindheit lassen sich auch im Erwachsenenalter unterschiedliche Muster von Bindungsrepräsentanzen klassifizieren, die einem der drei organisierten und einem nicht organisierten Bindungsstatus zugeordnet werden können (Main/Goldwyn 1985–1996; Gloger-Tippelt 2001). Die organisierten Bindungsmuster entsprechen den drei Kategorien: F = »sicher-autonom« (free/autonom), Ds = »unsicher-distanziert/abweisend« (dismissing) und E = »unsicher-verstrickt« (enmeshed/preoccupied). Der nicht organisierte Bindungsstatus im Erwachsenenalter wird als Kategorie U = »unverarbeiteter Bindungsstatus« (unresolved trauma/loss) bezeichnet.

(F) »Autonomes/sicheres Bindungsmodell«
Erwachsene dieses Typs haben gute, lebhafte Erinnerungen an Kindheitserfahrungen und Zugang zu ihren Gefühlen. Bindungsrelevante Erfahrungen werden wertgeschätzt und als einflussreich bewertet. Sie berichten offen und frei auch über widersprüchliche und unangenehme Gefühle zu den Bezugspersonen in ihrer Kindheit. Sie vermitteln ein kohärentes Bild von sowohl positiven als auch negativen frühkindlichen Erfahrungen, ihre Antworten sind klar, gut begründet und kurz. Erwachsene mit sicheren Bindungsrepräsentanzen haben ein hohes »reflexives Selbst«.

(D) Modell mit unsicher-distanzierter/abweisender Bindung
Erwachsene der unsicher-distanziert/abweisenden Bindungsgruppe haben wenige oder nur vage Erinnerungen an beziehungsrelevante Themen in der Kindheit. Trotz Erfahrung von Zurückweisung zeigen sie positive oder idealisierte Elternbilder, ohne konkrete Erfahrungen zu nennen. Wenn Erinnerungen als Episoden aus der Kindheit berichtet werden, sind sie widersprüchlich. Bindungsbeziehungen werden gering wertgeschätzt, und bindungsrelevante Erfahrungen werden als wenig bedeutend und nicht einflussreich bewertet. Die Befragten betonen eigene Stärke, Leistung und Unabhängigkeit. Während des Interviews wird oft ein subtiles bis offenes Missfallen an dem Interviewthema gezeigt (Unterbrechung des Interviewers, Behauptung, sich nicht zu erinnern, …).

(E) Modell mit »unsicher-verstrickter« Bindung
Erwachsene mit dieser Bindungsrepräsentanz berichten inkohärent (unzusammenhängend), widersprüchlich, sehr subjektiv und ausschweifend über ihre Erfahrungen mit den Eltern in der Kindheit. Sie sind sehr emotional, oft ängstlich oder ärgerlich.

Negative Erfahrungen in der Beziehung zu den Eltern werden überbewertet. Diese Erwachsenen vermitteln den Eindruck einer geringen Distanz zu ihren Eltern. Dass sie auch noch im Erwachsenenalter in Bindungskonflikte verstrickt sind, lässt sich an ihrer auffällig starken Beschäftigung mit den Eltern ablesen.

(U) Nicht organisierter »unverarbeiteter Bindungsstatus«
Für Erwachsene mit einem nicht organisierten unverarbeiteten Bindungsstatus ist eine mentale Desorganisation und Desorientierung charakteristisch, insbesondere bei den Themen, die traumatische Ereignisse (Verlust einer wichtigen Person durch Tod, körperlicher bzw. sexueller Missbrauch) betreffen. Sie zeigen einen hohen Grad verbaler und gedanklicher Inkohärenz. Ihre Schilderungen früherer Verluste von Bindungspersonen bzw. Erzählungen über Bindungstraumata sind voller Angst oder irrationaler Anteile, z. B. das Gefühl, den Todesfall einer Bindungsperson verschuldet zu haben. Sie machen logische Fehler sowie uneindeutige Angaben über Ort und Zeit von Todesfällen. Erwachsene mit einem »unverarbeiteten Bindungsstatus« stammen entweder aus Risikofamilien und haben Misshandlung, Missbrauch oder Verwahrlosung erlebt, oder sie stammen aus intakten Familien, tragen jedoch ein unverarbeitetes Trauma in sich.

3.3.2 Vergleich von kindlichen Bindungsmustern und Bindungsrepräsentationen der Erwachsenen

Die Muster von Bindungsrepräsentanzen im Erwachsenenalter entsprechen den unterschiedlichen Bindungsmustern im frühen Kindesalter. Die prozentuale Aufteilung des unterschiedlichen Bindungsstatus im Erwachsenenalter ähnelt der prozentualen Verteilung im frühen Kindesalter. Tab. 4 soll einen Überblick über den Bindungsstatus und der prozentualen Verteilung in der Kindheit und im Erwachsenenalter geben.

Bindungsmuster des Kleinkindes	Bindungsrepräsentation der Erwachsenen
B – sicher (65 Prozent)	F – sicher, autonom (45 bis 55 Prozent)
A – unsicher vermeidend (20 bis 25 Prozent)	D – unsicher-distanziert (20 bis 25 Prozent)
C – unsicher ambivalent (10 bis 25 Prozent)	E – unsicher-verwickelt (zehn bis 15 Prozent)
D – desorganisiert (10 bis 25 Prozent)	U – unverarbeitet (15 bis 29 Prozent)

Tab. 4: Parallelität von kindlichen Bindungsmustern und Bindungsrepräsentationen der Erwachsenen

Untersuchungen zu Bindungsrepräsentanzen im Erwachsenenalter deuten darauf hin, dass für die Bindungsorganisation im Lebenslauf weniger ausschlaggebend ist, was ein

Erwachsener in der Kindheit erlebt hat, als vielmehr, wie er über die frühen Erfahrungen denkt und diese bewertet. Zahlreiche empirische Studien belegen einen Zusammenhang zwischen der Bindungsrepräsentanz der Bezugsperson und dem Bindungsmuster eines Kindes mit einem Jahr (Fonagy/Steele/Steele 1991; van IJzendorn 1995). Eine *intergenerationale Vermittlung* von Bindungserfahrungen von einer Generation auf die nächste ist hoch einzuschätzen (Fonagy/Steele/Steele 1991).

In einer Londoner Studie wurden Mütter in der zweiten Hälfte ihrer Schwangerschaft im Hinblick auf ihre Bindungsrepräsentanz untersucht. Ein Jahr nach der Geburt der Kinder wurde in der »fremden Situation« das Bindungsmuster der Kinder durch unabhängige Beobachter klassifiziert. Die Londoner Forschungsgruppe um Fonagy konnte mit einer 70- bis 75-prozentigen Sicherheit vorhersagen, welche Bindungsqualität das noch ungeborene Kind zu seiner Mutter entwickeln werde (Fonagy/Steele/Steele 1991). Diese und andere Studien unterstützen die Annahme der generationsübergreifenden Bedeutung von Bindungserfahrungen. Die Weitergabe von Bindungsmustern ist schließlich Teil des Sozialisationsprozesses.

In der neueren Bindungsforschung wird der Einfluss genetischer Faktoren diskutiert (Gervai 2008). Forschungsdaten liefern jedoch widersprüchliche Ergebnisse, sodass ohne weitere empirische Daten keine verifizierbaren Aussagen getroffen werden können.

3.4 Frühe Bindung und spätere Entwicklung

Wie wirken sich frühe Bindungserfahrungen auf die spätere Entwicklung aus? Durch neue Forschungsmethoden wurde es möglich, die Bindungsorganisation im Kindes-, Jugend- und Erwachsenenalter in ihrer Entwicklung zu erfassen und die Frage nach *Kontinuität* und *Diskontinuität* von frühen Bindungsmustern im Laufe der Entwicklung zu untersuchen. Das ist nicht einfach; Probleme ergeben sich vor allem daraus, dass ein und dieselbe Variable (Bindungsmuster) im Lebenslauf untersucht wird (Kißgen 2009). Theoretisch wurde zwar eine Kontinuität von Bindungsmustern im Lebenslauf postuliert, allerdings zeigen Daten aus Langzeitstudien sowohl Kontinuität als auch deutliche Diskontinuität (Main/Weston 1981; Zimmermann et al. 1995; Grossmann/Grossmann 2004; Thompson 2008).

Die mögliche Veränderung von Bindungsmustern im Säuglingsalter ist unter anderem mit der Flexibilität der »inneren Arbeitsmodelle« (Bowlby 1969, 1988) sowie in der Veränderung mütterlicher Feinfühligkeit (Hédervári 1995; Dornes 2000) zu erklären. Die »Arbeitsmodelle«, die sich in den unterschiedlichen Bindungsmustern am Ende des ersten Lebensjahres abbilden, stabilisieren sich erst im Laufe der Entwicklung bis zum Jugendalter. Es ist davon auszugehen, dass sich Bindungserfahrungen in der Persönlichkeit des Individuums verankern.

Durch neue Interaktionserfahrungen sind Arbeitsmodelle jedoch auch noch im Erwachsenenalter beeinflussbar. Vor allem durch veränderte Lebensumstände und durch psychotherapeutische Behandlung kommt es zur Neustrukturierung der Bindungsorganisation im Kindes- und im Erwachsenenalter. Unter günstigeren Lebensbedingungen kann ein unsicheres Bindungsmuster durch ein sicheres abgelöst werden oder umgekehrt eine sichere Bindung in eine unsichere übergehen. Die Flexibilität des Individuums nimmt jedoch im Laufe der Entwicklung ab – und damit auch die Möglichkeit, innere Arbeitsmodelle zu verändern.

Einfluss der frühen Bindungsqualität auf die spätere Entwicklung

Theoretischen Annahmen zufolge ist Bindungssicherheit eine wichtige Voraussetzung für die spätere gesunde Persönlichkeitsentwicklung des Individuums. Im Hinblick auf individuelle Unterschiede in der frühkindlichen Bindungsorganisation im Zusammenhang mit der späteren Entwicklung stehen mittlerweile genügend prospektiv erhobene empirische Daten zur Verfügung (Main / Kaplan / Cassidy 1985; Grossmann / Grossmann / Zimmermann 1999; Sroufe 2000; Egeland 2002; Grossmann / Grossmann 2004).

Aus dieser Datenlage ist abzuleiten, dass die frühe Bindungsorganisation Einfluss auf viele Bereiche der weiteren Entwicklung nimmt. Die Stärke und Beständigkeit dieses Einflusses scheint allerdings viel moderater zu sein, als oft vermutet (Sroufe 1997, 2000; Weinfield / Sroufe / Carlson 1999). Trotz gewisser Skepsis einiger Wissenschaftler wird die Annahme, dass die frühkindliche Bindungsorganisation die Anpassung des Kindes im späteren Lebensalter beeinflusst, durch empirische Daten durchaus unterstützt. Einige dieser Befunde möchte ich hier aufgreifen, ohne Anspruch auf Vollständigkeit und Systematisierung.

Kinder mit einer sicheren Bindungserfahrung im ersten Lebensjahr verfügen im Vorschulalter z. B. über ein höheres Selbstwertgefühl und soziale Kompetenz, sie sind lern- und experimentierfreudiger und verhalten sich anderen Kindern gegenüber freundlicher und empathischer als unsicher gebundene Kinder. Sicher gebundene Kinder haben in jedem Alter weniger emotionale Probleme und sind unter Gleichaltrigen beliebter als Kinder mit unsicherer Bindungserfahrung. In Liebesbeziehungen verhalten sich junge Erwachsene, die in der Kindheit sicher gebunden waren, weniger feindselig und sind besser in der Lage, Konflikte zu lösen, als Paare mit unsicherer Bindungsorganisation (Egeland 2002).

Unsichere Bindungsmuster stehen wiederum mit mehr Verhaltensauffälligkeiten, psychischen und emotionalen Störungen im Vorschulalter im Zusammenhang (Main / Solomon 1986; Egeland 2002). Im Hinblick auf Autonomie sind unsicher gebundene Kinder im Kindergartenalter und als Jugendliche abhängiger von den Erwachsenen als Kinder mit einer sicheren Bindung.

Erwachsene mit schweren psychiatrischen Erkrankungen wie Schizophrenie oder Depression weisen in einer sehr hohen Prozentzahl unsichere (89 Prozent) oder unaufgelöste (44 Prozent) Bindungsmuster auf. Bei Personen mit Borderline-Persönlichkeitsstörung findet sich in 75 Prozent der Fälle eine ambivalente Bindungsorganisation und in 70 bis 90 Prozent ein unaufgelöstes Bindungsmuster (U) (Dozier / Stovall / Albus 1999; Hartmann 2001; Hartmann / Grande 2007).

Fazit

Forschungsdaten belegen, dass frühe Bindungserfahrungen die weitere Entwicklung des Kindes beeinflussen. Trotzdem gibt es ausreichende Gründe zu der Annahme, dass frühe Lebenserfahrungen nicht notwendigerweise gravierende Konsequenzen für die spätere Entwicklung haben als später gemachte Erfahrungen (Sroufe 1988, 2000; Kagan 2000). Veränderungen in den Lebensumständen können auch Veränderungen in Beziehungsprozessen sowie in der Persönlichkeitsentwicklung des Kindes bewirken.

Bindungssicherheit in der frühen Kindheit ist kein Determinismus im Sinne einer Prägung der Persönlichkeit im Lebenslauf, sondern sie ist als Fundament und Vorläufer erfolgreicher späteren Anpassung zu verstehen (Zimmermann et al. 1995; Kißgen 2009).

3.5 Relevanz der Bindungstheorie für die psychotherapeutische Arbeit

Die Selbstverständlichkeit, mit der heute die Bindungstheorie in psychotherapeutischen, vor allem in psychoanalytischen, Fachgesellschaften akzeptiert und geschätzt wird, ist relativ neu. Bowlby (1988), der selbst Psychoanalytiker war, musste erleben, dass die meisten Fachkollegen seine Forschungsergebnisse und ihre Relevanz für die klinische Arbeit mehr oder weniger ignorierten.

Seit Bindungstheoretiker sich mit Bindungsrepräsentanzen im Jugend- und Erwachsenenalter befassen, sind bindungstheoretische Konzepte auch für Psychoanalytiker bedeutend geworden (Strauß / Buchheim / Kächele 2002; Fonagy 2003; Fonagy / Target 2005). Die Veränderungen im psychoanalytischen Denken haben zu einer Annäherung zwischen Psychoanalyse und Bindungstheorie geführt. Aktuell zeigt sich, dass von dieser Annäherung beide Theorien profitieren und sich gegenseitig befruchten (Fonagy 2003; Dornes 2006).

Nach bindungstheoretischen Überlegungen sollte es ein zentrales Ziel des psychotherapeutisches Prozesses sein, Bedingungen zu schaffen, unter denen der Patient seine »inneren Arbeitsmodelle« seines Selbst und seiner Bindungsfiguren aufspüren und neu strukturieren kann. Bowlby betonte, dass die Hier-und-Jetzt-Beziehung zum Therapeuten von besonderer Bedeutung für den Therapieprozess ist, da nur sie eine ausreichende Motivation für den Patienten darstellt und ihn dadurch ermutigt, seine früheren Erfahrungen und seine gegenwärtige Situation innerpsychisch zu explorieren (Bowlby 1988).

Bowlbys (1988) Annahme zufolge stehen die einzelnen Therapieziele und Aufgabenbereiche in einer Wechselwirkung zueinander und sind daher in der Praxis kaum voneinander zu trennen.

- Aus bindungstheoretischer Sicht sind in der Therapie weniger die Fantasien als vielmehr die realen Erfahrungen der Patienten mit signifikanten Bindungspersonen von Bedeutung. Das heißt, dass den Fantasien in der therapeutischen Behandlung eine untergeordnete Rolle zukommt.

  Weiterhin ist es wichtig, möglichst exakte Informationen zu sammeln, mit deren Hilfe Modellszenen entwickelt werden können, die die Psychopathologie des Patienten auf der Grundlage von rekonstruierbaren Erfahrungen aus der Kindheit verstehbar machen (Crittenden 1990). Modellszenen sind vor allem Abbildungen von Beziehungserfahrungen aus der eigenen Kindheit.
- Besondere Aufmerksamkeit des Therapeuten sollte dem Anfang und dem Ende einer Therapiestunde bzw. einer therapeutischen Behandlung gelten. Denn dies sind Stresssituationen, die Bindungsbedürfnisse des Patienten aktivieren und wichtige Informationen über seine Bindungsorganisation liefern.
- Die Förderung einer positiven therapeutischen Beziehung ist von besonderer Relevanz, um die Grundlage zur Erkundung des intra- und interpersonellen Raumes des Patienten und die Basis für Veränderungen zu schaffen.
- Die Qualität der Bindungsbeziehung in der frühen Kindheit nimmt Einfluss auf spätere Beziehungen. Die interaktiven Erfahrungen des Kindes mit seinen primären Bezugspersonen führen zu Erwartungen des Kindes darüber, wie andere Personen in bestimmten Situationen reagieren werden. Daher ist es wichtig, herauszufinden, welche Erwartungen der Patient in Bezug auf die Reaktionen des Therapeuten hat, und diese zum Gegenstand der analytischen Arbeit zu machen.

4 Regulationsstörungen im Säuglings- und Kleinkindalter

4.1 Einführung

Im Säuglings- und Kleinkindalter finden besonders intensive Prozesse des Lernens, der Orientierung in der materiellen und sozialen Umwelt sowie der Entwicklung zu einem unabhängigen Menschen statt. Der menschliche Säugling kommt als »Nesthocker« zur Welt – im Vergleich zu anderen Säugetieren ist er biologisch gesehen unreif und länger auf die Fürsorge seines sozialen Umfelds angewiesen. Portmann (1969) spricht von der Sonderstellung des Menschen durch die »*physiologische Frühgeburt*«.

Allerdings verläuft die menschliche Entwicklung viel schneller als bei Säugetieren (Papoušek 1994 Portmann; 1969). Wie in den theoretischen Überlegungen erläutert (s. Kapitel 2), richtet sich nach der Regulation der physiologischen Prozesse (Regulierung des Schlaf-wach-Rhythmus, das Gefühl von Hunger und Sättigung, von kalt und warm etc.) das Interesse des Säuglings ab ca. dem dritten Lebensmonat auf Personen und kurz darauf auf unbelebte Objekte. In den ersten beiden Lebensjahren lernt das Kind so viel wie in keiner späteren Lebensphase, unter anderem: selbstständig zu laufen und zu sprechen sowie abstrakt zu denken; es baut eine differenzierte emotionale Bindung zu seinen Bezugspersonen auf und wird sich, in der intrasubjektiven (eigenen) und interpersonellen (zwischenmenschlichen) Dimension, seines psychischen Daseins bewusst.

Eine solch rapide Frühentwicklung trägt natürlich ebenso wie spätere Phasen der Entwicklung die Gefahr von »Verhaltensentgleisungen« sowie von psychischen Entwicklungsstörungen in sich. Trotzdem ist es eine in Fachkreisen und im öffentlichen Bewusstsein nur schwer akzeptierte Tatsache, dass auch im Säuglings- und Kleinkindalter Entwicklungsstörungen und seelische Probleme entstehen können, deren Ursachen nicht in allen Fällen organisch bedingt sind, sondern die psychische oder psychosomatische Erkrankungen darstellen.

Beim Zusammenleben mit Säuglingen und Kleinkindern kommt es häufig vor, dass weder Eltern noch Fachkräfte das Verhalten und die Signale des Kindes korrekt deuten können. Bei der alltäglichen Betreuung des Kindes tauchen Fragen auf, die manchmal unbeantwortet bleiben, z. B.: Warum schreit das Kind, und warum kann ich es nicht beruhigen? Warum lehnt es Nahrung ab, und warum nimmt es nicht genügend an Körpergewicht zu? Warum schläft es nicht, und warum akzeptiert es keine Grenzen?

Finden die Eltern auf ihre Fragen keine befriedigenden Antworten bzw. erhalten sie nicht genug Unterstützung zur Lösung ihrer Probleme, kann in der Familie eine

»Krisensituation« entstehen und zur Festigung der Symptome des Kindes führen. Eltern erleben Probleme, die ihren Säugling betreffen, häufig so, als ob diese sich gegen ihr eigenes »Ich« und gegen ihre Kompetenz als Eltern richten würden. Negative Erfahrungen dieser Art können das Sicherheitsgefühl der Eltern beeinträchtigen und gleichzeitig zu einer tiefen narzisstischen Kränkung führen (Hédervári-Heller 2008 a).

Die frühkindlichen Regulationsstörungen entstehen nicht selten aus gegen das Kind gerichteter negativer Übertragung und Projektion der Eltern. Dies kann langfristig zur Vertiefung des Eltern-Kind-Konflikts und zur Verschlechterung der Eltern-Kind-Beziehung führen. Oft ist nur schwer zu entscheiden, ob die Regulationsstörung des Kindes oder die negative Übertragung der Eltern zuerst vorhanden war. Auf jeden Fall besteht hier eine enge Wechselwirkung.

Nach Ergebnissen wissenschaftlicher Studien weisen ungefähr fünf bis zehn Prozent der Säuglinge angeborene oder später entwickelte Störungen der Verhaltensregulierung auf (Papoušek 1998, Wolke 1999). Andere, internationale Studien gehen von 15 bis 29 Prozent aller gesunden Säuglinge mit Störungen der Verhaltensregulation aus (St. James-Roberts/Halil 1991). Das bedeutet: Diese Säuglinge und Kleinkinder können ihr Befinden, ihr Verhalten und ihre physiologischen Prozesse (bezüglich Wahrnehmung, Aufmerksamkeit, Motorik und Emotionen) nur schwer regulieren (Zero To Three 1999).

Vom klinischen Standpunkt aus können Störungen der Verhaltensregulierung als frühkindliche Varianten psychischer und psychosomatischer Erkrankungen angesehen werden, die möglicherweise Vorboten späterer psychogener Erkrankungen sind. Nicht behandelte frühkindliche Regulationsstörungen beeinflussen in besonderem Maße die spätere emotionale Entwicklung des Kindes negativ (Degangi et al. 1993). Die Behandlung dieser Störungen hingegen wirkt sich protektiv (förderlich) auf die gesunde psychische Entwicklung in späteren Lebensphasen aus.

4.2 Risikofaktoren und Entstehungsursachen

Die Ursachen von frühkindlichen Regulierungsstörungen sind multifaktoriell bedingt und können weder als rein medizinisches noch als rein psychosoziales Problem gesehen werden. Wie bereits im ersten Kapitel dieses Buches beschrieben, ist das Entstehen der Symptome komplex: 1) biologische Risikofaktoren vonseiten des Kindes (konstitutionell bedingte Störungen, z. B. ein schwieriges Temperament, Irritabilität oder Autismus) können ebenso eine Rolle spielen wie 2) ungünstige psychosoziale Voraussetzungen auf der Seite der Eltern und 3) umgebungsbedingte Risikofaktoren (Hédervári-Heller 2005; Papoušek/Schieche/Wurmser 2004; Resch 2004). Die Ursachen lassen sich in der Regel nicht auf eines dieser Probleme zurückführen, sondern auf das Zusammenwirken der einzelnen Risiko- und Schutzfaktoren.

4.2.1 Risikofaktoren auf der Seite des Kindes

Bei der Entstehung von Regulationsstörungen können von Geburt an vorhandene biologische Risikofaktoren eine Rolle spielen (Zero To Three 1999).

Die »Brazelton Neonatal Behavioral Assessment Skala« (Brazelton 1984) ermöglicht es, die Fähigkeit der Neugeborenen zur Selbstorganisation, zu selbstberuhigendem Verhalten sowie ihre Reaktion auf Reize zu untersuchen. Aus diesen Beobachtungen können wichtige Informationen über den individuellen Verhaltenszustand des Neugeborenen und seine biologischen Risikofaktoren gewonnen werden. Säuglinge unterscheiden sich von Geburt an hinsichtlich ihres Temperaments, ihrer Irritierbarkeit, Tröstbarkeit und ihrer Lernbereitschaft. Ein schwieriges Temperament äußert sich z. B. im ersten Lebensjahr in häufiger Unruhe sowie in einer geringen Anpassungsfähigkeit oder Voraussagbarkeit des kindlichen Verhaltens (Bates et al. 1979). Die regulatorischen Schwierigkeiten eines Säuglings werden in unterschiedlichen Bereichen sichtbar wie z. B.:

- im gestörten physiologischen Repertoire oder dem Gleichgewicht der physiologischen Körperfunktionen (Homöostase) – z. B. unregelmäßiges Atmen, Erschrecken, Schluckauf, Würgen
- in gestörten grobmotorischen Aktivitäten (z. B. ruckartige Bewegungen, ständiges Bewegen)
- in gestörten feinmotorischen Aktivitäten (z. B. dürftige, ruckartige oder schlaffe Bewegungen)
- in Störungen der Konzentration und der Aufmerksamkeit
- in Störungen des Gefühlsausdrucks (z. B. abrupter Wechsel von völlig ruhigem Zustand zum Schreien)
- in individuellen Temperaments- und Verhaltensstörungen (z. B.Impulsivität)
- in schwierigen Schlaf- und Essgewohnheiten
- in Schwierigkeiten im kognitiven Bereich (Zero To Three 1999).

4.2.2 Risikofaktoren vonseiten der Eltern

Eltern und Kind stehen in einer gegenseitigen Wechselbeziehung zueinander. Sie sind fortwährend dabei, sich in ihrem Verhalten aneinander anzupassen und den Aufmerksamkeits-, Erregungs- und Affektzustand gemeinsam zu regulieren. Die regulatorische Unterstützung durch die Eltern steht somit ergänzend zur Selbstregulierung des Kindes. Wenn die Funktion der Selbstregulierung beim Säugling problematisch ist, erfordert das bei Vater und Mutter ein hohes Maß an Feinfühligkeit oder intuitiven elterlichen Kompetenzen (Papoušek/Papoušek 1987). Im elterlichen Kommunikationsverhalten gibt es zahlreiche intuitive Verhaltensanpassungen, die dazu beitragen, eine frühe Kommunikation mit dem Säugling zu ermöglichen und zu fördern. Dieses

Verhalten ist den Eltern nicht bewusst und lässt sich kaum willentlich kontrollieren. Intuitive elterliche Verhaltensweisen finden sich universell bei Eltern und Nichteltern, in jedem Alter und kulturübergreifend.

Unter ungünstigen Bedingungen geht die mangelhafte Selbstregulationsfähigkeit des Kindes mit einem Mangel an intuitiven Verhaltensweisen der Eltern einher. In solchen Fällen kann sich das für die optimale Entwicklung des Kindes notwendige »Fit«, d. h. die Übereinstimmung zwischen dem Temperament und der Motivation des Kindes einerseits und den Erwartungen, Anforderungen und Möglichkeiten der Umwelt andererseits, nicht entwickeln (Chess/Thomas 1984; Largo 2010). Wenn die Eltern das Verhalten des Kindes nicht richtig »lesen«, können sie sich auf seine Individualität nicht oder nur mangelhaft einstellen. So entsteht ein »Misfit«, eine ungenügende Übereinstimmung zwischen dem Kind und seinen Eltern. Das Kind reagiert dann mit Verhaltensauffälligkeiten, die sich in der frühen Kindheit vor allem in den Symptomen der Verhaltensregulation zeigen.

Ungünstige Einflussfaktoren vonseiten der Eltern können aus der Vergangenheit herrühren oder mit der gegenwärtigen Situation der Familie zu Beginn der Elternschaft zu tun haben, wie Stress und Ängsten der Eltern während der Schwangerschaft, einer komplizierten Geburt, Enttäuschungen über das Temperament und Wesen des Kindes, postnatalen Depression der Mutter oder neurotischer Persönlichkeitsstrukturen eines Elternteils. Aber auch aktualisierte Beziehungskonflikte aus der Herkunftsfamilie der Eltern, aktuelle Partnerschaftskonflikte sowie Unsicherheiten und Unstimmigkeiten in Erziehungsfragen können hier ungünstig wirken. Weitere Belastungsfaktoren ergeben sich aus der veränderten Lebenssituation der Eltern, der neuen Rolle als Mutter und Vater, den daraus resultierenden Anforderungen und Verpflichtungen, ökonomischen Problemen, beruflichen Einschränkungen, Umzug, sozialer Isolierung und weiteren psychosozialen Belastungen.

Zusammenfassend ist festzustellen, dass sich das individuelle oder kumulative Auftreten von Belastungsfaktoren negativ auf den Säugling bezüglich der Regulierung seiner Verhaltenszustände auswirkt. Insbesondere wenn das soziale Netzwerk im engeren (Verwandte, Freunde) und im weiteren (gesellschaftlichen, institutionellen) Sinne der Familie keine ausreichende Unterstützung bietet (Cierpka 2009).

4.2.3 Umgebungsbedingte Risikofaktoren

Umgebungsbedingte Risikofaktoren nehmen von Geburt an negativen Einfluss auf die physische und psychische Entwicklung des Kindes und begünstigen das Auftreten von Regulationsschwierigkeiten. Zu den häufigsten umgebungsbedingten Risikofaktoren zählen: Nichtbeachtung, Vernachlässigung, körperliche, seelische und sexuelle Misshandlung, der Tod oder auf andere Weise bedingter Verlust (längere Separation) einer primären Bezugsperson oder der häufige Wechsel der Bezugsperson und der Betreuungssituation.

4.3 Diagnose der frühkindlichen Regulationsstörungen

Für die Diagnostik der psychischen Erkrankungen von Kindern unter drei Jahren bieten die national und international verwendeten Klassifikationssysteme (DSM-IV und ISD-10; Zero to Three) keine ausreichenden Anhaltspunkte (Lehmkuhl/Lehmkuhl 2004; Infant Mental Health Journal 2003). Dies ist nicht überraschend, wenn man bedenkt, dass frühkindliche psychische Störungen zwar altbekannte Probleme darstellen, deren Symptome, abgesehen von wenig Ausnahmen durch Psychoanalytiker wie z. B. Winnicott, jedoch lange Zeit weder diagnostiziert noch behandelt wurden. Schließlich haben wir es im Bereich der frühkindlichen Regulationsstörungen mit einem neuen Patienten (der Säugling mit seinen Eltern) zu tun (Stern 1995).

Stern stellt zu Recht fest, dass der Säugling, diagnostisch betrachtet, nicht neurotisch ist, kein Fall von Borderline und auch nicht psychotisch ist. Ist er dann »normal«? (Stern 1995). Ja, ein Säugling mit Störungen der Verhaltensregulation ist »normal«. Gleichzeitig jedoch kann sein Verhalten aufgrund von biologischen und umweltbedingten Risikofaktoren auffällig werden, und es können Symptome entstehen. Diese Symptome werden, wie schon erwähnt, als Formen psychischer oder psychosomatischer Erkrankungen bezeichnet.

Wenn wir von Störungen sprechen, so versuchen wir, den Säugling und das Kleinkind nach Möglichkeit vor später auftretenden Psychopathologien zu schützen und nicht zu stigmatisieren. Mit diesen Gedanken möchte ich auf Probleme aufmerksam machen, die im Rahmen der Eltern-Säuglings-Beratung und -Psychotherapie zwischen den unterschiedlichen Berufsgruppen entstehen.

Im Bereich der Regulationsstörungen haben wir auch mit Symptomen zu tun, deren Behandlung eine psychotherapeutische Ausbildung erforderlich macht. Ich denke hier z. B. an Separationsängste, sozialen Rückzug, Depression, Bindungsstörungen, Obstipation (Verstopfung) oder andere psychosomatische Erkrankungen. Im engeren Sinne gehören diese Symptome nicht zu den klassischen Regulationsstörungen, doch treten sie manchmal gemeinsam mit diesen auf. Sie können in der späteren Kindheit zu Symptomen neurotischer Erkrankungen werden.

Nachdem das Kind laut klassischer psychoanalytischer Definition in den ersten drei Lebensjahren nicht neurotisch ist (Freud 1924), aber neurotische Symptome aufweist, stehen wir vor einem »diagnostischen Durcheinander«. Das Fehlen von einheitlichen und befriedigenden diagnostischen Kategorien mag möglicherweise dazu beitragen. Grund genug, um sich in Zukunft mit diesen Fragen vermehrt auseinanderzusetzen.

Die Regulationsstörungen der ersten Lebensjahre werden in der Fachliteratur am häufigsten in Symptomen wie exzessivem Schreien, chronischer Unruhe, Schlafproblemen sowie Fütter-, Ess- und Gedeihstörungen beschrieben. Neben den klassischen Regulationsstörungen werden auch mangelndes Spielinteresse und Entwicklungsstörungen genannt. Ab dem zweiten Lebensjahr können sich die Symptome z. B. auf massive Trennungsprobleme, ausgeprägte Trotzreaktionen und Geschwisterrivalität,

Wutanfälle und aggressive Verhaltensweisen ausdehnen. Spielunlust, Konzentrationsstörungen, motorische Unruhe oder hyperkinetische Aufmerksamkeitsstörung (ADHD = Attention Defizit with Hyperactivity Disorder) ergänzen die Liste der Verhaltensauffälligkeiten von Kleinkindern.

Wichtige Fragen bei der Erhebung der Problemanamnese

Unabhängig von den Symptomen sind bei der Anamnese folgende Themen von besonderer Bedeutung:
- Wie viele Entwicklungsbereiche sind betroffen?
- Seit wann besteht die Regulationsstörung?
- Wie oft und mit welcher Intensität tritt die Regulationsstörung auf?
- Besteht oder bestand bei anderen Mitgliedern der Familie ein solches oder ähnliches Problem?
- Wie erklären sich die Eltern das Auftreten des Problems? Was sind ihrer Ansicht nach die auslösenden Momente bei der Entstehung des Symptoms?
- Welche Versuche wurden vonseiten der Eltern zur Lösung der Regulationsstörung unternommen und mit welchem Ergebnis?
- Welche Untersuchungen wurden bisher durchgeführt?

4.4 Klassische Symptome der frühkindlichen Regulationsstörungen

4.4.1 Chronische Unruhe und exzessives Schreien

Weinen, Schreien und Quergeln sind die wichtigsten präverbalen Kommunikationsmittel des Neugeborenen und des Säuglings (Papoušek 1994; Barth 2008). Diese angeborenen Verhaltenszustände sind Voraussetzung für das Überleben des Säuglings. Gleichzeitig sind sie die wirksamsten Mittel, um die Bezugsperson aufmerksam zu machen und zum Reagieren aufzufordern. Unabhängig von Erfahrungen mit Säuglingen reagieren gesunde Erwachsene auf schreiende Säuglinge mit sofortiger Alarmbereitschaft: Sie tun alles, um den schreienden Säugling zu beruhigen.

Mit der Vielfalt seines Schreiens signalisiert ein gesunder Säugling mögliche Gründe für sein Unwohlsein. Winnicott (1964) teilt die Ursachen für das Schreien in folgende vier Kategorien: Zufriedenheit, Schmerz, Wut und Kummer. An Weinen aus Zufriedenheit oder Freude denken wir nahezu gar nicht, da die Gründe für das Schreien fast ausnahmslos mit negativen Anlässen assoziiert werden. Dementsprechend wertet die Bezugsperson die verschiedenen Arten des Weinens in der Regel als Ausdruck des Hungers, des Schmerzes oder einfach des Verlangens nach Nähe und Sicherheit. Ab ca. dem dritten Lebensmonat erkennen die meisten Eltern die Gründe für die verschiedenen Arten des Schreiens und reagieren angemessen darauf.

Wenn der Säugling längere Zeit schreit und schwer zu beruhigen ist, fühlt sich die Mutter mitunter in ihren mütterlichen Kompetenzen beeinträchtigt, als könne sie nicht ausreichend gut für ihr Kind sorgen. Sie hat das Gefühl, keine gute Mutter zu sein, da sie ihr Kind nicht trösten und beruhigen kann (Stork 1999). Ihr Selbstvertrauen und ihr Selbstwertgefühl werden infrage gestellt.

In den ersten Lebensmonaten schreien Säuglinge häufig unspezifisch, d. h. ohne dass es den Eltern gelingt, eine Ursache für das Schreien festzustellen. Diese erhöhte Häufigkeit und Dauer des Schreiens hängen mit den Entwicklungs- und Reifungsprozessen des jungen Säuglings zusammen. Unspezifisches Schreien in diesem frühen Lebensalter zeigt einen charakteristischen Verlauf: In den ersten sechs Lebenswochen nimmt es an Häufigkeit und Dauer zu, etwa ab dem dritten Lebensmonat nimmt die Dauer des Schreiens bei den meisten Säuglingen ab (St. James-Roberts / Halil 1991).

Unspezifisches Schreien während der ersten drei Lebensmonate tritt charakteristischerweise bei ca. 40 Prozent aller Säuglinge überwiegend zwischen 16 und 23 Uhr auf. Die Angaben über die durchschnittliche Dauer des Schreiens schwanken zwischen zehn bis 20 Minuten und eineinhalb bis zwei Stunden pro Tag (24 Stunden) in den ersten drei Lebensmonaten.

Diese enormen Unterschiede lassen sich unter anderem so erklären: Eltern scheinen die Dauer des Schreiens zu überschätzen. Befragungen der Eltern führen nämlich regelmäßig zu höheren Angaben über die kindliche Schreidauer als Direktbeobachtungen. Als Schreien werden häufig auch bloße Unruhe oder Quengeln des Kindes wahrgenommen. Die niedrigen Zahlen (zehn bis 20 Minuten) beziehen sich in der Regel auf Schreien im engeren Sinn, die höheren (eineinhalb bis zwei Stunden) darauf, dass Unruhe und Quengeln ebenfalls als Schreien gewertet werden (Dornes 2000).

In anderen Kulturen, in denen Säuglinge herumgetragen und nicht hingelegt werden, scheinen das unspezifische Schreien und die Unruhe weniger ausgeprägt zu sein als in westlichen Industrieländern, wo von Säuglingen sehr früh ein autonomes Funktionieren verlangt wird. Dazu zählt die Bestrebung vieler Eltern, den Säugling von Geburt an in seinem eigenen Zimmer, getrennt von den Eltern, schlafen zu legen. Dies scheint eine zu frühe und zu hohe Erwartung an die Autonomie des Kindes zu sein.

Exzessives und anhaltendes Schreien

Wenn Säuglinge über den dritten Lebensmonat hinaus häufig und dauerhaft weinen, wird von exzessivem und persistierendem (anhaltendem) Schreien gesprochen (Papoušek / Schieche / Wurmser 2004). Dabei gilt die sogenannte Dreier-Regel als Orientierung, nach Wessel et al. (1954): Wenn ein Säugling *länger als drei Stunden am Tag, mindestens drei Tage pro Woche und mindestens drei Wochen hintereinander weint oder quengelt*, sprechen wir von exzessivem Schreien. Der Beginn des exzessiven Schreiens fällt meistens in die ersten zwei Lebensmonate. Wissenschaftliche Untersuchungen in den westlichen Industriestaaten zeigen, dass exzessives Schreien bei 16 bis 29 Prozent der Säuglinge zu beobachten ist (St. James-Roberts/Halil 1991). Die Annahme, dass männliche Säuglinge und Erstgeborene häufiger schreien, wird von wissenschaftlichen Studien nicht bestätigt (St. James-Roberts/Halil 1991). Ab dem dritten Lebensmonat sprechen wir von »anhaltendem/persistierendem Schreien« (Papoušek/Hofacker 1995), das häufig nachts auftritt und sich in seiner Qualität von exzessivem Schreien unterscheidet.

Bei Säuglingen mit Schreiproblemen lassen sich auffällige Verhaltensweisen beobachten (Stork 1999). Sie sind empfänglich für visuelle Reize, motorisch unruhig, sie mögen die vertikale Körperposition und lehnen es ab, auf dem Bauch oder Rücken zu liegen. Darüber hinaus sind Säuglinge mit Schreiproblemen schreckhaft und leicht irritierbar. Sie können sich nur schwer beruhigen und suchen paradoxerweise nach Reizen, obwohl sie fast immer überreizt sind. Es ist schwer, diese Säuglinge in engem Körperkontakt zu halten, da sie sich oft anspannen und überstrecken.

Mögliche Gründe für exzessives Schreien
Entgegen verbreiteten Ansichten ist die »Dreimonatskolik« nur sehr selten ein Grund für exzessives Schreien. Untersuchungen ergaben, dass Koliken als Grund des Schreiens lediglich bei elf Prozent der schreienden Säuglinge nachweisbar sind (St. James-Roberts/Conroy/Wisher 1995). Im Gegenteil löst in den meisten Fällen das Schreien die Kolik aus, nachdem der Säugling große Mengen an Luft verschluckt hat und diese Bauchschmerzen verursacht. Exzessiv schreiende und unruhige Säuglinge haben in der Regel einen unreifen Schlaf-wach-Rhythmus, pädiatrische und neurologische Erkrankungen und ein schwieriges Temperament. Psychische oder psychotische Erkrankungen der Mutter, Partnerschaftskonflikte sowie stark belastende, psychisch nicht aufgearbeitete negative Kindheits- oder traumatische Erfahrungen der Eltern können weitere Auslöser für das exzessive Schreien sein.

In vielen Fällen werden unterschiedliche Gründe identifiziert, wobei diese vereinzelt oder gemeinsam auftreten können. Es ist sinnvoll, Faktoren der pränatalen, perinatalen und postnatalen Zeit aus der Perspektive des Kindes und aus der Perspektive der Eltern in Betracht zu ziehen. Nach Ausschluss organischer Gründe konzentrieren sich viele Experten auf Defizite bei der Kommunikationsfähigkeit der Bezugsperson. Diese Annahme wird jedoch durch wissenschaftliche Untersuchungen nicht bestätigt (Papoušek 1998).

Untersuchungsdaten der Münchner Sprechstunde für Schreibabys zeigen, dass ein schwieriges Temperament oder leichte Irritierbarkeit eines Säuglings die Wahrscheinlichkeit des Auftretens von Regulationsstörungen deutlich erhöht. 54 Prozent der exzessiv schreienden Säuglinge wurden z. B. in den ersten sechs Lebensmonaten von ihren Müttern als extrem unvorhersagbar und 65 Prozent als sehr unruhig bewertet (Papoušek/Schieche/Wurmser 2004). Als weitere Risiken vonseiten des Kindes sind die organischen Vulnerabilitätsfaktoren zu nennen wie Frühgeburt, Mangelgeburt oder frühkindlicher Autismus. In Deutschland erhobene Forschungsdaten weisen darauf hin, dass Drogen- und Alkoholmissbrauch oder psychische und emotionale Stressbelastung der Mutter während der Schwangerschaft häufig zu pränatal erworbenen konstitutionellen Beeinträchtigungen des Kindes führen (Ludwig-Körner et al. 2001; Papoušek / Schieche / Wurmser 2004, Hédervári-Heller 2007).

Die Behandlung des exzessiven Schreiens
Um die möglichen Gründe des exzessiven Schreiens und der chronischen Unruhe aufzudecken, sind als Erstes medizinische Untersuchungen notwendig, damit organisch bedingte Erkrankungen ausgeschlossen werden können. Wenn dies geklärt ist, kann Eltern-Säuglings-Beratung oder Therapie helfen. Erfahrungsgemäß genügen in den meisten Fällen einige Beratungs- oder therapeutischen Gespräche, um das Problem des Schreiens zu beheben oder zumindest zu lindern. In einigen Fällen kann es zur längeren psychotherapeutischen Behandlung kommen.

Die erste allgemeingültige Formel für die Eltern lautet: Die *richtige Maßnahme, in der richtigen Dosierung und zum richtigen Zeitpunkt* anwenden. Eine Überstimulierung sollte vermieden werden. Diese Formel gilt auch für den Experten, der behutsam versucht, gemeinsam mit den Eltern die möglichen Gründe für das Schreien und die Unruhe zu erforschen und zu benennen.

Neben dem Herausfinden der möglichen Ursachen für das exzessive Schreien sind die elterlichen Verhaltensweisen im Umgang mit dem schreienden Säugling Thema der Behandlung. Ihre Affekte, Fantasien, eigene Kindheitserfahrungen, die Art und Weise, wie sie im Alltag mit dem Kind umgehen, und welche Strategien sie zur Beruhigung des Kindes anwenden, werden in gleicher Weise thematisiert.

Erst in einem letzten Schritt geht es darum, herauszufinden, welche Maßnahmen für die jeweilige Familie geeignet sind, um das Problem zu lösen. Häufig führt es zum Erfolg, wenn die Eltern sensibilisiert werden, die Verhaltenszustände des Kindes zu beobachten und Überreizung zu verhindern. Wichtig sind dabei die regelmäßige Interaktion und das Spiel mit dem Kind sowie häufiger Körperkontakt.

In den meisten Fällen reagieren Eltern auf den schreienden Säugling intuitiv richtig. Wenn die Eltern jedoch überlastet sind oder der Säugling ein schwieriges Temperament und neurologische Unreife aufweist, wird es für die Eltern schwierig, ihr Kind zu beruhigen. In solchen Fällen hilft ein mehrere Tage lang geführtes Protokoll über die Ereignisse am Tag, die Verhaltenszustände des Säuglings, das Füttern, die Phasen des gemeinsamen Spielens und der Kommunikation.

Es ist ratsam, den schreienden oder unruhigen Säugling tagsüber häufiger am Körper zu tragen und ihn vertikal oder in der Bauchlage auf den Unterarm der Bezugsperson gelegt mit langsamen Bewegungen zu wiegen. Hartnäckig hält sich die (irrtümliche) Annahme, dass es Säuglingen nicht gut tue, wenn man sie häufig am Körper trägt. Ängste, den Säugling dadurch zu verwöhnen und seine Entwicklung zur Autonomie zu hemmen, sind unbegründet. Die Praxis beweist genau das Gegenteil. Häufige körperliche Nähe zur Bezugsperson mindert das exzessive Schreien. Dies bestätigen auch in anderen Kulturen vorgenommene Untersuchungen, wo die Bezugspersonen häufiger Körperkontakt zum Säugling halten.

Es ist eine wichtige Frage, was der Säugling der Bezugsperson mit seinem Schreien mitteilen will (Barth 2008). Schreit der Säugling während der Beratung, so ist das ein günstiger Augenblick, um das Thema mit den Eltern genauer zu besprechen. Man muss auch darauf achten, dass der Experte nicht als die »bessere Mutter« erscheint und nicht versucht, den Säugling selbst zu beruhigen. Seine Aufgabe ist es in erster Linie, die Besonderheiten der einzelnen Eltern-Säuglings-Paare herauszufinden, sie zu unterstützen sowie ihre negativen Gefühlszustände in der Rolle des »regulierenden Dritten« zu halten und zu kompensieren.

Das folgende Fallbeispiel soll illustrieren, dass das Problem des exzessiven Schreiens in den meisten Fällen in wenigen Beratungsgesprächen gelöst werden kann. Eine zehn Stunden übersteigende therapeutische Intervention ist nur selten notwendig.

> **Fallbericht: Der leicht irritierbare Säugling**
>
> (Die in diesen und in den kommenden Fallbeispielen erwähnten Namen wurden geändert. Die Beratungsgespräche wurden von der Autorin zusammen mit Martin Dornes geführt.)
> Ein junges Ehepaar (die Mutter 28 Jahre, der Vater 30 Jahre alt) sucht auf Rat ihres behandelnden Kinderarztes Hilfe, weil ihr vier Monate alter Sohn Peter häufig und lang anhaltend schreit. Peter hat einen zwei Jahre älteren Bruder. Peter schläft tagsüber gar nicht, schreit ständig, quengelt oder ist unruhig. Zum ersten Termin erscheint die ganze Familie. Die Eltern wirken erschöpft. Im Laufe der zwei insgesamt vierstündigen Termine werden das problematische Schreiverhalten von Peter, seine Entwicklungsdaten, biografische Angaben der Eltern und ihre Paarbeziehung besprochen.
> Die Eltern sind ziemlich nervös wegen Peters Problemen und finden keine Erklärung für das anhaltende Schreien. Ihr erstgeborener Sohn sei nie auffällig gewesen. Auch während des Beratungsgesprächs verhält er sich ruhig und angepasst – als ob er seine Eltern vor weiteren Belastungen schützen wollte. Die Lebensumstände der Eltern sind günstig, ihre Paarbeziehung ist glücklich. Die Schwangerschaft ist ohne Komplikationen verlaufen und Peter als geplantes und erwartetes Kind gesund zur Welt gekommen.
> Die vielfältigen Versuche der Eltern, ihr Kind zu beruhigen, blieben bislang erfolglos. Er schlief tagsüber fast nie. Die Eltern legten ihn in die Wiege, trugen ihn herum, aber Peter schrie weiter. Ihre Hoffnung, dass er mit Vollendung des dritten Lebensmonats aufhören würde zu schreien, haben sie aufgegeben. Sie haben zuerst an eine Kolik als möglichen Grund für das Schreien gedacht, diesen aber gemeinsam mit dem Kinderarzt verworfen.
> Nachts ist Peter ruhiger. Er schläft mehrere Stunden durch, lediglich das Einschlafen ist umständlich. Beim Aufwachen schreit er sofort und heftig. Die Eltern schildern ihre bisherigen Beobachtungen, dass Peter zumeist ohne jeden Übergang zu schreien beginnt, empfindlich auf alltägliche Veränderungen sowie auf Wechsel zwischen den einzelnen Verhaltenszuständen reagiert.
> Auch während des Beratungsgesprächs verhält sich Peter unruhig. Viele Anzeichen eines leicht irritierbaren und schwer zu tröstenden Säuglings sind zu beobachten. Sein Körper ist angespannt, und er wechselt plötzlich und ohne jeden Übergang von einem Verhaltenszustand zu einem anderen. So lächelt er z. B. freundlich und beginnt plötzlich zu schreien. Die Eltern wundern sich, dass Peter während des Gesprächs seine Aufmerksamkeit auf ein Mobile richtet. Sein Verhalten kennen sie bei ihrem Sohn nicht. Diese Beobachtung und die Bemerkungen des Beraters über Peters Interesse,

▶

die Welt zu erkunden und zu manipulieren, versetzen die Eltern in eine fröhliche Stimmung. Als ob sie die Hoffnung wiedergefunden hätten, ihr Sohn könne sich doch zu einem »normalen« Kind entwickeln.

Das emotional unterstützende und klärende Beratungsgespräch macht es für die Eltern möglich, ihre Sorgen mit den »Experten« zu teilen und das problematische Verhalten ihres Kindes mit einigem Abstand zu betrachten. Auch Peter wird dadurch entlastet. Die Eltern beginnen, ihn nicht nur als »Schreihals«, sondern als einen aktiven und an seiner Umwelt interessierten Säugling wahrzunehmen. Die allmähliche Veränderung in der Wahrnehmung der Eltern ermöglicht eine emotionale Annäherung des Eltern-Kind-Paares.

Aus den biografischen Daten lassen sich zunächst keine Faktoren ableiten, die negativ gewirkt hätten. Bei genauerem Nachfragen stellt sich dann heraus, dass die Mutter ebenfalls ein »Schreibaby« gewesen sei. Ihre Eltern sollen nicht so viel »Theater« darum gemacht haben. Es ist zu vermuten, dass die Mutter selbst als Säugling wenig Erfahrung mit einer gemeinsamen Affektregulierung gemacht hat, sondern ihre Affektzustände alleine regulieren musste. Tief in ihrem Inneren wird sie mit ihrem schreienden Säugling in einen ähnlich hilflosen Zustand versetzt, ohne einen bewussten Zugang dazu zu haben. So wird das Schreien des Kindes im Erleben der Mutter zu eigenen »Selbstanteilen«, d.h. die Mutter erlebt den Affektausdruck des Kindes als ihr eigenes Gefühl und wird vom negativen Gefühlszustand des Kindes überwältigt. Peters angeborene Irritierbarkeit und sein exzessives Schreien können daher emotional von der Mutter nicht ausreichend gehalten und ausgehalten werden.

Die gemeinsame Reflexion über das Erleben der Mutter mit dem schreienden Säugling führte zu ihrer psychischen Entlastung. Die Konfrontation, dass Peter ein leicht irritierbarer Säugling zu sein scheint und sich deshalb schwertut mit der Regulierung seiner Affektzustände, führt zur weiteren Entlastung der Eltern. Zu wissen, dass es jedem Erwachsenen schwerfällt, einen leicht irritierbaren und schreienden Säugling zu beruhigen, hilft den Eltern, ihre Selbstzweifel zu minimieren.

Um mehr Empathie für den exzessiv schreienden Säugling zu empfinden, müssen Eltern dazu in der Lage sein, die Schwierigkeiten aus der Perspektive des Kindes zu betrachten. Dazu ist es hilfreich, zu wissen, dass irritierbare Säuglinge es besonders schwer haben, sich selbst mit kleinen Veränderungen im Alltag zurechtzufinden.

In Peters Fall hatten die Eltern Zugang zu ihrem eigenen Erleben und waren offen für Erklärungen über Peters leichte Irritierbarkeit. Das schwierige Temperament des Kindes und die damit verbundenen Belastungen hatten die Vorstellungen und Erwartungen der Eltern weit übertroffen. Sie waren über ihr zweitgeborenes Kind enttäuscht und selbst irritiert.

Auf die elterlichen Vorstellungen und Fantasien gerichtete Intervention erwies sich hier als hilfreich. Vor allem mussten sich die Eltern Peters Rolle bezüglich der elterlichen Vorstellung bewusst werden. Seine Rolle ist nämlich nicht, ein für seine Eltern unproblematisches, ruhiges, folgsames Kind zu sein, sondern als ein mit eigener Persönlichkeit und Charakterzügen ausgestattetes Individuum im Mittelpunkt des elterlichen Interesses zu stehen. Peter hat, wie jedes andere Kind auch, ein Recht auf seine eigene Persönlichkeit. Selbst wenn diese den Eltern das Zusammenleben mit dem Kind sowie seine Pflege und Erziehung erschwert.

Die vierstündige Beratung endete erfolgreich. Peter blieb zwar weiter ein leicht irritierbarer Säugling. Sein dauerhaftes Schreien sowie seine Unruhe hatten jedoch stark abgenommen. Innerhalb von zwei Wochen lernte er, auch tagsüber zu schlafen. Sein angeborenes schwieriges Temperament blieb zwar erhalten, aber das elterliche Verhalten ihm gegenüber änderte sich. Aus den Daten einer schriftlichen Befragung sechs Monate nach den Beratungsgesprächen ist ersichtlich, dass die Lösung von Peters Regulationsstörung sich auch ein halbes Jahr später als stabil erwies.

4.4.2 Schlafstörungen

»Normales« Schlafen im Säuglingsalter

Die Schlaf-wach-Organisation beginnt bereits in der pränatalen Phase und bildet sich ungefähr bis zur 36. Schwangerschaftswoche aus (Keller 1999). Bei den meisten Föten folgt der pränatale Schlaf-wach-Rhythmus nicht dem Tag-Nacht-Rhythmus. Den Wechsel dieser Verhaltenszustände an den Rhythmus von Tag und Nacht anzupassen ist eine der wesentlichen Aufgaben des Säuglings in den ersten Lebensmonaten. Die Anpassung an den Tag-Nacht-Rhythmus weist bereits im Säuglingsalter individuelle Unterschiede auf. Ihre Entwicklung hängt unter anderem von der Reife des Gehirns, den äußeren visuellen und akustischen Reizen und von der Häufigkeit und Qualität sozialer Kontakte ab.

In den ersten zwei Wochen nach der Geburt schläft der Säugling nur kurz, ungefähr 40 bis 60 Minuten. Eine Hälfte davon entfällt auf den ruhigen, die andere Hälfte auf den unruhigen (REM) Schlafzustand. Im Laufe der Entwicklung nimmt die Dauer der einzelnen Schlafphasen zu, wobei der ruhige oder Tiefschlaf länger und der REM-Schlaf kürzer wird.

In den ersten zwei bis drei Monaten beginnt der Schlaf des Säuglings mit einer REM-Phase, auf die eine Tiefschlafphase folgt. Ungefähr ab dem dritten Lebensmonat verändert sich diese Reihenfolge. Der Schlaf beginnt mit einer ruhigen, tiefen Schlafphase, auf die der unruhige oder REM-Schlaf folgt. Diese Reihenfolge der Schlafphasen entspricht dem Schlafmuster von Erwachsenen. Ein sehr kleiner Prozentsatz der Säuglinge ist von Geburt an oder ab dem ersten Lebensmonat fähig, die Schlaf- und Wachzustände dem Wechsel von Tag und Nacht anzugleichen und die Nacht durchzuschlafen. Diese Fähigkeit bildet sich bei 70 Prozent der Säuglinge bis zum dritten, bei weiteren 20 Prozent bis zum sechsten Lebensmonat voll aus (Largo 2010).

Der Schlafbedarf ist von Kind zu Kind sehr unterschiedlich und kann großen Schwankungen unterliegen. Die durchschnittliche Schlafdauer verringert sich von ca. 14 bis 16 Stunden am Tag bei Neugeborenen auf ca. zwölf bis 13 Stunden bei Zweijährigen. Manche Kinder liegen mit ihrem Schlafbedarf über oder unter diesem Durchschnitt. Der tägliche Schlafbedarf kann zwischen zehn und 20 Stunden variieren. Vielen Eltern ist nicht bekannt, dass jedes Kind nachts drei- bis siebenmal wach wird und kein Kind wirklich durchschläft. Entscheidend ist jedoch, ob es über eigene Einschlafstrategien verfügt oder ausschließlich mithilfe der Eltern wieder in den Schlaf findet.

Bei der Frage des erfolgreichen Durchschlafens müssen neben dem Entwicklungsstand des Säuglings auch die äußeren Umstände in Betracht gezogen werden. Hier sind Schlafplatz, Lufttemperatur, Kleidung, Rituale und Gewohnheiten sowie die Qualität der Unterstützung durch die Bezugsperson zu berücksichtigen.

Die oft diskutierte Frage, ob der Säugling in seinem eigenen Zimmer, im eigenen Bett oder im elterlichen Bett schlafen sollte, ist jeweils individuell zu beantworten. Dabei sollte beachtet werden, dass Neugeborene und Säuglinge noch in hohem Maße auf elterliche Unterstützung angewiesen sind und körperliche und emotionale Nähe brauchen. Sie können nur dann lernen, ihre eigenen negativen Gefühle bezüglich des Schlafens selbstständig zu regulieren, wenn sie zuerst Gelegenheit hatten, dies gemeinsam mit den Eltern zu tun.

Wenn das Schlafen zum Problem wird

Ein- und Durchschlafprobleme werden dann als Regulationsstörung betrachtet, wenn das Kind älter als sechs Monate ist, an *fünf Nächten in der Woche mehrmals in der Nacht, sogar stündlich aufwacht* und ohne fremde Hilfe nicht weiterschlafen kann.

Aus fachlicher Sicht gibt es folgende weitere Aspekte für Schlafprobleme: Das Einschlafen ist trotz regelmäßiger Rituale nur in Anwesenheit der Eltern möglich, es dauert in der Regel länger als 30 Minuten, die nächtlichen Aufwachperioden sind häufig und das erneute Einschlafen dauert länger als 20 Minuten. Wenn der Säugling bis zum sechsten Lebensmonat keinen Tag-Nacht-Schlafrhythmus entwickelt hat, ist dies ebenfalls ein Zeichen für eine Schlafstörung.

Wie bei allen anderen Regulationsstörungen wird das problematische Verhalten des Kindes auch dann als Störung behandelt, wenn es fachlich gesehen als »normal« beurteilt wird, aber für die Eltern ein Problem darstellt.

Mögliche Ursachen der Schlafstörung
Die Ursachen von Schlafproblemen können sehr vielfältig sein. Am einfachsten und am leichtesten zu behandeln sind die Fälle, bei denen die Gründe der Störung in erster Linie auf schlechte Gewohnheiten zurückzuführen sind.

Schwieriger stellt sich die Behandlung bei Familien dar, bei denen die Schlafstörung des Kindes von emotionalen und unbewussten intrapsychischen oder interpersonellen Konflikten herrührt. In diesen Fällen ist eine Vielzahl an möglichen Ursachen für das Schlafproblem zu finden: erhöhte Trennungs- und Verlustangst des Kindes oder der Eltern, emotionale Unsicherheit, ausgelöst durch Angst vor Gewitter oder sonstige beängstigende Situationen, verdrängte, psychisch schwer zugängliche und nicht verarbeitete Schlafprobleme der Eltern in der eigenen Kindheit, Paarkonflikte der Eltern, psychosoziale Belastungen oder Veränderungen in der Familie durch Trennung, Scheidung, Umzug, Geburt eines weiteren Kindes oder andere Krisensituationen.

Traumatische Erfahrungen des Kindes durch Misshandlung oder durch den Verlust von Bezugspersonen können ebenso Schlafstörungen verursachen: Es scheint, als ob der Säugling die Kontrolle über seine Umwelt nicht aufgeben will und deshalb gegen das Einschlafen kämpft.

Einige Eltern wecken ihr Kind häufig auf, da sie Angst vor dem »plötzlichen Kindstod« haben. Sie müssen sich immer wieder versichern, dass ihr Kind noch lebt. Ein weiterer Grund für das Auftreten und Aufrechterhalten der Schlafstörung kann eine dem Kind zugedachte Rolle oder »Alibifunktion« sein, z. B. die Vermeidung der elterlichen Sexualität.

Mögliche organische Ursachen müssen ebenfalls in Betracht gezogen werden. Die Schlafstörung wird in diesen Fällen mit inneren biochemischen Vorgängen in Zusammenhang gebracht (Keller 1999; Largo 2010). Hierzu gehört z. B. das nächtliche Aufschrecken (Pavor nocturnus) im Kleinkindalter. Das nächtliche Aufschrecken ist keine Störung, sondern ein mit der normalen Entwicklung einhergehender Zustand. Während dieses fünf bis 15 Minuten dauernden Aufschreckens scheint es, als ob das Kind wach sei, dennoch reagiert es nicht auf Trost und die Beruhigungsversuche der Eltern. Es lässt sich nicht richtig aufwecken und erinnert sich am nächsten Tag nicht an die Ereignisse der Nacht. Das nächtliche Aufschrecken tritt nur selten am Ende des ersten Lebensjahres auf, am häufigsten zeigt es sich zwischen dem zweiten und fünften Lebensjahr.

Bei der Suche nach den Gründen einer Schlafstörung sollten also sowohl die organischen als auch die äußeren, umgebungsbedingten und inneren, psychisch bewussten oder unbewussten Faktoren berücksichtigt werden. Nicht die Suche nach der Wahrheit ist das Ziel, sondern das Entwickeln von Hypothesen, die als Arbeitsmittel oder als »Leitlinie« für eine Lösung oder zumindest eine Linderung der Probleme zuträglich sein können.

Die Behandlung der Schlafstörungen

Als erster Schritt bei der Behandlung der Schlafstörung sollte nach Ausschluss organischer Gründe untersucht werden, ob die Störung durch schlechte Gewohnheiten, psychische Probleme oder durch beides bedingt ist. Das individuelle Schlafbedürfnis des Kindes sowie die familiären und kulturellen Faktoren sind ebenfalls zu berücksichtigen. Nur durch die Untersuchung aller dieser Faktoren können die Schlafprobleme im Säuglings- und Kleinkindalter erfolgreich behandelt werden. Je nach Entstehungsgrund kann ein Schlafproblem durch eine Beratung von wenigen Stunden oder aber erst im Rahmen einer Eltern-Säuglings-Therapie behandelt werden. Bei einer Nichtbehandlung besteht die Gefahr, dass sich das Symptom manifestiert.

Veränderungen von Schlafgewohnheiten dauern in der Regel sieben bis 14 Tage, in Einzelfällen auch kürzer. Nur selten besteht das Problem länger als zwei Wochen. Es kann für die Eltern eine große Hilfe sein, sich einiger Zusammenhänge bewusst zu werden, sodass sie die bestehenden Schlafgewohnheiten überdenken und gegebenenfalls korrigieren können.

Die Eltern können stärker darauf achten, dass der Tag harmonisch ausklingt – etwa vor dem Einschlafen ein Gespräch stattfindet und anschließend ein Gute-Nacht-Ritual –, die Überreizung des Kindes verhindert, der Fernseher nur selten eingeschaltet wird und tagsüber die Bedürfnisse und Ansprüche des Kindes nach körperlichem Kontakt und gemeinsamen Spielen befriedigt werden. Weiterhin ist es angebracht, das Kind beim Erlernen des unabhängigen Einschlafens zu unterstützen sowie einen geregelten, nicht jedoch rigiden Tagesablauf zu entwickeln und ein Schlafprotokoll zu führen. All dies kann hilfreich sein, führt jedoch nicht automatisch zur Lösung. Es ist wichtig, jeweils individuell die Ängste der Eltern und die des Kindes aufzudecken und die Psychodynamik der Störung zu ergründen.

Die Betreuung von und der Umgang mit Kindern im frühen Alter ist eine besonders schwierige Aufgabe, da in dieser Lebensphase die Entwicklung sehr schnell voranschreitet. Dementsprechend kann das gleiche elterliche Verhalten je nach Entwicklungsstand des Kindes fördernd oder hemmend sein. Der Experte muss deshalb immer mehrere Gesichtspunkte gleichzeitig berücksichtigen: neben dem Entwicklungsstand des Kindes auch die Einstellungen der Eltern, ihre Gewohnheiten, den kulturellen Hintergrund, den physischen und psychischen Zustand des Kindes und den der Eltern sowie die Ressourcen durch die Unterstützung des Umfelds.

Der Experte sollte sich stets klar darüber sein, dass jede Familie ihre eigene Lösung finden muss. In einem Fall ist es z. B. sinnvoll, wenn das Kind übergangsweise im elterlichen Bett schläft, im anderen kann gerade das Gegenteil zum Erfolg führen, dass nämlich das Kind in ein eigenes Bett kommt. Deshalb sei noch einmal betont: Eine universelle, für jede Familie und jedes Kind gleichermaßen gültige Lösung gibt es nicht; die undifferenzierte Anwendung eines Patentrezeptes kann statt zur Linderung des Problems zur Festigung der Störung führen.

Erfahrungen deuten darauf hin, dass die Behandlung von Schlafstörungen häufiger therapeutische Unterstützung verlangt als die Behandlung von exzessivem Schreien und chronischer Unruhe. Das folgende Fallbeispiel schildert den Verlauf einer dreistündigen Beratung, die jedoch stark an einen therapeutischen Prozess erinnert. Das psychisch nicht verarbeitete Verlusterlebnis der Mutter sowie die traumatischen Kindheitserfahrungen des Vaters waren wesentliche Faktoren bei der Aufrechterhaltung der Schlafstörung ihrer sieben Monate alten Tochter. Die Aufdeckung des Zusammenhangs zwischen der Schlafstörung des Säuglings und den dahinter verborgenen psychischen Konflikten der Eltern aus ihrer Vergangenheit trug wesentlich zur Lösung des Schlafproblems bei. Dennoch blieb ein Zweifel bestehen, ob nicht zum vollständigen Abschluss des Falles vielleicht eine weitere psychotherapeutische Behandlung der Säuglings-Eltern-Beziehung nötig gewesen wäre. Im vorliegenden Fall ist dies nicht geschehen. Die Beratungsgespräche endeten damit, dass die Eltern bereit waren, sich in eine eigene psychotherapeutische Behandlung zu begeben.

Die Behandlung von Regulationsstörungen im therapeutischen Rahmen wird später ausführlich diskutiert. Zunächst soll der Fall genauer beschrieben werden. Die Grenze zwischen einer Beratung und einer psychotherapeutischen Behandlung wird hier erkennbar.

> **Fallbericht: Die Trauer der Mutter manifestiert sich in der Schlafstörung des Säuglings**
>
> Auf den Vorschlag einer Kinderklinik suchen die Eltern psychologische Hilfe wegen der Schlafstörung ihrer sieben Monate alten Tochter. Zum ersten vereinbarten Termin kommen die Eltern getrennt. Zuerst trifft der Vater (35 Jahre) mit 20 Minuten Verspätung ein, zehn Minuten später die Mutter (31 Jahre) mit Alexa. Die Eltern entschuldigen sich für die Verspätung. Sie haben sich beide verlaufen. Obwohl sie schon seit mehreren Jahren in der Stadt wohnen, kennen sie ihre Umgebung nicht gut genug. Wie sich im Laufe des Gesprächs herausstellt, spiegelt diese erste Szene den aufgewühlten psychischen Zustand der Eltern und ihre konfliktreiche Paarbeziehung wider.
>
> Die Eltern berichten, dass Alexa seit ihrer sechsten Lebenswoche keine Nacht mehr durchschläft, alle zwei Stunden aufwacht und nur mithilfe der Eltern wieder in den Schlaf findet. Die Eltern sind physisch und psychisch völlig erschöpft. In den ersten sechs Wochen nach der Geburt schlief Alexa gut, die Probleme fingen erst danach an.
>
> Neben ihrer Schlafstörung schreit Alexa bis heute auffällig viel und ist unausgeglichen. Die Eltern nehmen ihre Tochter als nervös, unruhig und unglücklich wahr. Um Alexas Schlafproblem zu lösen, haben die Eltern zuerst eine Kinderklinik aufgesucht, wo keinerlei organische Erkrankung entdeckt wurde. Die dort vorgeschlagenen Anregungen zur Änderung der Schlafsituation führten nicht zum Erfolg.
>
> Die Eltern finden keine Erklärung für Alexas exzessives Schreien und für ihre Schlafprobleme. »Vielleicht spielen die Gene oder der Vollmond eine Rolle«, sagt die Mutter. Beim ersten Beratungsgespräch wirkt Alexa emotional belastet. Sie hat die Merkmale eines depressiven Säuglings. Die anamnestischen Daten liefern gleich mehrere Anhaltspunkte zum Verständnis für Alexas Regulationsstörung. Die Gegenübertragungsgefühle der Therapeutin zeigen sich in der Erschöpfung nach den Gesprächen und in dem Gefühl, in der Rolle einer besorgten Mutter zu sein.
>
> Vor drei Jahren, unmittelbar nach ihrer Hochzeit, beginnen die Eltern, die Schwangerschaft zu planen. Während dieser Zeit stirbt plötzlich die Mutter der Kindesmutter. Die emotionale Belastung ist sehr groß, und die Mutter erkrankt an einer Depression.
>
> Zwei Jahre lang versucht das Paar, ein Kind zu bekommen, und unterzieht sich zahlreichen medizinischen Untersuchungen, ohne Befund. Schließlich wird die Mutter spontan schwanger und nach einem normalen Schwangerschaftsverlauf von ihrer Tochter Alexa entbunden. Alexa entwickelt sich gut, ihre Eltern sind glücklich, bis die Schlafstörung und das exzessive Schreien zum Problem werden. Es stellt sich heraus, dass einige Wochen nach Alexas Geburt auch der Vater der Kindesmutter an Krebs erkrankt. Der Angstzustand der Mutter verstärkt sich. Sie sorgt sich nicht nur um die Gesundheit ihres Vaters, sondern auch um die ihres Kindes. Sie ist emotional sehr mit ihren Eltern verbunden und hat das Gefühl, dass sie allein bleibt, sollte auch ihr Vater sterben.
>
> Die Beziehung zu ihrem Mann hat sich seit der Geburt des Kindes verschlechtert. Obwohl ihr Mann ein fürsorglicher Ehemann und liebevoller Vater ist, findet sie in ihm keine ausreichende Stütze. Er arbeitet viel und beschreibt sich selbst als »Workaholic«. Trotzdem war es ihm möglich, an allen drei Beratungsgesprächen teilzunehmen. Er verfügt über sechs verschiedene Berufsausbildungen, einen Meistertitel und einen Hochschulabschluss. In seinem aktuellen Beruf genießt er große Anerkennung. Seit Alexas Geburt bleibt ihm keine Zeit für sein zeitaufwendiges Hobby, das Restaurieren von Oldtimer-Autos. Er bedauert dies zwar, doch gibt er im Interesse seiner Familie sein Hobby gerne auf. Am meisten belastet den Ehemann, dass er die Unzufriedenheit seiner Frau nicht lindern kann. Dabei bemüht er sich so sehr. Seine Frau reitet gerne, deshalb kommt er früher von der Arbeit nach Hause, damit seine Frau sich täglich mit ihren Pferden beschäftigen kann. Dennoch sind beide Eltern in der Paarbeziehung unzufrieden. Die Mutter ist depressiv, der Vater nervös und unruhig. Aus den biografischen Daten des Vaters wird ersichtlich, dass er in seinen ersten acht Lebensjahren großen Belastungen ausgesetzt war. Aufgrund einer angeborenen Taubheit musste er 20 Operationen

in acht Jahren durchstehen. Die letztendlich erfolgreichen Behandlungen und das Ausbrechen aus der Welt der »Taubheit« haben einen quasi »manischen Zauber« auf sein weiteres Leben ausgeübt, vor allem auf seine Aktivität in den verschiedenen Berufen und in seinen Hobbys. Es ist leicht vorstellbar, dass die Eltern aufgrund ihrer traumatischen Erfahrungen nicht in der Lage waren, die negativen emotionalen Zustände ihres Kindes auszuhalten und zu regulieren. Die Trauer der Mutter und ihr depressiver Zustand zeigen sich in den Symptomen des Säuglings: das exzessive Schreien als Ausdruck der Trauer, die Schlafstörung als Zeichen von Angst. Der verlustbedingte Schmerz der Mutter und die Separationsangst des Säuglings verhindern gleichermaßen, dass Alexa sich dem Schlaf hingeben kann. Den mit dem Schlaf einhergehenden Kontrollverlust kann weder die Mutter noch das Kind riskieren. Hinzu kommen die traumatischen Erlebnisse des Vaters bezüglich der vielen Narkosen vor seinen Operationen in der Kindheit und des Gefühls, in seiner inneren Welt eingesperrt zu sein. Es ist denkbar, dass im Unterbewusstsein des Vaters ein schlafendes Kind im Bilde seiner eigenen traumatischen Erfahrungen erscheint und zu einem Angstzustand führt. So ist auch der Vater nicht in der Lage, seiner Frau und seiner Tochter einen emotionalen Halt zu bieten. Die Eltern spüren, dass sie diesen mehrfachen Teufelskreis nur mithilfe äußerer Unterstützung durchbrechen können. Die Prognose der Behandlung erschien günstig.

In der insgesamt fünfstündigen, drei Sitzungen umfassenden Beratung ist es gelungen, den Teufelskreis zu durchbrechen und das Kind von den Lasten der elterlichen Vergangenheit und Gegenwart, den »Gespenstern im Kinderzimmer« (Fraiberg / Adelson / Shapiro. 1975), zu befreien. Innerhalb einiger Wochen wurde Alexa fröhlicher, schrie kaum noch und schlief die Nacht mit ein- bis zweimaligem Aufwachen durch. Diese positive Veränderung erwies sich auch sechs Monate später als stabil. Die Benennung der Paarkonflikte und der psychischen Belastungen der Eltern führte zu einem Prozess, in dem die Eltern die Notwendigkeit zur Veränderung ihrer Paarbeziehung erkannt hatten. Wie konnte diese – bei ähnlichen Fällen übrigens nicht untypische – schnelle positive Veränderung erreicht werden?

Während der tiefenpsychologisch orientierten Gespräche offenbarte sich die Psychodynamik der Schlafstörung und des exzessiven Schreiens. Die Aufdeckung der oben beschriebenen bewussten und unbewussten Konflikte eröffnete den Eltern eine Chance, ihr Leben, vor allem aber ihre Paarbeziehung, neu zu strukturieren. Sie übten erhebliche Selbstkritik und konnten ihre Enttäuschungen und ambivalente Gefühle in der Paarbeziehung formulieren. Die Mutter sprach über ihre Schuldgefühle, die dadurch entstanden, dass sie öfter die Selbstkontrolle verlor. Im Affekt habe sie auch schon einmal ihren Mann geschlagen. Der Vater formulierte seine Unzufriedenheit darüber, dass er zu viel arbeite, sein Hobby vernachlässige und nicht zur Ruhe finde. Ihn störte sein eigener Perfektionismus. Die Eltern wunderten sich nicht, dass unter diesen Umständen ihre Tochter unzufrieden war und mit Schlafstörungen reagierte.

Gemeinsam mit den Eltern wurde über praktische Veränderungen im Alltag reflektiert. Unter anderem war es wichtig, darüber nachzudenken, wie die Mutter im Alltag entlastet werden könnte (Babysitter, Putzfrau etc.).

Die Beobachtungen von Alexa während der Beratungsgespräche machten deutlich, dass sie für ihr Alter zu wenig Aktivitäten zeigte. Ihre emotionale Belastung war zu groß, um sich frei mit der Erkundung der sachlichen Welt zu beschäftigen. Es würde ihr guttun, täglich mit ihren Eltern zusammen zu spielen. Eine psychotherapeutische Behandlung der Mutter wurde ebenfalls in Erwägung gezogen. Die Mutter reagierte positiv auf diesen Vorschlag, zumal ihr der Gedanke selbst gekommen war. Die Eltern zeigten sich offen für die Lösung ihrer Paarkonflikte. Dafür wollten sie einige klärende Gespräche in der Paarberatung in Anspruch nehmen. Ihr Wunsch war es, emotional wieder zueinanderzufinden. Sie waren bereit, über sich nachzudenken und dafür Zeit zu investieren.

4.4.3 Fütter-, Ess- und Gedeihstörungen

Essen ist eines der grundlegenden physiologischen Bedürfnisse des Menschen, genauso wie Trinken, Atmen oder Schlafen. Kulturbedingt und je nach individuellen Erfahrungen und Bedürfnissen sind bei der Ernährung von Kindern und Essgewohnheiten von Erwachsenen große Unterschiede festzustellen. Schon Neugeborene und Säuglinge zeigen Unterschiede im Essverhalten, d. h. ihr Verhalten variiert hinsichtlich der Art und Weise der Nahrungsaufnahme (Saugen und Schlucken) und des Geschmacks. Die physiologische Reife des Neugeborenen und des Säuglings spielt ebenfalls eine große Rolle bei Fütter- und Essvorgängen.

Das Nahrungsangebot im Säuglingsalter lässt sich in drei Gruppen einteilen. Das Kind kann in den ersten vier bis sechs Monaten nur flüssige Nahrung, ca. ab dem sechsten Lebensmonat Brei, danach halb feste und schließlich feste Nahrung zu sich nehmen. Kulturunabhängig möchte jede Mutter ihr Kind nicht nur im Hinblick auf die Nahrungsmenge ausreichend, sondern auch auf die bestmögliche Art und Weise ernähren. Schließlich ist es eine der wesentlichen Aufgaben der elterlichen Pflege, den Säugling gut zu ernähren, um ihn am Leben zu erhalten. Heute steht in den Industrieländern Nahrung im Überfluss zur Verfügung. Das reichhaltige Nahrungsangebot wirkt allerdings nicht nur entlastend für die Mutter: Die Fülle kann auch Probleme bei der Ernährung ihres Kindes verursachen.

Die erste wichtige Entscheidung nach der Geburt des Kindes ist, ob die Mutter ihr Kind stillen soll oder nicht – dies ist zugleich die am meisten diskutierte Frage bei der Ernährung des Säuglings. Zuerst möchte ich hervorheben, dass das Stillen die natürlichste Art ist, den Neugeborenen und den Säugling zu ernähren. Die seit mehr als einem Jahrhundert bestehende Konkurrenz zwischen Flaschenernährung und Stillen dauert bis heute an. Ideologische, wirtschaftliche oder kommerzielle Interessen nehmen Einfluss darauf, wie die Mütter ihre Säuglinge ernähren.

In den Industriestaaten hat sich während der letzten Jahrzehnte die Haltung entwickelt, Mütter unabhängig von ideologischen und kommerziellen Interessen in ihrer eigenen Entscheidung zu unterstützen. Es wird allgemein akzeptiert, dass jede gesunde Mutter ihr Kind gut ernähren möchte. Neben der Art der Säuglingsernährung sind hier auch der seelische und physische Zustand der Mutter zu berücksichtigen, z. B. ob sie mit Gewissensbissen bezüglich der richtigen Ernährungsweise kämpft oder ob sie genug Unterstützung beim Stillen erhält. Die Bemühungen von Weltgesundheitsorganisation (WHO), Kinderärzten und Hebammen, das Stillen zu fördern, sind so lange angemessen, wie sie nicht auf ideologischen Erwägungen beruhen und diejenigen Mütter, die ihr Kind nicht stillen können oder wollen, nicht mit Schuldgefühlen belasten. Schätzungen zufolge sind ungefähr 90 Prozent der Mütter in der Lage, ihr Kind zu stillen (Largo 2010). Unter idealen Bedingungen ernährt nur ein relativ kleiner Prozentsatz der Mütter ihr Kind mit der Flasche.

Es ist wichtig zu erwähnen, dass bei der Flaschenernährung eine ähnlich tiefe und sichere emotionale Bindung zwischen Mutter und Kind entstehen kann wie beim Stillen. Das lässt sich gerade bei Adoptivmüttern beobachten, die ja ihr Kind ausschließlich mit der Flasche ernähren. Sie können genauso viel emotionale Nähe, sichere Bindungsbeziehung und gesunde Ernährung bieten wie biologische Mütter.

Die fachliche oder familiäre Unterstützung von Müttern in Ernährungsfragen ihrer Säuglinge kann nur dann hilfreich sein, wenn sie die Individualität der einzelnen Mutter-Kind-Paare berücksichtigt.

Wenn die Ernährung zum Problem wird

Für die Mutter ist es eine der quälendsten Erfahrungen, wenn ihr Säugling nicht richtig gedeiht, nicht genügend trinkt oder nicht ausreichend Nahrung zu sich nimmt. Diese Probleme stellen das Kompetenzgefühl der Mutter infrage und bringen ihr Selbstbewusstsein ins Wanken. Häufig führen sie zu Wut, Verzweiflung oder Trauer. Bei lang anhaltenden Störungen kann der Aufbau einer emotional sicheren Bindungsbeziehung zwischen Mutter und Kind beeinträchtigt werden.

Fütter- oder Ess-Störungen können im Neugeborenen-, Säuglings- und Kleinkindesalter auftreten und für Monate oder Jahre zu dauerhaften Problemen führen. Zum erfolgreichen Füttern des Säuglings sind bestimmte Voraussetzungen notwendig: die anatomische Reife des Säuglings sowie die entsprechend entwickelte oralmotorische Fähigkeit und Körperhaltung. Außerdem muss die Bezugsperson für eine qualitativ hochwertige Interaktion und eine angenehme emotionale Atmosphäre sorgen.

Im Säuglingsalter treten häufig vorübergehende Ernährungsprobleme auf, ohne dass diese als Problem behandelt werden müssten. Im Leben eines jeden Säuglings kommt es vor, dass er nicht genug isst oder die Nahrung verweigert. Besonders während der Übergangsphasen, bei der Umstellung von flüssiger auf Breinahrung und von halb fester auf feste Nahrung treten häufig zeitweilige Fütter- und Essprobleme auf. Auch beim Stillen können Schwierigkeiten entstehen, die in den meisten Fällen bei entsprechender fachlicher Unterstützung leicht zu beseitigen sind. Vorübergehend auftretende Fütter- oder Essprobleme verschwinden häufig auch ohne fachliche Hilfe.

Wir sprechen erst dann von Fütter- oder Ess*störungen*, wenn die Eltern oder die Experten das Verhalten des Säuglings während des Essens oder Fütterns mehr als vier Wochen lang als problematisch einschätzen. Fütter- und Essstörungen gehen nicht in jedem Fall mit Gedeihproblemen einher. Fütter-, Ess- und Gedeihstörungen können organisch oder nicht organisch bedingt sein. Die Kriterien für eine Fütterstörung sind auch vom Alter des Säuglings oder Kleinkindes abhängig.
- *Kriterien der Fütterstörungen in den ersten Lebensmonaten umfassen folgende Problembereiche:* tägliches Erbrechen, Ablehnen der Milch bzw. Flaschennahrung, Appetitlosigkeit, Schwierigkeiten beim Trinken und Schlucken, Dauer der einzelnen

Füttervorgänge von mehr als 45 Minuten, Dauer der Zeiträume zwischen den Füttervorgängen von weniger als zwei Stunden und zeitweilige Stillprobleme
- *Kriterien der Fütterprobleme können sich nach dem sechsten Lebensmonat um folgende Kategorien erweitern:* partielle oder vollständige Ablehnung jeglicher Nahrung (Anorexia infantilis, Chatoor et al. 1988)

Ablehnung halb fester oder fester Nahrung, Kau- und Schluckprobleme, Appetitlosigkeit, ausgefallene Essgewohnheiten, Ablehnung des Löffels und Störung der Mutter-Kind-Interaktion während des Essens. Die Anorexia infantilis (Infantile Anorexie »Feeding Disorder of Separation«, Chatoor et al. 1997, S. 81) ist eine seltene, jedoch schwerwiegende Form von Ess-Störung. Typischerweise tritt sie im Alter von sechs Monaten bis drei Jahren auf. Die vollständige Ablehnung der Nahrung geht mit einer Gedeihstörung und einer Verlangsamung der Sprach- und/oder motorischen Entwicklung einher. Die Angst der Eltern um die Gesundheit ihres Kindes führt zu einem charakteristischen Elternverhalten und zu der elterlichen Auffassung, das Kind sei appetitlos, fordernd und stur beim Füttern. Das Füttern des Kindes wird bestimmend für den Tagesablauf. Die Eltern »verfolgen« das Kind »ständig« mit der Nahrung, sie füttern es mit Zwang, bieten ihm verschiedene Nahrung an und versuchen, mit ungewöhnlichen Mitteln die Aufmerksamkeit des Kindes auf andere Dinge zu lenken, um es währenddessen »unbemerkt« füttern zu können. Bei der Anorexia infantilis geht es oft um Autonomie, Abhängigkeit und Kontrolle.

Bei der *»posttraumatischen Fütterstörung«* im Säuglingsalter (Hofacker/Papusek/Wurmser 2004; Chatoor et al. 1988) löst jeder Reiz im Bereich des Mundes, des Gesichts oder Rachens eine Aversion beim Säugling aus, weswegen er jegliche Flüssigkeit und Nahrung ablehnt. Die Gründe sind vielfältig. Häufig können Gesicht, Mund und Rachen betreffende frühe Operationen, Sondierungen oder ein »Reflux« (brennender Rückfluss von Magensäure in den Rachen) traumatische Wirkung haben. Auch negative Erfahrungen gewaltsamen Fütterns können zur Ablehnung der Nahrung führen. Der Säugling erlebt die Nahrung als potenzielle Gefahr und verteidigt sich gegen diese. Deshalb lehnt er die Nahrung als den die Gefahr auslösenden Reiz ab.

»Pica« gehört zu einer weiteren seltenen Form von Ess-Störung im frühen Kindesalter (Bürgin 1993). Hauptmerkmal ist der Verzehr ungenießbarer, nicht essbarer Stoffe ohne Aversion (z.B. Haare, Bindfaden, Gips, Tapete Abfälle, Sand, …). Sie tritt üblicherweise am Ende des ersten Lebensjahres auf. In der Regel verschwindet diese Ess-Störung in der frühen Kindheit, selten hält sie bis zur Adoleszenz an. Ursachen und Psychodynamik sind weitgehend unbekannt.

Zu erwähnen ist noch die Rumination (Wiederkäuen). »Das Regurgitieren« (Wiederhochkommen von Speisen in den Mund) »von Speisebrei mit partiellem oder totalem Wiederverschlucken nach kauähnlichen Bewegungen innerhalb der zweiten Hälfte des 1. Lebensjahres wird als Rumination bezeichnet« (Bürgin 1993, S. 119). Rumination tritt am häufigsten zwischen dem dritten und zwölften Lebensmonat auf und geht mit Gewichtsverlust oder mit Ausbleiben der erwarteten Gewichtszunahme einher. Psychodynamisch scheint es sich hierbei um den Gewinn von lustvollen Gefühlen zu handeln (Bürgin 1993).

Weitere Gründe für Fütter-, Ess- und Gedeihstörungen

Die Gründe für Fütter-, Ess- und Gedeihstörungen im Säuglings- und Kleinkindalter zeigen sich meist als gemeinsame Erscheinungsform von organischen und nicht organischen Störungen (Hofacker / Papousek / Wurmser 2004). Ferner liegen unbewusste oder bewusste Erfahrungen der Eltern aus ihrer eigenen Kindheit vor oder eigene Essstörungen sowie psychisch nicht verarbeitete Trennungs- oder Verlusttraumata.

Häufig begegnen wir neurologischen Störungen des Kindes mit Entwicklungsanomalien der Mundmotorik wie z. B. Hypotonie (herabgesetzte Muskelspannung) der Lippen, persistierende (fortdauernde) Zungenbewegung, nicht ausreichende Saugbewegung oder unzureichende Saug-Schluck-Koordination. Bei diesen Säuglingen kann das Stillen, die Flaschen- oder Löffelernährung problematisch sein. Auch ein unregelmäßiger biologischer Rhythmus, Irritabilität oder Entwicklungsverzögerungen können die Ernährung des Säuglings erschweren.

Ein weiterer Einflussfaktor bei Fütter- und Gedeihstörungen des Säuglings ist die psychosoziale Belastung der Eltern. Hierunter fallen unter anderem die postpartale Depression, Persönlichkeitsstörungen, Alkohol- und Drogenabhängigkeit, unsichere Bindungsrepräsentation, Vernachlässigung oder Misshandlung (Chatoor et al. 1997).

Die erfolgreiche Ernährung des Säuglings hängt auch davon ab, ob die Mutter die Autonomiebestrebungen des Kindes während des Fütterns akzeptiert. Sind z. B. die motorische und kognitive Entwicklung des Säuglings weit fortgeschritten und zeigt dieser großes Interesse für die Erkundung der Nahrung und der Essutensilien, bekommt das Verhalten der Bezugsperson eine besondere Bedeutung. Unterbindet sie dann strikt das Interesse des Kindes nach Erkundung, so trägt sie zur Entstehung einer Ess-Störung erheblich bei. In diesem Zusammenhang kann auch die traditionelle Auffassung eine Rolle spielen, nach der das Kind erst dann einen eigenen Löffel bekommt, wenn es selbstständig sitzen und sauber essen kann. Dies ist in der Regel erst ab Ende des ersten Lebensjahres möglich. Im Gegensatz dazu lässt sich das natürliche Interesse des Säuglings an der Nahrung und den Essutensilien viel früher, bereits vom vierten Lebensmonat an, beobachten.

Für besonders aktive und neugierige Säuglinge kann es ein großes Problem werden, wenn die Bezugsperson ihr natürliches Bedürfnis nach Aktivität beim Füttern unterbindet. Die anfangs bloß als Protest auftretende Ablehnung der Nahrung kann auf lange Sicht zur Festigung der Fütter- oder Ess-Störung des Säuglings führen. Vor allem dann, wenn die Bezugsperson keine entsprechende Unterstützung erhält, um das ablehnende Verhalten des Säuglings zu verstehen und die Interaktion zwischen ihr und dem Kind zu verändern.

Die Dynamik und Behandlung der Fütter-, Ess- und nicht organisch bedingten Gedeihstörungen

Die Behandlung dieser Störungen stellt nicht nur für die Eltern, sondern auch für den Experten eine große Herausforderung dar. Wenn auch offensichtlich in der heutigen Gesellschaft kein Kind an Hunger stirbt, so besteht doch Grund zur Sorge, solange das Essen für das Kind nicht zu einem natürlichen Vorgang geworden ist. Die Aufgaben der Experten sind vielschichtig und schließen auch eine Beschäftigung mit den Ambivalenzen der Eltern ein.

Die Tatsache, dass die Eltern zur Behandlung der Ess-Störung ihres Kindes auf professionelle Hilfe angewiesen sind, bringt ihr Gefühl der elterlichen Kompetenz ins Wanken. Vor allem ihr Zweifel, ob sie in der Lage sind, ihr Kind am Leben zu erhalten, führt zur Verzweiflung. Angstzustände und Befürchtungen der Eltern werden oft von unbewussten Fantasien gelenkt oder unbewusst gesteuerte negative Gefühle auf das Kind übertragen. All dies kann sich darin zeigen, dass Eltern das Fütterproblem des Säuglings als einen gegen sie gerichteten Kampf erleben und ihr Kind mit negativen Eigenschaften wie Sturheit, Eigenwilligkeit und Ablehnung der Eltern ausstatten.

Das gleichzeitige Auftreten von Sorge und Wut wird von den Eltern oft auf den Experten projiziert, vor allem wenn die Eltern den Experten als gegen ihre Elternkompetenz gerichteten Konkurrenten erleben. Solche Momente erfordern großes Taktgefühl und besondere Feinfühligkeit im Umgang mit der Hilfe suchenden Familie.

Bei den nicht organisch bedingten Fütterstörungen spielen die unbewussten Vorgänge eine größere Rolle als bei den organischen Fütterproblemen. Deshalb ist die Beachtung der unbewussten Prozesse während der Behandlung von besonderer Bedeutung. Eine erfolgreiche Behandlung der Fütterstörungen erfordert die gleichzeitige Berücksichtigung mehrerer Faktoren. Auf die wichtigsten soll im Folgenden näher eingegangen werden.

Die Professionalität und Flexibilität des Experten beruhen auf der Aufdeckung der Besonderheiten jedes einzelnen Falles und der entsprechenden Anpassung des Interventionsangebotes. Ergänzend stellen das Verstehen der intrapsychischen und psychodynamischen Konflikte einerseits und die sich auf die konkrete Eltern-Kind-Interaktion konzentrierende Intervention andererseits wichtige Voraussetzungen einer erfolgreichen Behandlung der Fütterstörungen dar.

Eine entspannte und emotional tragende Atmosphäre während der Beratungs- oder Psychotherapiesitzung fördert die Offenheit der Eltern, sich mit tabuisierten Themen, z. B. mit elterlichen Ambivalenzen, zu beschäftigen. Enttäuschungen über das Kind, Misshandlungsfantasien, traumatische oder sonstige negative Kindheitserfahrungen können hier zur Sprache gebracht werden. Die Eltern von ihrem schlechten Gewissen zu entlasten erweist sich für die Intervention meist als hilfreich.

Um die Fütterstörung einzugrenzen, sollten zunächst die Menge der Nahrung, die Dauer des Fütterns und das Verhalten des Kindes während der Essenssituationen dokumentiert werden. Allerdings kann diese ausführliche Dokumentation auf die Dauer nachteilig werden, besonders dann, wenn die Fütterstörung des Kindes abklingt, die Angst der Eltern jedoch bleibt.

In Abhängigkeit vom Alter des Säuglings (häufig ab dem vierten Monat) ist es wichtig, seine aktive Teilnahme am Füttern zu unterstützen, eine lockere, ruhige Atmosphäre zu erzeugen und die Freude am Essen zu fördern. Eine aktive Beteiligung des Säuglings heißt hier, ihm ab dem Zeitpunkt, zu dem er nach dem Löffel greift, einen zweiten Löffel anzubieten. Das bloße Halten des Löffels ist der erste Schritt zum genussvollen und selbstständigen Essen. Die Eltern bestimmen, wo und wann sie ihr Kind ernähren und welche Nahrung sie ihm anbieten, während das Kind darüber entscheidet, wie viel es essen möchte. Die Freude am Essen kann sich nur dann entwickeln, wenn bei der Ernährung kein Druck auf den Säugling ausgeübt und nicht mit Zwang gefüttert wird. Das Füttern in einem regelmäßigen Rhythmus fördert ebenfalls das Nachlassen der Ernährungsprobleme.

Die Anfertigung von Videoaufnahmen während der Füttersituationen trägt in großem Umfang zur Eingrenzung des Problemkreises und zur Veränderung der Eltern-Kind-Interaktion bei. Ein weiterer Vorteil der Videotechnik ist die kontinuierliche Beobachtung von Veränderungen des kindlichen Verhaltens. Die gemeinsame Beobachtung und Analyse der Videoszenen wirken motivierend auf das positive Selbstwertgefühl der Eltern, auf Veränderung der Interaktion mit dem Kind sowie auf das Verständnis für das problematische Verhalten des Kindes. Die Anwendung der Videotechnik birgt aber neben vielen Vorteilen auch Gefahren, mit denen ich mich später eingehender beschäftigen werde (Kap. 5.2.6).

Die Mobilisierung des sozialen Umfeldes, z. B. die intensive Einbeziehung der Großeltern in die Betreuung des Säuglings, kann eine große Unterstützung für die Eltern bedeuten und sie psychisch und physisch erheblich entlasten. Bei einer schweren und über lange Zeit hinweg bestehenden Fütterstörung ist die Einbeziehung anderer Fachleute wie z. B. Logopäden, Ergotherapeuten oder Physiotherapeuten hilfreich.

Ernährung mit der Sonde

Bei schweren organischen Erkrankungen von Frühgeborenen bzw. Säuglingen mit extrem niedrigem Körpergewicht ist die Ernährung mit der Sonde oft die einzige Möglichkeit, das Kind am Leben zu erhalten. Erfahrungen in Deutschland und in Österreich zeigen, dass Kinderkliniken oft Experten, die auf Eltern-Säuglings-Beratung und -Therapie spezialisiert sind, in die Behandlung des Säuglings mit einbeziehen. Den Säugling von der Sondenernährung zu entwöhnen ist eine schwierige Aufgabe und muss mit ärztlicher Mitwirkung geschehen (Wilken / Jotzo / Dumitzscheer 2008).

Die Ernährung mit der Sonde stellt ebenso wie die Entwöhnung von der Sondenernährung eine schwere seelische Erschütterung sowohl des Kindes als auch der Eltern dar. Eine Aufarbeitung kann in erster Linie im Rahmen einer Psychotherapie geleistet werden. Experten im Bereich der Eltern-Säuglings-Beratung und -Therapie tragen maßgeblich dazu bei, im Falle der nicht organisch bedingten Fütter- und Gedeihstörungen auf die Ernährung mit der Sonde zu verzichten und die Eltern-Säuglings-Paare auf natürlichem Wege bei der Lösung ihrer Probleme mit der Ernährung des Säuglings zu unterstützen. Dies ist nicht nur die materiell günstigere Lösung, sondern beugt auch den durch die Sondenernährung bedingten Interaktionsstörungen und Verhaltensproblemen des Säuglings vor.

Die Behandlung von Fütter-, Ess- und nicht organisch bedingten Gedeihstörungen ist teilweise im Rahmen einer Beratung durchführbar, oft sind jedoch therapeutische Maßnahmen notwendig. Die Behandlung von über lange Zeit fortbestehenden und ernsten Fütter- und Gedeihstörungen erfordert vonseiten des Experten große Geduld, eine breit angelegte Fachkompetenz und viel Erfahrung. Die folgende Fallbeschreibung gibt Einblick in die Behandlung einer schweren Fütter-, Ess- und Gedeihstörung, bei der die Pathologie und der konfliktreiche familiäre Hintergrund der Mutter in hohem Maße das Fortbestehen der Fütterstörung beeinflusst hatten.

> ⋯⋗ **Fallbericht: Gabors Ess-Störungen und die familiären Konflikte seiner Mutter**
>
> Im folgenden Fall wird eine 30-stündige, zehn Monate dauernde Eltern-Säuglings-Therapie beschrieben. Diese Fallvignette ist wegen der Komplexität besonders lehrreich, da hier innerhalb einer einzigen Therapie eine Vielzahl an Konflikten auftaucht, die üblicherweise im Rahmen von kürzeren Behandlungen einzeln zu beobachten sind.
> Gabor ist sechs Monate alt, als die Eltern, beide Anfang 30, meine psychotherapeutische Praxis aufsuchen. Die Eltern wirken zurückhaltend und skeptisch. Mein erster Eindruck ist, dass sie widerwillig kommen. Die Ambivalenz der Eltern, die sich aus dem Hilfesuchen und der gleichzeitigen Ablehnung einer psychologischen Beratung ergibt, löst bei mir unangenehme Gefühle aus. Das erste Gespräch kommt mir schwerfällig vor und belastender als in vielen anderen Fällen.
> Gabors sichtlich schlechter körperlicher und emotionaler Zustand erschreckt mich und verstärkt zusätzlich meine Sorge um seine Gesundheit. Der Junge wirkt depressiv, er folgt passiv dem Gespräch und zeigt kein Interesse an der Erkundung von Gegenständen oder an Spielen. Er sitzt meist auf dem Schoß des Vaters, sucht von sich aus keinen Kontakt, reagiert aber freundlich, wenn er angesprochen wird. Er erinnert mich an ein scheinbar zufriedenes und angepasstes Kind, das seine Bedürfnisse zurückstellt, um seine Umgebung nicht zu stören. Mir kommt der Gedanke, dass in seinem Verhalten die Merkmale eines beginnenden unsicher vermeidenden Bindungsmusters (Typ A) zu erkennen sind.
> Die Mutter spricht besorgt über die Probleme ihres Sohnes, ohne ihn dabei zu beachten. Sie spricht nicht zu ihm und überlässt es während des gesamten Gespräches ihrem Mann, sich um das Kind zu kümmern. Der Vater tut dies warmherzig und stellt sich im Sinne der emotionalen Bindung als eine »sichere Basis« zur Verfügung. Das Verhalten des Mannes seiner Frau gegenüber ist ebenfalls unterstützend und verständnisvoll. Das Verhalten der Mutter deutet auf ihren verzweifelten emotionalen Zustand hin und erscheint wie ein Spiegel der belasteten Mutter-Kind-Beziehung. Sie kann ihre emotionale Bindung zum Kind nicht einmal zeigen.
> Die Eltern klagen, dass sie schon mehrere Ärzte aufgesucht haben und ihren Sohn in einer Kinderklinik untersuchen ließen, jedoch alles ohne Befund. Organische Ursachen für die Fütter- und Gedeihstörung wurden ausgeschlossen. Auf ärztlichen Rat suchten die Eltern nun meine kinderanalytische Praxis auf.

▶

Problemanamnese

Die Ernährungsschwierigkeiten begannen bereits bei Gabors Geburt. Er wurde zum errechneten Geburtstermin spontan und mit Normalgewicht geboren. Die Schwangerschaft sei geplant und die Geburt des Kindes erwünscht gewesen. Vom ersten Augenblick seines Lebens an hat Gabor Schwierigkeiten beim Saugen, und er schläft auffällig viel. Das Stillen bleibt mühselig, Gabor trinkt wenig an der Brust, die Mutter ist erschöpft und emotional belastet. Einige Wochen nach der Geburt stellt die Mutter auf Flaschenernährung um. Für sie führt diese Umstellung sowohl körperlich als auch emotional zu einer Entlastung. Gabor nimmt jedoch weiterhin wenig Nahrung auf, gedeiht kaum und schläft nach wie vor viel. Er ist ein besonders ruhiger Säugling, der aus der Sicht der Mutter niemals signalisiert, dass er Hunger hätte.

Zu jeder Mahlzeit wird Gabor geweckt, da er sonst nach Angaben der Eltern 24 Stunden durchschlafen würde. Mich beschäftigt dabei die Frage, was Gabor wohl motivieren könnte, so viel zu schlafen und so selten wach zu sein. Möglicherweise ist es ein Versuch, sich gegen die psychischen Belastungen während des Tages zu schützen?

Vom dritten Monat an kommen weitere Symptome zu der Ernährungsstörung hinzu. Nach jeder Mahlzeit erbricht Gabor die Nahrung und fängt an, die Flasche abzulehnen. Schon beim Anblick der Flasche dreht er den Kopf weg und weigert sich, zu trinken. Wegen der Nahrungsverweigerung und einer Lungenentzündung wurde er bereits zweimal in einer Kinderklinik behandelt. Bisher lehnten sowohl die Ärzte als auch die Eltern die Sondenernährung ab und versuchten weiter, das Kind dazu zu bewegen, die Nahrung auf natürliche Weise anzunehmen.

Weil Gabor im Wachzustand die Nahrung verweigert, fangen die Eltern an, ihn im Schlaf mit der Flasche zu füttern. Die Ernährung des Säuglings im Schlaf spiegelt die Verzweiflung der Mutter wider. Vor allem, weil bereits alle anderen Möglichkeiten versucht wurden und der Säugling die Nahrungsaufnahme weiterhin verweigert. Auch wenn diese Ernährungsweise aus fachlichen Gründen nicht empfohlen werden kann, so muss zur Entschuldigung der Mutter gesagt werden, dass sie alles getan hat, um das Kind am Leben zu erhalten und die künstliche Ernährung mit der Sonde zu verhindern.

Die meisten Mütter wissen, dass die Ernährung des Säuglings im Schlaf keine Lösung ist, sie sehen oft jedoch keine andere Möglichkeit. Es ist Aufgabe der Fachleute, die Mütter von ihren Gewissensbissen zu entlasten und sie bei der natürlichen Ernährung des Säuglings zu unterstützen. Diese ungewöhnliche Vorgehensweise zeigt Erfolge, doch mit zunehmender Autonomie beginnt Gabor, sich auch gegen das Füttern im Schlaf zu wehren. Das Füttern mit dem Löffel nimmt er gelegentlich an, was für eine altersangemessene Ernährung jedoch noch nicht ausreicht. Nach einigen Löffeln wendet er den Kopf ab und öffnet den Mund nicht mehr. Dieses Verhalten zeigt er unabhängig davon, wer ihm die Nahrung anbietet.

Beim ersten Gesprächstermin wird deutlich, dass die Eltern den Grund für die problematische Ernährung ihres Kindes als organisch bedingt einschätzen. In ihrer Betrachtung sind die Ärzte unfähig, die organischen Gründe für die Fütterstörung ihres Sohnes zu entdecken. Mit etwas Ironie signalisieren sie, dass sie von der psychologischen Beratung nicht viel halten und wenig davon erwarten.

Die Abwehrhaltung der Eltern gegenüber dem »Psychologisieren« begleitet die ersten Beratungsgespräche. So konfrontiere ich sie schon bei der ersten Sitzung mit ihren Zweifeln gegenüber der psychologischen Beratung. Ich spreche an, dass ich ihre ablehnende Haltung akzeptiere, füge jedoch hinzu, dass das »Psychologisieren« die Grundlage meiner Tätigkeit darstellt. Womit ich ihnen helfen könnte, sei genau das Psychologisieren, nämlich: Gespräche über Themen aus der Vergangenheit und Gegenwart, über Fantasien und Gedanken zur Elternschaft zu führen, das Verstehen der Ernährungsprobleme ihres Sohnes, die gemeinsame Beobachtung des Verhaltens ihres Kindes und der Eltern-Kind-Interaktion. Ergänzend kündige ich an, Videoaufnahmen über die Füttersituation zu machen und diese gemeinsam mit den Eltern zu besprechen.

Nach der Schilderung meiner therapeutischen Vorgehensweise signalisieren die Eltern ihr Interesse an einer Behandlung. Mir schien die Konfrontation der Eltern hinsichtlich ihrer Ambivalenzen gegenüber der Behandlung wichtig, um die Zusammenarbeit nicht gleich mit einem Widerstand zu beginnen. Aufgrund von Gabors schlechtem körperlichem und emotionalem Zustand bespreche ich mit den Eltern stationäre Behandlungsmöglichkeiten in speziell ausgerichteten psychosomatischen Kinderkliniken. Nach dem ersten Beratungsgespräch sollten die Eltern noch einmal überdenken, ob sie sich eine Zusammenarbeit im Rahmen der Eltern-Säuglings-Beratung und -Therapie vorstellen können oder sich für eine stationäre Behandlung entscheiden wollen. Ein zweiter Beratungstermin wurde vereinbart mit der Option, diesen gegebenenfalls telefonisch abzusagen.

Die Eltern entscheiden sich schließlich für die ambulante Eltern-Säuglings-Therapie, und so beginnt unsere Zusammenarbeit. Die Eltern berichten, dass ihre Entscheidung durch das erste Beratungsgespräch maßgeblich beeinflusst wurde. Auch wenn sie an der Lösung der Ernährungsschwierigkeiten ihres Sohnes durch psychologische Maßnahmen weiterhin nicht glauben, fühlten sie sich nach dem ersten Gespräch entlastet und sind neugierig geworden. Für mich war diese Offenheit der Eltern motivierend, die therapeutische Behandlung vorzubereiten. Die Prognose hinsichtlich des Behandlungserfolges schien zwar unsicher, aber doch ausreichend, um den Antrag auf eine Eltern-Säuglings-Therapie bei der Krankenkasse zu stellen.

Die psychisch nicht verarbeiteten emotionalen Probleme der Mutter aus der Vergangenheit, ihre aktuelle depressive Erkrankung und eine aktuelle Krise mit der Herkunftsfamilie gaben Anlass, Gabors Regulierungsstörung im Rahmen einer Eltern-Säuglings-Psychotherapie zu behandeln. Der Therapieantrag wurde positiv bewertet, und die Kosten für die Behandlung wurden übernommen.

Psychodynamische Gedanken

Für den Leser, dem psychoanalytische Theorien und Begriffe nicht geläufig sind, mag die Interpretation der Psychodynamik der hier vorgestellten Regulierungsstörung fremd erscheinen. Dennoch liefern psychodynamische Gedanken nützliche Informationen, um Zusammenhänge in Bezug auf frühe Regulationsstörungen besser zu verstehen.

Im Folgenden werden die möglichen Gründe für Gabors Ernährungs- und Gedeihstörung, die Psychodynamik der Störung sowie der Ablauf und die wichtigen Etappen der Behandlung vorgestellt und diskutiert.

Die biografischen Daten aus der Lebensgeschichte der Mutter lassen erste Schlüsse auf die Psychodynamik von Gabors Fütterstörung zu. Die frühere und aktuelle Krise der Mutter mit ihrer Herkunftsfamilie wird zum bestimmenden Faktor bei der Entstehung und dem Fortbestehen der Störung von Gabor.

Die aktuelle Krisensituation der Familie wird infolge einer schweren Erkrankung von Gabors Großmutter verstärkt – während der Schwangerschaft der Mutter wird bei ihrer eigenen Mutter eine Krebserkrankung diagnostiziert. Diese führt zu erheblicher emotionaler Belastung während der Schwangerschaft. Die schwere Erkrankung der Großmutter sowie die Schwangerschaft aktualisieren einen zehn Jahre zurückliegenden Schwangerschaftsabbruch und die damit einhergehenden Schuldgefühle und Verlustängste der Mutter.

Der über lange Jahre verdrängte Gewissenskonflikt wegen der Abtreibung wird wiederbelebt. In der Fantasie der Mutter setzt sich der magische Gedanke fest, wegen der Abtreibung zu büßen. Die Strafe spiegelt sich in der Fütter- und Gedeihstörung ihres gesund geborenen Kindes. Sie möchte eine besonders gute Mutter sein, um sich von den Schuldgefühlen zu entlasten. Gabor, der im frühen Säuglingsalter viel schläft, kaum weint und wenig isst, löst bei der Mutter genau das Gegenteil aus und führt zu zermürbenden Ängsten. Der »ständig« schlafende Gabor verleitet die Mutter zu der Assoziation, einen »toten Säugling« zu haben. Darin kommt ihre Trauer um den abgetriebenen

Fötus zur Geltung. All diese zunächst unterdrückten Fantasien werden durch die reale Furcht vor dem zu erwartenden Tod ihrer eigenen Mutter weiter verstärkt. Zu Beginn ihrer Mutterschaft kann sie nicht mit der Unterstützung ihrer Mutter rechnen, sondern übernimmt im Gegenteil selbst deren Pflege. Gabor ist vier Wochen alt, als die schwer kranke Oma in die Familie kommt. Es ist vorstell-bar, dass die emotionale Belastung der Mutter und die in ihrem Unbewussten wirkenden Konflikte aus der Vergangenheit und der Gegenwart zu bestimmenden Faktoren bei ihren Stillproblemen werden. Gabors Abwehr der Nahrungsaufnahme hält die Furcht der Mutter aufrecht, das Überleben ihres Kindes nicht garantieren zu können.

Die Behandlung der kranken Großmutter bringt ernste Probleme mit sich und bestimmt die ständige Krisensituation in der Familie. Die Großmutter nimmt eine rivalisierende Haltung zu ihrem Enkel ein. Sie erwartet von ihrer Tochter, dass zuerst sie und dann das Kind versorgt wird, und gibt ihre Tochter für die Pflege des eigenen Kindes nicht frei. Die Rivalität der Großmutter wird zum bestimmenden Faktor dafür, wie die Mutter ihre eigene Mutterschaft erlebt. Im Sinne der »Mutterschaftskonstellation« nach Daniel Stern (1995) kann sie aus ihrer Rolle als »Tochter ihrer Mutter« nicht in die Rolle als »Mutter ihres Kindes« wechseln. Von diesem Standpunkt aus muss die Mutter den zu erwartenden Tod ihrer Mutter als eine Möglichkeit erleben, ihren Zustand der Mutterschaft voll zu entfalten. Das damit einhergehende schlechte Gewissen verstärkt gleichzeitig ihren ohnehin schon vorhandenen depressiven Gefühlszustand.

Gabor ist fünf Monate alt, als die Belastung der Familie so groß geworden ist, dass die Eltern eine Entscheidung zwischen der weiteren Pflege der Großmutter und der Gesundheit ihres Kindes treffen müssen, die zugunsten ihres Kindes ausfällt. Die Pflege der Großmutter übergeben sie einem anderen Familienangehörigen. Diese Entscheidung führt zu einem ernsthaften Konflikt mit den Geschwistern. Sie brechen jeglichen Kontakt zu Gabors Mutter ab und machen sie zum »schwarzen Schaf« der Familie. In dieser Familienkrise verliert Gabors Mutter völlig den Boden unter den Füßen. Die quälenden Gefühle der Fremdheit, Einsamkeit und Trennung kennt die Mutter auch aus ihrem bisherigen Leben sehr gut.

Das volle Verständnis und die Unterstützung ihres Mannes und seiner Herkunftsfamilie sind ein wichtiger Schutzfaktor, reichen jedoch zur Milderung der depressiven Symptomatik nicht aus. Die Depression der Mutter verstärkt sich, und sie kämpft mit Suizidgedanken. Es scheint, als ob in dieser emotional unerträglichen Situation die Ernährungs- und Gedeihstörung von Gabor im Unbewussten der Mutter zum Träger einer wichtigen Funktion wird. Den Verzicht auf die Pflege ihrer eigenen Mutter überträgt sie auf Gabors Pflege, und unbewusst trägt sie so zum Erhalt der Symptome des Kindes und zu ihrem eigenen Überleben bei. Solange sie ihr krankes Kind versorgen kann, ist sie in einem gewissen Grade auch von den Gewissensqualen entlastet. Die Nahrungsverweigerung des Kindes verstärkt wiederum die narzisstische Kränkung der Mutter, keine ausreichend gute Mutter zu sein, eine, die ihr Kind nicht ernähren kann.

Die Nahrungsverweigerung könnte für das Kind ein Versuch zum Erhalt der eigenen Autonomie, gepaart mit der Ablehnung der depressiven Mutter, sein. Es ist vorstellbar, dass die täglich mehrfach wiederholte erfolglose und gestörte Fütterinteraktion sowohl im Erleben des Kindes als auch im Erleben der Mutter als »Gefahr« empfunden wird. Gabor erkennt sich im Gesicht der depressiven Mutter wieder und drückt seine eigene Depression durch die Nahrungsverweigerung, Antriebslosigkeit und durch seinen traurigen Gefühlszustand aus (Luby 2005).

Der Wunsch der Mutter nach Unterstützung durch ihre Herkunftsfamilie kann nicht verwirklicht werden. Im Gegenteil, sie wird ausgestoßen, angeklagt und für unfähig zur Ernährung ihres eigenen Kindes erklärt. Die von ihrem Mann und dessen Familie geleistete Unterstützung kann nicht zur Lösung der intrapsychischen und interpersonellen Konflikte der Mutter genutzt werden. Im Gegenteil, in der akuten Lebenssituation wird ihre Sehnsucht nach Verständnis, Unterstützung und Anerkennung durch ihre Herkunftsfamilie noch stärker. Ungeachtet dessen wirkt die von der

Familie des Mannes kommende Unterstützung als Schutzfaktor im Sinne einer Abschwächung der Suizidgedanken der Mutter.

Behandlungsverlauf – Das erste Treffen

Hier möchte ich lediglich einige Aspekte des ersten Gespräches hervorheben. Aus der Problemanamnese ergab sich, dass offensichtlich ein längerer Behandlungsprozess nötig sein würde, um auf die seit Monaten bestehende Regulierungsstörung von Gabor, auf die beginnende unsichere Bindungsbeziehung und auf die Pathologie der Mutter einzuwirken. Gleichzeitig erschien die Ambivalenz der Eltern hinsichtlich der »psychologischen Behandlung« als Unsicherheitsfaktor in Bezug auf den Vorschlag eines längeren therapeutischen Prozesses. Ihre Motivation für eine nicht auf eine organische Störung fokussierte Behandlung trat allerdings vorübergehend hervor, und davon ausgehend wurden eine Beratung von mehreren Stunden und im Anschluss daran eine eventuelle Therapie vereinbart. Auch eine stationäre Behandlung des Kindes kam zur Sprache für den Fall, dass die mehrstündige Beratung nicht zu positiven Veränderungen bei Gabors Ernährungs- und Gedeihstörung führen würde. Anfangs verwarf die Mutter die Möglichkeit einer stationären Behandlung ihres Sohnes mit der Begründung, dass sie eine Viruserkrankung des Kindes befürchte.
Es erwies sich bei diesem ersten Treffen als wichtig, die Zweifel der Eltern gegenüber der Behandlung zu diskutieren und ihnen anzubieten, die endgültige Entscheidung über die Fortführung der therapeutischen Arbeit zu Hause zu treffen.

Die fünfstündige Beratung

Die erste Station der Behandlung war eine vorbereitende Arbeit von fünf Sitzungen, die sich über einen Zeitraum von sechs Wochen erstreckte. Bei diesen ersten Treffen von ein bis zwei Stunden Dauer waren Mutter, Vater und Gabor gemeinsam anwesend. Die tiefenpsychologischen Gespräche waren neben der Aufdeckung der hinter Gabors Regulationsstörung liegenden psychodynamischen Elemente auf die Behandlung der konkreten Fütterstörung gerichtet. Deren Wichtigkeit beruht in erster Linie darauf, dass eine psychodynamisch orientierte therapeutische Arbeit häufig erst dann wirklich ihren Anfang nehmen kann, wenn die Eltern eine positive Veränderung des problematischen Verhaltens ihres Kindes erfahren. Die Motivation der Eltern, ihre intrapsychischen Konflikte zu thematisieren, kann sich häufig erst dann entfalten, wenn die Symptome des Kindes abnehmen.
Bei der ersten Sitzung kamen die Anwendung der Videotechnik und ihre Bedeutung zur Sprache (die Anwendung von Videotechnik und »Video-Feedback« wird im Abschnitt 5.2.6 ausführlich vorgestellt). Es wurde vereinbart, Videoaufnahmen von typischen Füttersituationen in der häuslichen Umgebung zu machen und sie gemeinsam in der Therapiestunde anzuschauen. Die Eltern fertigten zu Hause fünf kurze Videoaufnahmen von verschiedenen Füttersituationen an. Bei der gemeinsamen Betrachtung der Aufnahmen kamen Faktoren zur Sprache, die zum Ausgangspunkt für die Veränderung der Fütterinteraktionen wurden. Eine deprimierende, traurige Stimmung begleitete jede einzelne Füttersituation, unabhängig davon, wer gerade und in welcher Situation Gabor die Nahrung gab. Die Verzweiflung und Erschöpfung der Mutter, Gabors depressive Ausstrahlung, seine Abwehr gegen das Füttern im Wachzustand, das Vermeiden des Augenkontaktes und die Sprachlosigkeit der Mutter sprangen sofort ins Auge.
Im Anschluss an die Betrachtung der Aufnahmen konnten die Eltern in Gabors Gegenwart aussprechen, wie sie die schweren Augenblicke bei der Ernährung ihres Kindes erlebten. Gemeinsam versuchten wir zu verstehen, wie wohl Gabor die Füttersituationen erlebt und was er im Gesichtsausdruck der Mutter oder des Vaters während der von sorgenvoller Kommunikation begleiteten Ernährung sieht. Damit sollte die Mentalisierungsfähigkeit der Eltern, d.h. die Fähigkeit, sich in das Gefühlsleben des Kindes hineinzuversetzen, aktiviert werden.

In der Videoanalyse wurde der Fokus auf positive Interaktionseinheiten gerichtet. Als Beispiel möchte ich eine Situation beschreiben. Es war auffällig, dass die Mutter während des Fütterns nur dann sprach, wenn sie ihren Sohn aufforderte, endlich zu essen oder nicht dabei zu erbrechen. In einer kurzen Szene wandte sich die Mutter mit freundlichen Worten an Gabor. An dieser Stelle hielt ich den Videoapparat an und machte die Mutter auf die positive Interaktion aufmerksam. Diese kurze Szene bot die Möglichkeit, gemeinsam über eine ansonsten typisch negative Interaktion nachzudenken (die Mutter spricht nicht zu ihrem Kind), ohne sie dabei zu kritisieren.

Unterdessen erzählte die Mutter von sich aus, dass sie sich extra bemühte, Gabor schweigend zu füttern, um seine Aufmerksamkeit nicht von der Nahrung abzulenken. Ansonsten würde Gabor, nach Einschätzung der Mutter, mit dem Essen aufhören. Die therapeutische Intervention zielte zunächst auf die Befürchtungen der Mutter und nicht auf die Einschätzung der Therapeutin, also nicht darauf, der Mutter mitzuteilen, dass Gabor mehr Interesse an der Nahrungsaufnahme zeigen würde, wenn sie zu ihm spräche. Solche und ähnliche entlastende Interventionsangebote trugen zur Bereitschaft der Mutter bei, ihre falschen Wahrnehmungen mithilfe der Beobachtung von gelungenen Interaktionen zu modifizieren. Eine veränderte Wahrnehmung der belasteten Füttersituation durch die Mutter führte generell zur Verhaltensänderung im Umgang mit dem Kind.

Aus den Videoaufnahmen ergab sich auch, dass Gabor emotional leichter ansprechbar war, wenn er in sitzender Position mit dem Löffel gefüttert wurde. Daraus konnte abgeleitet werden, dass Gabor seinem Alter entsprechend das Bedürfnis nach mehr Eigenaktivität zeigte und dazu die Gelegenheit bekommen sollte. Es wurde darüber nachgedacht, wie Gabor aktiver in die Füttersituation einbezogen werden könnte und was das für die Eltern bedeuten würde. Ziel war es, dass sowohl Gabor als auch die Eltern die Füttersituationen positiv und mit Freude erleben konnten. Dazu war eine Veränderung der Eltern-Kind-Interaktion beim Füttern notwendig – was nicht bedeutet, allgemeingültige Regeln aufzustellen oder eine Bewertung vorzunehmen, was richtig oder falsch ist. Vielmehr ging es hier um die Berücksichtigung der Individualität jedes Eltern-Kind-Paares und der jeweiligen Intervention. Dazu gehören unter anderem individuelle Verhaltensweisen, Gefühle, Wünsche, Ängste, Fantasien und die Bereitschaft der Eltern, sich Veränderungen zu wünschen und zu dokumentieren. Bei Gabor und seinen Eltern wurden folgende Änderungsmöglichkeiten besprochen: Gabor sollte nicht mehr im Schlaf gefüttert werden, und er sollte sich beim Füttern dadurch aktiv beteiligen, dass er einen eigenen Löffel bekommt. Die Kommunikation während der Nahrungsaufnahme sollte dadurch verbessert werden, dass Gabor sitzend gefüttert wird und so die Möglichkeit zu Blickkontakt und zum gemeinsamen »Gespräch« erhält. Es war auch die Rede davon, dass die Eltern bestimmen, wo und wann sie ihr Kind füttern und welche Nahrung sie ihm anbieten, Gabor andererseits über die Menge der Nahrung entscheidet sowie darüber, wann er aufhört zu essen. Die Eltern waren bereit, diese Veränderungen auszuprobieren, da sie sie nicht als Ratschläge empfanden, sondern als Ergebnis gemeinsamer Arbeit. Sie zeigten Interesse daran, einige Tage lang Gabors Ernährungsverhalten schriftlich festzuhalten.

Während des zweiten Beratungsgesprächs eine Woche später berichteten die Eltern mit Freude über beginnende positive Veränderungen. Gabor wurde nicht mehr im Schlaf gefüttert, er erbrach die Nahrung seltener und zeigte mehr Bereitschaft, sich mit dem Löffel füttern zu lassen. Während dieses zweiten und der darauf folgenden drei Beratungsgespräche kamen die eigenen Kindheitserinnerungen der Eltern, die Geschichte ihrer Paarbeziehung, Gabors Entwicklung und die aktuelle Familiensituation zur Sprache. Die Eltern fertigten neue Videoaufnahmen über die veränderte Fütterinteraktion an, die ähnlich wie die ersten Aufnahmen besprochen wurden. Der Vergleich der Videoaufnahmen vor der Intervention und danach zeigte überraschend sichtbare positive Veränderungen. Man hatte den Eindruck, als stünde man zwei verschiedenen Mutter-Kind-Paaren gegenüber. Auf der zweiten Aufnahme sprach die Mutter beim Füttern lebhaft zu Gabor, dieser hielt einen kleinen Löffel in der Hand und nahm die angebotene Nahrung freudig an.

Es war den Eltern gelungen, die Fütterinteraktion zu verändern. Gabor wurde aktiver und erbrach die Nahrung nicht mehr. Man könnte zu dem Schluss gelangen, dass die Beratung erfolgreich war und die Regulierungsstörung nicht mehr vorhanden sei. Im folgenden Abschnitt wird beschrieben, warum diese sichtlich positive Veränderung nicht von Dauer sein konnte und was die 25 Stunden umfassende Eltern-Säuglings-Therapie notwendig machte.

Während der fünf Beratungsgespräche wurde offensichtlich, dass sich Gabors nicht organisch bedingte Ernährungsstörung viel komplexer darstellte, als dass sie durch die veränderte Mutter-Kind-Interaktion und die verbesserte Wahrnehmung der Mutter hätte dauerhaft geheilt werden können. Sowohl der Mutter als auch dem Vater wurde schnell deutlich, dass die bis dahin erreichten Veränderungen nicht stabil genug waren, sodass sie sich weitere therapeutische Unterstützung wünschten.

Die Meinung der Eltern stimmte mit meiner Einschätzung überein. Auf die Mutter wartete noch die große Aufgabe, die Beziehung zu ihrer dem Tode nahen Mutter zu klären, sich mit ihr zu versöhnen und Abschied zu nehmen. Diese psychische Belastung war mitunter der Grund, warum die Mutter die positiven Veränderungen im Zusammenhang mit Gabors Fütterstörung zwar beobachten konnte, jedoch nicht dazu in der Lage war, sie wirklich zu erleben. Drei Wochen nach dem ersten Beratungsgespräch nahm Gabor die Nahrung leichter an, er hörte auf, die Nahrung zu erbrechen, er wurde lebendig, aktiv, fing an, die sachliche Welt zu erkunden und zu spielen. Dennoch vertrat die Mutter die Ansicht, dass sich an ihrer Situation kaum etwas geändert habe. Damit signalisierte sie unbewusst, dass sich in ihrer inneren psychischen Welt und in den drei Wochen intensiver Behandlung bei ihr selbst keine wesentliche Veränderung vollzogen hatte. Dies ist nicht weiter verwunderlich, denn im Gegensatz zu den Interaktionen kann die Umstrukturierung der intrapsychischen Repräsentanzen Monate oder Jahre dauern.

Mein Vorschlag für eine eigene psychotherapeutische Behandlung wurde von der Mutter abgelehnt. Sie konzentrierte sich auf die Symptome Gabors und verleugnete zunächst ihre eigene depressive Erkrankung. Nach dem fünften Beratungsgespräch bat sie mich schließlich um die Fortsetzung der Behandlung im Rahmen der Eltern-Säuglings-Therapie. Gabors noch nicht hinreichend stabile Ernährung, die noch ungelösten Probleme in der Mutter-Kind-Beziehung, die familiär bedingten emotionalen Belastungen sowie die bereits aufgebaute positive therapeutische Beziehung waren ausreichende Begründungen, um die Behandlung im Rahmen der Eltern-Säuglings-Psychotherapie fortzusetzen. Der Vater unterstützte die Fortsetzung des therapeutischen Prozesses. Die bis dahin stattgefundenen tiefenpsychologischen Beratungsgespräche führten auch zu seiner Entlastung und zu einer Entspannung der familiären Situation.

Die 25-stündige Eltern-Säuglings-Therapie

Die therapeutische Arbeit konzentrierte sich vor allem auf die gemeinsame Behandlung der Mutter und des Kindes. Der Schwerpunkt lag auf der Verarbeitung der psychischen Konflikte der Mutter, der weiteren Behandlungen von Gabors Ernährungsproblemen und der Unterstützung der Mutter beim Konflikt mit ihrer Herkunftsfamilie.

Zu einzelnen Terminen kam die Mutter allein, ihr Mann nahm nicht mehr an allen Therapiegesprächen teil. Die Kindheitserinnerungen der Mutter, ihre Konflikte in der Herkunftsfamilie, die tiefen Enttäuschungen über Gabor sowie die Reflexion über ihr Erleben als Mutter gelangten an die Oberfläche und konnten bearbeitet werden. Großen Raum bekam die aktuelle Familienkrise: die Krankheit ihrer eigenen Mutter und die Beziehungskonflikte innerhalb der Familie. Die gute Beziehung der Mutter zu ihrem Mann und dessen Familie begleitete wie ein Schutzfaktor den therapeutischen Prozess. Gabors Ernährungsschwierigkeiten traten immer wieder von Neuem auf, was quasi wie ein Spiegel den schlechten psychischen Zustand der Mutter wiedergab. Die Mutter konnte ihre aggressiven Gedanken und ihre Enttäuschung über Gabor im geschützten therapeutischen Rahmen formulieren und lernte, damit umzugehen. Das anfänglich negative Bild von Gabor wurde im Erleben der Mutter nach und nach in eine positive Sichtweise umgewandelt. Schließlich gelang es der Mutter, ihr Kind narzisstisch zu besetzen.

Neben den tiefenpsychologischen Gesprächen kam auch die Videotechnik weiter zur Anwendung, ebenso wie die Fokussierung auf Gabors Entwicklung und die Mutter-Kind-Bindung. Gabor holte schnell die leichte Entwicklungsverzögerung auf, zeigte Bindungsverhalten und nahm so viel zu, dass sein Gewicht die untere Normgrenze seines Lebensalters erreichte. Trotz all dieser positiven Veränderungen traten während der Behandlung immer wieder Krisen auf. Diese zeigten sich zum Teil in der Verstärkung der mütterlichen Depression, zum Teil in Gabors immer wieder problematischem Essverhalten. Schließlich wurden eine stationäre Behandlung der Mutter und später eine stationäre Behandlung des Kindes notwendig.

Die Notwendigkeit, andere Institutionen einzubeziehen, erweist sich auch bei anderen Beratungs- oder Therapieprozessen. Das bedeutet kein Scheitern der ambulanten Behandlung, sondern weist auf die Bedeutung der interdisziplinären Zusammenarbeit mit anderen Institutionen oder Kliniken hin. In der ambulanten Eltern-Säuglings-Therapie geht es darum, die Eltern vorzubereiten und zu motivieren, sozialpädagogische oder medizinische Unterstützung anzunehmen.

Die stationäre Behandlung von Regulationsstörungen dauert in der Regel vier bis sechs Wochen. In Gabors Fall kann die rasche positive Veränderung (zehn Tage Klinikaufenthalt mit der Mutter) mit der bis dahin stattgefundenen ambulanten Psychotherapie im Zusammenhang stehen. Die stationäre Behandlung diente der Ergänzung des ambulanten therapeutischen Prozesses. In schwierigen Fällen ist es durchaus sinnvoll, auf alternative Behandlungsmöglichkeiten zurückzugreifen und gegebenenfalls interdisziplinär zu arbeiten. Vorausgesetzt, die Eltern sind damit einverstanden.

Gabor war acht Monate alt, als seine Großmutter starb. Mit therapeutischer Unterstützung gelang es der Mutter, ihren Stolz zu überwinden, sich mit ihrer Mutter am Sterbebett zu versöhnen und Abschied von ihr zu nehmen. Die Mutter war über diesen Schritt erleichtert, die fortbestehenden Konflikte mit den Geschwistern dagegen quälten sie weiter und belasteten erheblich ihren psychischen Zustand. Der Tod der Großmutter verstärkte die Suizidgefährdung der Mutter so sehr, dass kurzfristig eine stationäre psychiatrische Behandlung notwendig wurde. Im Anschluss daran erfolgte eine ambulante psychiatrische Weiterbehandlung. Nach wenigen Wochen besserte sich ihr Zustand, und unsere gemeinsame Arbeit konnte fortgesetzt werden.

Mit der psychischen Krise der Mutter kam es erneut zu Ernährungsschwierigkeiten von Gabor. Er begann wieder, die Nahrung zu erbrechen und halbfeste Nahrung abzulehnen. Die Mutter erkannte, dass Gabors Ernährungsprobleme viel mit ihr bzw. mit ihrem Verhalten und ihrem emotionalen Zustand zu tun hatten. Es fiel ihr jedoch schwer, sich in Alltagssituationen an Gabors Gefühlszustand und seine Wünsche anzupassen. Vieles, was ihr rational nachvollziehbar wurde, konnte sie in den täglich wiederkehrenden Essenssituationen nicht umsetzen. In dieser Lebensphase reichte die ambulante Behandlung der erneut auftauchenden Regulationsstörung von Gabor nicht mehr aus. Meinem Vorschlag einer gemeinsamen stationären Behandlung von Mutter und Kind stimmte die Mutter zu. Im zwölften Lebensmonat von Gabor fand eine zehntägige Behandlung in einer psychosomatischen Kinderklinik statt. Anschließend wurde die Eltern-Kind-Therapie fortgesetzt. Im letzten Therapieabschnitt der folgenden drei Monaten traten keine Krisensituationen mehr auf.

Am Ende der zehnmonatigen therapeutischen Behandlung war Gabor 16 Monate alt. Der psychische Zustand der Mutter stabilisierte sich, ihr Sohn zeigte unauffälliges Essverhalten. Nach Einschätzung der Mutter aß Gabor weiterhin wenig, aber es beruhigte sie, dass er ein altersangemessenes Körpergewicht erreicht hatte und sich in allen Bereichen gut entwickelte.

Nach der insgesamt positiven Erfahrung der Mutter mit der Eltern-Kind-Therapie war sie motiviert, eine eigene psychotherapeutische Behandlung zu beginnen. Ihre anfänglichen Vorbehalte

> gegenüber dem »Psychologisieren« löster sich auf, und sie konnte sich ihren intrapsychischen und interpersonellen Konflikten zuwenden.
> Am Ende des therapeutischen Prozesses war die Mutter in der Lage, über die zu Beginn der Behandlung tabuisierte Suizidgefährdung zu reflektieren. Sie konnte nun mit einem angemessenen emotionalen Abstand ihre Sorge mitteilen, wie sehr sie damals sowohl das Leben ihres Kindes als auch ihr eigenes in Gefahr sah. Sie war dankbar, von mir damals trotz ihrer Skepsis gegenüber der »Psychologisierung« nicht weggeschickt worden zu sein. Ihre Erfahrung, im geschützten therapeutischen Rahmen Konflikte auszuhalten und zu versuchen, eine angemessene Lösung zu finden, konnte sie auf ihre Lebenssituation außerhalb des therapeutischen Rahmens übertragen. Dies trug viel dazu bei, sich mit ihren Geschwistern zu versöhnen und ihre familiären Beziehungen neu zu ordnen.
> Das letzte Treffen, an dem Gabor, seine Mutter und sein Vater teilnahmen, gab Grund zu der Hoffnung, dass die Zufriedenheit, die sowohl die Eltern als auch Gabor ausstrahlten, in Zukunft fortbestehen werde.

4.5 Emotionale Probleme im Säuglings- und Kleinkindalter

Vorübergehende emotionale Schwierigkeiten wie Separationsangst oder Trotz sind für gewisse Lebensphasen der kindlichen Entwicklung charakteristisch, zeitlich begrenzt, und sie gehen auch ohne therapeutische Intervention vorüber. In Ausnahmefällen jedoch überschreitet die emotionale Störung in ihrer Erscheinungsform, Intensität und Dauer die Grenzen der »normalen« Entwicklung und führt zu ernsthaften Symptomen. Dazu gehören z. B. Hospitalismus, Depression, emotionale Krämpfe, Stereotypen, Bindungsstörungen, übertriebenes und andauerndes Trotzverhalten sowie übertriebene Separationsangst. Die Hyperaktivität oder ADHD (Attention Deficit with Hyperactivity Disorder) ist ebenfalls als pathologische Erscheinungsform emotionaler Störungen bekannt und bis heute Gegenstand von Kontroversen darüber, ob sie auf biologische oder soziale Faktoren zurückzuführen ist. Im folgenden Abschnitt soll kurz auf das für viele Eltern belastende ADHD-Syndrom eingegangen werden.

ADHD oder hyperkinetische Aufmerksamkeitsstörung wurde als »Modesyndrom« unserer Zeit weltweit bekannt. Auch in früheren Jahrhunderten gab es unruhige, zappelige und unter Konzentrationsstörungen leidende Kinder, ohne dass sie zum Gegenstand eines besonderen fachlichen Interesses geworden wären.

Parallel zur Entwicklung der Hirnforschung stieg auch das Interesse an der Erforschung der hyperkinetischen Aufmerksamkeitsstörung. Forscher, die den Ursprung von ADHD auf biologische Faktoren zurückführen, sehen die Ursache der Störung in einer hypothetischen, genetisch bedingten Stoffwechselstörung des Gehirns. Sie befürworten die medikamentöse Behandlung, was verständlicherweise viel Kritik hervorruft. Die Verschreibung von Ritalin hat sich in den letzten Jahren vervielfacht. Diese Entwicklung gibt Anlass zur Besorgnis, da sie die psychosoziale und psychodynamische Komponente außer Acht lässt (Leuzinger-Bohleber / Brandl / Hüther 2006).

Die diagnostische Abklärung von ADHD ist umfangreich und erfordert fachspezifische Kenntnisse, die nicht bei jeder Verschreibung zum Tragen kommen. Es liegt die Vermutung nahe, dass Kinder und Jugendliche, die gar keine ADHD haben, medikamentös behandelt und ruhiggestellt werden. Damit wird eine Lösung von innerpsychischen und interpersonellen Konflikten verhindert.

Forscher, die die gesteigerte Impulsivität, motorische Unruhe und mangelnde Aufmerksamkeit in erster Linie als Reaktion auf Unzulänglichkeiten des sozialen Milieus erklären, lehnen die Verschreibung von Medikamenten ab und empfehlen psychotherapeutische Behandlung (Hüther / Bonney 2002, Leuzinger-Bohleber / Brandl / Hüther 2006).

Häufig wird argumentiert, frühkindliche Regulationsstörungen seien als Vorläufer einer späteren ADHD zu interpretieren. Diese Auffassung ist mit Vorsicht zu behandeln, solange nicht ausreichend wissenschaftlich fundierte empirische Belege zur Verfügung stehen. Erlebnisberichte von Eltern, wonach an ADHD leidende Kinder bereits im Säuglings- und Kleinkindalter über wenig Impulskontrolle verfügten oder leicht irritierbar waren, sind noch kein ausreichender Beweis für einen Zusammenhang zwischen der frühen Regulationsstörung und späterer ADHD.

In einer Langzeitstudie der »Schreiambulanz« der Münchener Universitätsklinik (Papoušek 1998) wurde lediglich ein Zusammenhang zwischen dem persistierenden (fortdauernden) Weinen im Säuglingsalter und der späteren Hyperaktivität von acht- bis zehnjährigen Schulkindern gefunden. Schulkinder, die im Säuglingsalter länger als drei Monate unter persistierendem Weinen litten und darüber hinaus Schlaf- und andere Regulationsprobleme hatten, wurden häufiger als hyperaktiv diagnostiziert (Wolke 2004; Papoušek / Schieche / Wurmser 2004).

> **⋯❯ Fallgeschichte: Paula, zwei Jahre alt**
>
> Auf Empfehlung einer Erziehungsberatungsstelle sucht die 26-jährige Mutter mit ihrer Tochter meine Sprechstunde auf. Paulas Verhalten sei stark auffällig: Sie verhalte sich oppositionell, unaufmerksam und akzeptiere keine Grenzen. Ihre Spieltätigkeit sei oberflächlich, sie könne sich nicht auf eine Sache konzentrieren und sich in ein bestimmtes Spiel vertiefen. Sie zapple ständig, und es sei gefährlich, mit ihr in die Stadt zu gehen. Sie renne weg und laufe auf die Straße. Anderen Kindern gegenüber sei sie aggressiv. Sie schubse, kratze und schlage andere Kinder.
>
> Die Mutter kommt mit ihrer Tochter nicht mehr zurecht und ist mit ihren Nerven am Ende. Der Kinderarzt ist der Meinung, Paula sei hyperaktiv, und rät der Mutter, eine Erziehungsberatungsstelle aufzusuchen. Mitarbeiterinnen der Erziehungsberatungsstelle erkennen bald, dass Paulas Verhaltensauffälligkeiten nicht bloß auf Erziehungsprobleme zurückzuführen sind, sondern dass sich dahinter möglicherweise psychische Probleme verbergen. Sie empfehlen der Mutter, eine kinderanalytische Praxis aufzusuchen.
>
> Während des ersten Beratungsgesprächs räumt Paula innerhalb von wenigen Augenblicken das Spielzeugregal leer und verwandelt das Zimmer in ein »Chaos«. Die Überforderung der Mutter fällt sofort auf und wird zum Thema des ersten Beratungsgesprächs. Verzweifelt teilt sie ihre Befürchtung mit, Paulas auffälliges Verhalten selbst verursacht zu haben. Sie sei zur Kindererziehung unfähig. Sie habe wenig Selbstvertrauen und befürchte, ihre Tochter nicht richtig zu erziehen. Den Rat ihrer Eltern, Paula einen »Klaps« zu geben, halte sie nicht für richtig. Sie wisse aber auch nicht, wie ▸

> sie ihre Tochter disziplinieren und mit ihr umgehen solle. In ihrer eigenen Kindheit sei sie geschlagen worden, worunter sie bis heute leide. Den Grund für ihr schwaches Selbstvertrauen und ihre Ängstlichkeit führt sie letztlich auf ihre Kindheitserfahrungen zurück. Ihr eigenes Kind möchte sie ohne Gewalt erziehen. Nun sei sie an einem Punkt angelangt, wo sie befürchte, ihre Geduld zu verlieren. Es geschehe gelegentlich, dass sie in ihrer Verzweiflung Paula schlage, was die ohnehin schon problematische Beziehung weiter belaste.
> Paulas auffälliges Verhalten, der Leidensdruck der Mutter und ihre anscheinend nicht verarbeiteten negativen Kindheitserfahrungen begründen eine Behandlung im Rahmen der Eltern-Säuglings- / Kleinkind-Psychotherapie von 25 Stunden. Die Mutter ist für die gemeinsame psychotherapeutische Behandlung mit ihrer Tochter von Anfang an motiviert, und die Prognose für eine erfolgreiche Behandlung erscheint günstig. Die Bereitschaft der Mutter, über sich nachzudenken und die Konfliktdynamik von Paulas Verhaltensproblemen zu verstehen, ist deutlich vorhanden.
> In Gegenwart ihrer Tochter gelingt es der Mutter, die negativen Erinnerungen an ihre eigene Kindheit abzurufen und so die Wurzeln ihrer neurotischen Ängste und ihres mangelnden Selbstvertrauens zu entdecken. Die emotional tragende therapeutische Beziehung hilft ihr, ihre mütterlichen Kompetenzen zu entdecken und ihr Verhalten gegenüber Paula zu verändern.
> Die tiefenpsychologischen Gespräche über ihre »Mutterschaftskonstellation«, d.h. wie sie sich selbst als Mutter erlebt, wie sie ihre Beziehung zu ihrer Mutter bzw. die Beziehung zu ihrer Tochter bewertet, bringen neue Erkenntnisse, die sie in ihrer Beziehung zu Paula stärken. Erziehungsfragen, das alltägliche Zusammensein mit Paula, das Wahrnehmen von positivem Erleben im gemeinsamen Spiel und die komplizierte Paarbeziehung zu ihrem Ehemann werden thematisiert. Der Vater ist mit der gemeinsamen psychotherapeutischen Behandlung seiner Frau und seiner Tochter einverstanden, jedoch selbst nicht bereit, an den Gesprächen teilzunehmen.
> Im Laufe der psychodynamisch orientierten, sieben Monate dauernden Behandlung änderte sich Paulas Verhalten sichtlich, und ihre anfängliche Hyperaktivität verschwand. Sie wurde aufgrund ihres Temperaments ein zwar lebhaftes, jedoch zu konzentriertem Spielen fähiges und Grenzen akzeptierendes Mädchen. Ihre Aggressivität gegenüber Spielgefährten hörte auf, und die Beziehung zur Mutter wurde emotional sicherer. Ihr sozial-emotionales Verhalten erreichte ein ihrem Alter entsprechendes Entwicklungsniveau.
> Dieser Fall wirft auch ein Licht auf die Tatsache, dass frühkindliche emotionale Entgleisungen und beginnende Hyperaktivität sich im Rahmen der Eltern-Säuglings-Therapie erfolgreich behandeln lassen. Eine frühe psychotherapeutische Unterstützung in Anwesenheit der Eltern, meistens in Anwesenheit der Mutter und des Kindes, hat präventive Wirkung. Die Manifestation eines beginnenden ADHD-Syndroms und eine spätere medikamentöse Behandlung können durch frühzeitige therapeutische Unterstützung aufgehalten werden.

4.5.1 Trotz

In der Entwicklung des Kindes stellt das sogenannte Trotzalter eine besondere Herausforderung für die Eltern dar. Etwa ab dem zweiten Lebensjahr, manchmal aber bereits früher, beginnen Kinder, sich von anderen abzugrenzen, eigenen Ideen oder Vorhaben nachzugehen und das »Nein« der Eltern zu ignorieren. Sie tun das, was sie sich in den Kopf gesetzt haben, ohne Vernunft, ohne Rücksicht auf jemanden zu nehmen, und sie ignorieren dabei mögliche Gefahren. Im Trotzalter kommt es oft zu emotional kaum kontrollierbaren Situationen. Das Kind »trotzt« und »tobt«, und die Eltern sind verzweifelt und unglücklich. Sie quält die Frage, ob sie in der Erziehung ihres Kindes versagt haben oder ob sie es mit einem »kleinen Tyrannen« zu tun haben, der nicht »in den Griff« zu bekommen sei. »Elternglück« und Freude an dem Kind werden arg getrübt.

Unwissenheit über die Trotzphase als natürlicher Entwicklungsschritt kann zu einer besonderen Belastung in der Eltern-Kind-Beziehung führen und das Zusammenleben mit dem Kind emotional massiv beeinträchtigen. Was sind die Hintergründe, dass ein Kind so früh in seiner Entwicklung für so viel Unruhe und emotionales Leiden sorgt? Was versteht man unter den Begriffen »Trotzalter, Trotzphase, Trotzanfall«, und wie kann man als Erwachsener dieser zunächst natürlichen Entwicklung begegnen, ohne sich dem Kind gegenüber gleichgültig oder autoritär zu verhalten?

Was ist Trotz?

Trotzreaktionen treten im Kleinkindalter, d. h. zwischen dem zweiten und dritten Lebensjahr, und später in der Pubertät auf. Bei jungen Kindern ist Trotz ein Erregungszustand, der kaum oder gar nicht kontrollierbar ist. Bei Jugendlichen dagegen ist Trotz kein Erregungszustand, sondern eine länger andauernde Haltung.

Ein »Trotzanfall« ist ein sogenanntes Kurzschlussverhalten, das von heftigen Emotionen begleitet wird. Der Kontakt zur Umwelt geht verloren, und das Kind fühlt sich innerlich vereinsamt und isoliert. Trotz ist keine »Willensübung«, kein Machtkampf und hat nichts mit Geltungsdrang zu tun. Die Trotzreaktion wird vom Kind nicht beabsichtigt, sondern es wird von Gefühlen regelrecht überwältigt. Der frühkindliche Trotz ist ein Anfall, ein vorübergehendes Geschehen, mit dem eine augenblickliche Störung beantwortet wird (Trapmann / Rotthaus 2004).

Auslöser des Trotzverhaltens

In der Auseinandersetzung mit der sachlichen Umwelt (z. B. einer misslungenen Handlung) kommt es oft zu kritischen Situationen. Das Kind stolpert über seine eigenen Grenzen und Möglichkeiten und ärgert sich maßlos darüber. Viel häufiger jedoch kann Trotzverhalten als eine Reaktion auf Anforderungen bzw. Überforderungen vonseiten der Erwachsenen beobachtet werden. Solche Situationen entstehen, wenn die Bedürfnisse und die Erwartungen des Kindes immer wieder enttäuscht werden oder wenn vom Kind etwas verlangt wird, das ihm unsinnig erscheint oder zu dem es keine Lust hat. Sehr oft werden Selbstständigkeitsbestrebungen des Kindes unterbunden, nur weil die Erwachsenen nicht immer darüber nachdenken, aus welchem Grund sie dem Kind etwas verbieten. Das betrifft z. B. Bestrebungen des Kindes nach selbstständigem Essen, Trinken oder Anziehen. Der Wunsch des Kindes nach Autonomie ist viel früher vorhanden, als die Eltern dies zulassen können. Falsch verstandene pädagogische Motive, wie z. B. das Kind rechtzeitig zu »erziehen« und es frühzeitig mit gesellschaftlichen Regeln und Normen zu konfrontieren, sind weitere Gründe für eine Verstärkung des Trotzverhaltens.

Was verbirgt sich hinter der Trotzphase?

Das Kind möchte selbstständig sein, selbst entscheiden, sich abgrenzen, und es strebt nach Unabhängigkeit. Es entwickelt eine eigene Vorstellung über die Welt und stößt dabei auf Grenzen, die es nicht nachvollziehen kann. Darüber hinaus ist das Kind auf der Suche nach seiner eigenen Identität, bei der zwangsläufig Konflikte auftreten. Polarisierende Tendenzen machen sich beim Kind bemerkbar: Auf der einen Seite geht es um die Abgrenzung von den Eltern, wobei anderen um die Angst vor Verlust der elterlichen Zuwendung und emotionalen Beziehung.

Das Kind hat im Laufe der ersten beiden Lebensjahre viele Fähigkeiten und Fertigkeiten erworben, und es hat auch gelernt, Pläne zu entwickeln, um selbstständig nach eigenen Ideen zu handeln. Es will seine Vorstellung von der Welt unbedingt und ohne Veränderungen umsetzen. Verbote wie »Das geht nicht!« oder Ratschläge wie »Versuch es doch mal mit beiden Händen!« nützen dem Kind kaum, da es seine selbst gewählten Absichten verwirklichen und nicht irgendeine Lösung finden möchte. Etwa ab dem 18. bis 20. Lebensmonat erleben Kinder häufig die Grenzen ihres eigenen Handelns, die Misserfolge machen sie wütend, und sie können sie nur schwer akzeptieren.

Hinzu kommt, dass für Kinder dieses Alters nicht nachvollziehbar ist, warum man sich manchmal für eine Sache entscheiden muss, etwa: »Wenn ich mich für das eine entschieden habe, kann ich mich nicht für das andere entscheiden. Ich kann nicht gleichzeitig im Zimmer und draußen sein.« Solche Entscheidungen und logischen Folgerungen sind für Erwachsene selbstverständlich, nicht aber für Kinder in den ersten Lebensjahren. Dieses Dilemma führt im Alltag oft zu heftigen Auseinandersetzungen zwischen den Eltern und dem Kind.

Wenn Trotzanfälle nur selten und wenig intensiv auftreten

Auch wenn ein Kind keine Trotzreaktionen zeigt, erscheint es angebracht, herauszufinden, womit das zu tun haben könnte. Die Gründe dafür sind vielfältig:
- Das Kind ist sprachlich frühreif und kann sich verbal mit seinen Eltern gut auseinandersetzen.
- Es wird mit seinen Bedürfnissen ernst genommen und erfährt wenig Grenzen und Verbote.
- Die Eltern geben immer nach und vermeiden Konfliktsituationen.
- Oder die Eltern sind in ihrem Umgang mit dem Kind sehr rigide und autoritär.

Der Umgang mit Trotz

Trotz lässt sich nicht völlig vermeiden, jedoch in seiner Intensität beeinflussen. Es gibt einige Regeln, die das häufige und intensive Auftreten von Trotzanfällen verhindern oder doch abmildern können: direkte Konfrontation vermeiden, das »Nein« des Kindes so oft wie möglich akzeptieren, so wenig wie möglich Verbote aussprechen und selten selbst »Nein« sagen. Das Kind emotional zu »halten« und seine negativen Affekte »auszuhalten« ist eine wichtige Regel im Umgang mit Trotz. Die Angst vieler Erwachsener, zu wenige Grenzen führten dazu, dass Kinder sich zu »Tyrannen« entwickeln, ist meistens unbegründet (Ballhausen 1993).

Regeln und Grenzen sind nur in dem Maße sinnvoll, in dem sie als notwendig erachtet werden. Notwendig im Hinblick auf das Alter des Kindes und im Hinblick auf die Situation. Grenzen sind wichtig, um z. B. das Kind vor Gefahren zu schützen oder ihm altersgemäß seinen Anteil am menschlichen Zusammenleben nahezubringen. Regeln sind sinnvoll, damit das Kind lernt, sich in der jeweiligen Kultur zurechtzufinden und Selbstdisziplin zu entwickeln. Regeln, die zur Disziplinierung oder aus anderen pädagogischen Gründen gesetzt werden, verfehlen die oben genannten Ziele und sind meiner Ansicht nach sinnlos.

Reaktionen auf einen Trotzanfall
Trotz braucht man nicht zu »brechen« und »auszutreiben«. Er vergeht von selbst wieder. Bestrafung nützt nichts, im Gegenteil, Bestrafung verschlechtert nur die eh angespannte Situation. Wie bereits erwähnt, fühlt sich das Kind während eines »Trotzanfalls« innerlich vereinsamt und verlassen. Bestrafungen, z. B. das Kind auf der Straße allein zu lassen, es auf eine »Strafbank« bzw. einen »stillen Stuhl« zu setzen oder es in seinem Zimmer einzusperren, verstärken nur das Gefühl des Verlassenseins.

Viel besser ist es, beim Kind zu bleiben, ihm, wenn es sich das wünscht, den Rückzug zu erleichtern, bei der Regulierung seiner Affekte zu helfen und möglichst Alternativen anzubieten. Auf jeden Fall sollte der Erwachsene versuchen, das Kind in seiner Verzweiflung zu verstehen, Ruhe zu bewahren, keine Vorwürfe zu machen und zugewandt zu bleiben. Das Kind braucht nämlich während oder nach einem Trotzanfall mehr als sonst die emotionale Anteilnahme und die Zuwendung seiner Eltern.

Die Eltern sind für das Kind eine sichere Basis, von der es den Zugang zur Umwelt erneut findet. Kann das Kind die Eltern nicht als sichere Basis nutzen, so lernt es nicht, mit schwierigen Situationen allein fertig zu werden und sein inneres emotionales Gleichgewicht zu finden. Die Folge ist, dass dem Kind die Erfahrung fehlt, sich in seiner emotionalen Not auf die Eltern verlassen zu können. Wenn wiederholt solche Erfahrungen gemacht werden, kann dies zur Verstärkung von Trotzreaktionen oder aber zur Resignation des Kindes führen. Beides sind schlechte Voraussetzungen für die Entwicklung eines stabilen Selbstempfindens.

Wenn Trotz sich verfestigt und es immer wieder zu heftigen »Trotzanfällen« kommt, ist es an der Zeit, eine Erziehungsberatungsstelle oder einen Kindertherapeuten aufzusuchen, um das Problem zu klären.

Wie geht es den Eltern, wenn ihr Kind einen Trotzanfall bekommt?
Für Eltern ist die Zeit zwischen dem 18. und 36. Lebensmonat des Kindes besonders anstrengend, da es nun immer schwieriger wird, das Kind zufriedenzustellen. Bekommt es einen Trotzanfall, so fühlen sich Eltern oft hilflos, ohnmächtig und sogar vom Kind abgelehnt oder bestraft. Es ist für sie schwer begreiflich, warum ihr Kind sich bei Bekannten, bei der Tagesmutter oder bei den Großeltern anpasst und keine »Szenen« macht. Sie haben manchmal das Gefühl, als Bezugspersonen versagt zu haben. Diese und ähnliche Gefühle der Eltern sind verständlich, wichtig ist dennoch, festzuhalten, dass das Kind sich gerade deshalb von den Eltern abgrenzt und seine Gefühle offen ausdrückt, weil die Beziehung zu ihnen besonders eng und vertraut ist.

5 Behandlung von Regulationsstörungen

5.1 Theoretische Einführung

In der internationalen Fachliteratur (Zusammenfassung bei Stern 1995) sind die Begriffe »Säuglings-/Kleinkind-Eltern-Therapie« und »Eltern-Säuglings-/Kleinkind-Therapie« gleichermaßen verbreitet. Aus theoretischen Erwägungen verwende ich in dieser Publikation die Bezeichnung »Eltern-Säuglings-Beratung und -Therapie«, weil die Behandlung zwar in Gegenwart und unter Einbeziehung des Säuglings, dennoch unmittelbar mit den Eltern erfolgt.

Die Unterscheidung zwischen der Eltern-Säuglings-/Kleinkind-Therapie und der Eltern-Säuglings-/Kleinkind-Beratung ist bisher theoretisch nicht ausreichend konzeptualisiert. In einigen theoretischen Ausführungen kommt es zur Differenzierung zwischen Beratung und Therapie, in anderen wiederum werden Beratung und Therapie als gleichwertig bezeichnet (Stern 1995, Liebermann/Zeanah1999; Baradon et al. 2005; Hédervári-Heller 2008 a,b).

Es ist oft schwierig, Beratung und Therapie voneinander zu unterscheiden, besonders wenn man berücksichtigt, dass eine Beratung auch therapeutische Wirkung haben kann, unabhängig davon, ob sie von einem Experten mit oder ohne therapeutische Qualifikation durchgeführt wird. Tiefenpsychologisch versteht man unter therapeutischer Wirkung die Aufdeckung und die psychische Bearbeitung von unbewussten und bewussten Anteilen intrapsychischer und interpersoneller Konflikte. Im Fokus stehen die innerpsychischen Repräsentanzen.

Im Rahmen der Eltern-Säuglings-/Kleinkind-Therapie leistet ein Therapeut nicht ausschließlich therapeutische Arbeit, sondern führt oft ein Beratungsgespräch durch. Der Beratungsaspekt steht in solchen Fällen im Vordergrund, in denen die Regulationsstörung in erster Linie auf Gewohnheiten oder Erziehungsprobleme zurückgeht oder auch darauf, dass der Leidensdruck der Eltern stark ausgeprägt ist, und sie eine rasche Entlastung brauchen.

Zwischen Eltern-Säuglings-/Kleinkind-Beratung und -Therapie lassen sich dennoch wesentliche Unterschiede feststellen. Der zeitliche Aufwand einer Beratung ist kürzer als der einer therapeutischen Behandlung. Die Beratung ist weniger geeignet, unbewusste psychische Vorgänge aufzudecken, die hinter einem Problem verborgene Psychodynamik aufzuarbeiten und die intrapsychischen oder interpersonellen Konflikte zu lösen.

Unbewusste psychische Konflikte der Mutter oder des Vaters machen eine zeitlich längere psychotherapeutische Behandlung im Rahmen der Eltern-Säuglings-/Kleinkind-Therapie notwendig. Vor allem, wenn sich hinter der Regulationsstörung des Kindes eine neurotische oder psychotische Erkrankung der Mutter bzw. eine Persönlichkeitsstörung oder Störung der Mutter-Kind-Bindungsbeziehung verbirgt. Ferner können psychisch nicht verarbeitete traumatische Erlebnisse, der Verlust einer primären Bindungsperson in der Kindheit der Eltern oder schwerwiegende Paarkonflikte die therapeutische Behandlung der Regulationsstörung des Kindes begründen. Solange die Regulationsstörung des Kindes den Leidensdruck der Eltern aufrechterhält, sind die Eltern selten zu einer eigenen Psychotherapie bereit – es sei denn, sie befinden sich bereits in einer therapeutischen Behandlung. Erfahrungen zeigen, dass im Anschluss an eine Behandlung im Rahmen der Eltern-Säuglings-Therapie die Eltern mehr Offenheit für eine eigene, individuelle Psychotherapie zeigen.

Die erfolgreiche Behandlung im Rahmen einer therapeutischen Intervention wird in hohem Maße vom Arbeitsbündnis und von der Qualität der therapeutischen Beziehung zwischen Eltern und Therapeuten beeinflusst. Ähnlich wie bei der therapeutischen Behandlung spielt während der Beratung die Beziehung zwischen Experten und Klienten eine große Rolle. Ferner ist zu berücksichtigen, dass auch während der Beratung mit der Wirkung unbewusster Prozesse zu rechnen ist. Übertragung, Gegenübertragung oder Abwehr und Widerstand können auch bei der Beratung wichtig werden. Fachleute ohne psychotherapeutische Ausbildung haben es auf diesem Gebiet besonders schwer, da sie Gefahr laufen, die Wirkung unbewusster Prozesse nicht ausreichend zu erfassen und sie zu wenig zu berücksichtigen.

Die Abgrenzung der Beratung von der psychotherapeutischen Behandlung nehmen Thomä und Kechele (2006) vor und vertreten die Ansicht, dass die Beratung eine Methode sei, die auf einer Beziehung zwischen gleichrangigen Personen beruhe und nicht auf ein Abhängigkeitsverhältnis gegründet sein könne. Diese Formulierung impliziert, dass eine therapeutische Beziehung auf einem Abhängigkeitsverhältnis, eine in der Beratungssituation entstehende Beziehung dagegen auf Unabhängigkeit basiere.

Neben der Behandlungsmethode spielt sicherlich eine Rolle, welche Art von Beziehung der Experte dem Patienten oder Klienten anbietet. Seine Selbstreflexion, Offenheit und Toleranz gegenüber den »Eigenarten« und oft »fremden« Anteilen des Patienten oder des Klienten tragen wesentlich zum Behandlungserfolg bei, sowohl in der Beratung als auch in der psychotherapeutischen Behandlung.

Die nationale und internationale Fachliteratur befassen sich in erster Linie mit den in der Eltern-Säuglings-Therapie erworbenen Kenntnissen und erwähnen erst an zweiter Stelle die Erfahrungen aus der Beratung. Das ist nicht weiter verwunderlich, schließlich findet die Behandlung frühkindlicher Regulationsstörungen überwiegend im therapeutischen Rahmen statt und wird erst allmählich auch im Kontext von Beratung angewandt. Entsprechend sollten in Zukunft Prozesse in der Beratungssituation untersucht und Beratungskonzepte für die pädagogischen und sozialpädagogischen Fachdisziplinen konzipiert werden. Die Pionierarbeiten von Mechthild Papoušek hinsichtlich der Weiterbildung von Fachleuten in diesem Bereich sind hierfür von besonderer Bedeutung (Papoušek / Schieche / Wurmser 2004).

5.2 Methoden der Eltern-Säuglings-/Kleinkind-Beratung und -Therapie

5.2.1 Anfänge der Behandlung von Regulationsstörungen

Die Anfänge der Eltern-Kleinkind-Beratung in der sozialpädagogischen Arbeit gehen in Deutschland schon auf die 1920er-Jahre zurück. In Mütterzentren wurde sie im Rahmen der Sozialarbeit als eine Form der Erziehungsberatung praktiziert (Dornes 2000). Neben Sozialarbeitern begannen in den 1930er-Jahren einige Pädiater und Psychoanalytiker, sich mit seelischen Erkrankungen und deren Behandlung im Säuglings- und Kleinkindalter zu beschäftigen (Spitz 1945; Freud, A. 1946; Klein 1952; Winnicott 1965). Psychotherapeutische Erfahrungen in der Kinder- und Erwachsenenanalyse führten zu der Annahme, dass die Wurzeln psychischer Erkrankungen nicht ausschließlich in den ungelösten Konflikten des von Sigmund Freud formulierten Ödipuskomplexes liegen (Freud, S. 1924), sondern sich bereits in Verhaltensstörungen im Säuglingsalter zeigen (Winnicott 1965). Psychoanalytiker, die sich mit seelischen Erkrankungen des Säuglings und Kleinkindes beschäftigten (Spitz 1945; Klein 1952; Winnicott 1965), arbeiteten die systematische Behandlungstechnik der Eltern-Säuglings-Beratung und -Therapie zwar noch nicht aus, trugen jedoch wesentlich zu deren Entwicklung bei. Im Zusammenhang mit den Vorläufern der Eltern-Säuglings-/Kleinkind-Beratung und -Psychotherapie möchte ich kurz auf die Arbeit von Winnicott und die von ihm geprägten Konzepte der frühen Mutter-Kind-Beziehung eingehen.

Der praktizierende Kinderarzt und Psychoanalytiker Winnicott verknüpfte Erfahrungen aus der unmittelbaren Beobachtung von Säuglingen mit psychoanalytischen Kenntnissen und setzte diese in seiner praktischen Arbeit um. Er behandelte die Säuglinge nicht ausschließlich vom medizinischen Standpunkt aus, sondern führte psychodynamische Gespräche mit den Mutter-/Eltern-Säuglings-Paaren, ohne dass er diese Technik »Eltern-Säuglings-Therapie« genannt hätte. Mit Winnicotts Konzepten sind die Konfliktdynamik der Eltern-Säuglings-Beziehung und die frühen psychosomatischen Erkrankungen besser zu verstehen. Konzepte wie «primäre Mütterlichkeit« (1958), »Übergangsobjekte und Übergangsphänomene« (1958), die Qualität des »holding« = Haltens (1958), die Entwicklung des »wahren oder falschen Selbst« (1965) oder das Konzept der »ausreichend guten Mutter« (1987) haben längst Eingang ins psychoanalytische und pädagogische Denken gefunden. Winnicott wies früh darauf hin, dass die emotionalen Störungen im Säuglingsalter diagnostiziert und behandelt werden müssen (Winnicott 1965).

Als klinische Methode der Frühprävention und Frühintervention wurde die Eltern-Kleinkind-Psychotherapie in den USA von der Psychoanalytikerin Selma Fraiberg und ihren Mitarbeitern für die Behandlung von Säuglingen aus Multiproblemfamilien begründet (Fraiberg/Adelson/Shapiro 1975; Fraiberg 1980). Seit ihren Pionierarbeiten hat sich weltweit eine Vielzahl therapeutischer Ansätze unterschiedlichster Theorierichtungen entwickelt (Stern 1995). Die meisten dieser Konzepte lassen sich als psychoanalytisch oder als interaktionistisch orientiert klassifizieren. Psychoanalytische Ansätze fokussieren auf die innerpsychischen Prozesse und Repräsentanzen, wogegen interaktionistische Ansätze die aktuelle, beobachtbare Eltern-Kind-Interaktion in den Mittelpunkt der Behandlung stellen.

Neuere Methoden zur Behandlung von frühkindlichen Regulationsstörungen basieren auf bindungstheoretischen Konzepten. Ergänzend dazu findet man immer mehr Vertreter eines integrativen Vorgehens, bei dem die drei erwähnten Methoden innerhalb einer Behandlung angewandt werden, je nach Erreichbarkeit der Eltern und Störungsbild des Kindes. Es handelt sich dabei nicht um Willkür, sondern um ein wohlüberlegtes Verfahren, wie es in Kapitel 5.2.6 ausführlich beschrieben wird. Im Folgenden geht es um die einzelnen therapeutischen Ansätze zur Behandlung der frühkindlichen Regulationsstörungen.

5.2.2 Selma Fraibergs psychoanalytischer Ansatz

Die von Selma Fraiberg und ihren Mitarbeitern in San Francisco begründete psychodynamisch orientierte Eltern-Säuglings-Therapie war ursprünglich auf die psychotherapeutische Behandlung von Risikofamilien ausgerichtet (Fraiberg/Adelson/Shapiro 1975; Fraiberg 1980). Da Eltern aus Risikofamilien freiwillig kaum eine Beratungsstelle oder eine psychotherapeutische Praxis aufgesucht hätten, gingen die Therapeuten und Sozialarbeiter in die Familien, um dort zu beraten und therapeutisch zu intervenieren. Für die aufsuchende Beratung bildete Fraiberg Sozialarbeiter aus, die Familien in deren eigener Wohnung sozialpädagogisch und therapeutisch begleiten konnten. Fraiberg nannte ihre Methode »Psychotherapie in der Küche« (Fraiberg 1980). Diese tiefenpsychologisch orientierte Therapie zielte darauf, die Verbindung zwischen den eigenen Bindungserfahrungen der Mütter aus der Kindheit und ihren Wiederholungen im Umgang mit ihrem Kind aufzudecken. Ursprünglich galt das Verfahren als Psychotherapie für die Eltern und als Prävention für das Kind. Mittlerweile ist diese Trennung aufgehoben, da Eltern und Kinder gemeinsam als »Klienten/Patienten« betrachtet werden.

Laut Fraiberg lauern in jedem Kinderzimmer als ungeladene Gäste »Gespenster« aus den nicht erinnerten und psychisch nicht verarbeiteten negativen Kindheitserfahrungen der Eltern. Sie repräsentieren die Wiederholung der Vergangenheit und richten ihr Unheil in unterschiedlichsten Bereichen der kindlichen Entwicklung an, z. B. bei der Ernährung, beim Schlaf, bei der Disziplin oder in der Mutter-Kind-Bindung. Manchmal tauchen diese von Generation zu Generation auf und lassen das Kind von Geburt an die Schatten der Vergangenheit tragen. »Gespenster« können aber auch aus Belastungen der aktuellen Lebenssituation der Eltern entspringen und die Ruhe in der Familie als ungeladene Gäste stören (Fraiberg 1980, S. 164). Dementsprechend ist es

Ziel der Behandlung, das Kind von den »Gespenstern« der mütterlichen Fantasien und Last zu befreien.

Die von Fraiberg eingeführte Behandlungstechnik wendet in integrierter Form psychoanalytische Erkenntnisse, Elemente der Entwicklungspsychologie und der Sozialarbeit an. In ihrer Methode verwendeten Fraiberg und ihre Mitarbeiter drei verschiedene therapeutische Interventionen (Fraiberg 1980). Innerhalb der Kurzzeitbehandlung wurden *Krisenintervention* und *Entwicklungsberatung* sowie die intensive therapeutische Behandlung in Form der *Eltern-Kleinkind-Therapie* unterschieden.

1. Krisenintervention
Die Krisenintervention stellt eine kurze, im Allgemeinen aus drei oder weniger Sitzungen bestehende Behandlung dar. Sie wird in einer »Notsituation« angewandt und ist für weniger komplizierte Fälle vorgesehen, bei denen das Problem nicht primär psychisch bedingt, sondern durch äußere Faktoren entstanden ist: wenn z. B. der Vater nach der Geburt des Kindes die Mutter verlässt oder das Kind gesundheitliche Probleme hat. Die kurze Krisenintervention wirkt positiv auf die Interaktionsprozesse und den Bindungsaufbau zwischen Mutter und Kind.

2. Entwicklungsberatung
Die auf die Entwicklung des Kindes gerichtete kurze Intervention ist z. B. dann anwendbar, wenn das Kind an einer chronischen Erkrankung leidet oder traumatische Erfahrungen gemacht hat (Frühgeburt, längerer Krankenhausaufenthalt, Operation, …). Auch in anderen Fällen ist die Methode gut anwendbar und indiziert, wenn die Eltern wegen Fragen im Zusammenhang mit der Entwicklung des Kindes Unterstützung brauchen. Ziel ist es, die elterlichen Kompetenzen zu stärken, ihnen eine emotionale Unterstützung zu bieten sowie Informationen über die Bedürfnisse des Kindes und seine Entwicklung zu liefern. Eltern mit eingeschränkten Fähigkeiten zur Selbstreflexion und Einsicht sind mental oft nur durch »Anleitung« zu erreichen. Daher ist die Entwicklungsberatung oft der einzige Weg der Intervention.

3. Eltern-Kleinkind-Therapie
Die Eltern-Kleinkind-Therapie ist bei ernsthafteren emotionalen Störungen des Kindes und innerpsychischen Konflikten eines Elternteils indiziert. Die Ursache des Konflikts besteht in der negativen Übertragung und Projektion der mütterlichen Fantasien auf das Kind in Form der oben erwähnten »Gespenster im Kinderzimmer«. Ziel der therapeutischen Intervention sind die Vertreibung dieser »Gespenster« und die Befreiung des Kindes von den belastenden mütterlichen Fantasien. Mithilfe einer aufdeckenden therapeutischen Intervention werden die Wahrnehmung der Mutter und ihre verzerrten Vorstellungen bzw. Repräsentanzen vom Kind verändert. Die Veränderung der mütterlichen Fantasien wirkt positiv auf die Interaktionen mit dem Kind. Diese Methode ist auch in solchen Fällen anwendbar, in denen die klassische Psychoanalyse wenig Erfolg versprechend erscheint.

5.2.3 Weitere psychodynamische Ansätze zur Veränderung der elterlichen Repräsentanzen

Die psychodynamischen Ansätze im Rahmen der Eltern-Säuglings-Therapie fokussieren die Veränderung der mütterlichen Repräsentationen und nutzen psychoanalytische Behandlungstechniken. Diese beinhalten unter anderem das Verstehen von Übertragung und Gegenübertragung, das Aufdecken von unbewussten Prozessen und der Konfliktdynamik, das Besprechen von elterlichen Fantasien und biografischen Daten sowie die Deutungsarbeit. Der Fokus liegt auf inneren Repräsentanzen, d. h. dem Aufdecken von unbewussten innerpsychischen und interpersonellen Konflikten.

Die Veränderung der elterlichen Repräsentationen nach psychodynamischen Ansätzen kann – in der Klassifizierung von Stern (1995) – auf mindestens fünf unterschiedliche Arten erfolgen, je nachdem, welche Elemente des Eltern-Säuglings-Beziehungssystems als »*Eintrittspforte*« verwendet werden. Im Einzelnen handelt es sich um die folgenden Ansatzpunkte:
- die elterlichen Repräsentationen (Lieberman/Pawl 1993; Cramer/Palacio-Espasa 1993),
- das Verhalten des Säuglings (Brazelton 1984)
- die Mutter-Kind-Interaktion (Stern 1995; Bennet et al. 1994)
- die Repräsentationen des Therapeuten (Bick 1964; Bion 1963)
- die (mutmaßlichen) Repräsentationen des Säuglings (Dolto 1971; Eliacheff 1993).

1. Die elterlichen Repräsentationen als Eintrittspforte
Zwei namhafte Schulen dieses Ansatzes verdienen Erwähnung, die »Säuglings-Eltern-Psychotherapie« (Lieberman/Pawl 1993) und die »Mutter-Baby-Kurzpsychotherapie« (Cramer/Palacio-Espasa 1993). Obwohl beide von der Psychoanalyse inspiriert wurden, unterscheiden sie sich nennenswert voneinander.

Die von Lieberman und Pawl vertretene *Säuglings-Eltern-Psychotherapie* in San Francisco (1993) setzt die Methode von Selma Fraiberg fort. Ziel ist es, Säuglinge von der verzerrten Wahrnehmung der Eltern zu befreien sowie die Selbstrepräsentation der Eltern und ihre Repräsentationen des Kindes zu verändern (Lieberman/Pawl 1993). Die San-Francisco-Gruppe arbeitet viel mit benachteiligten Familien und legt großen Wert darauf, Schuldzuweisungen für die Schwierigkeiten des Säuglings zu vermeiden.

Die Veränderung der elterlichen Repräsentationen kann nur in einem Prozess erfolgen, in dem die Eltern durch die therapeutische Beziehung eine »korrigierende Bindungserfahrung« machen und in dem eine unterstützende therapeutische Allianz entstehen kann. Die Übertragungs- und Gegenübertragungsprozesse ermöglichen es den Eltern, eine positive »Selbsterfahrung« in der Beziehung zu anderen, zu den Therapeuten, vor allem aber zum Säugling zu machen. Die positive Übertragung und therapeutische Beziehung sind die Erfolgsbedingungen des therapeutischen Prozesses.

Die Anhänger dieser Methode können zu den Postfreudianern gerechnet werden, die sich weniger auf die Deutung oder die Bewusstmachung des Unbewussten stützen. Ihr Ziel ist es, eine optimale therapeutische Allianz und die Bedingungen für die korrigierende Bindungserfahrung zu schaffen. Die Patienten werden nicht nach ihrer Pathologie selektiert. Patienten, die an schweren affektiven oder Persönlichkeitsstörungen leiden, werden ebenso behandelt wie psychotische Eltern. Da die Säuglings-Eltern-Psychotherapie in San Francisco auch mit Risikofamilien arbeitet, werden unterschiedliche therapeutische Techniken verwendet, z. B. Beratung, Unterstützung, Familienbesuche und therapeutische Gespräche.

Die von Cramer und Palacio-Espasa (1993) vertretene Genfer *Mutter-Baby-Kurzpsychotherapie* folgt weitgehend den Zielen der klassischen freudschen Psychoanalyse. Zu dieser psychoanalytischen Tradition, für welche die Deutung der elterlichen Repräsentationen die wichtigste Aufgabe darstellt, gehören auch die Arbeiten des aus Frankreich stammenden Lebovici (1983) und des in Deutschland bekannten Stork (1986, 1999).

Patienten mit affektiver und mit Persönlichkeitsstörung sieht man als ungeeignet für die Behandlung an, da nicht auf ihre therapeutische Einsicht aufgebaut werden kann. Die Behandlung erfolgt in erster Linie mit gut situierten Mittelschichtfamilien. Das therapeutische Bündnis wird von vornherein als gegeben angesehen und der Aufbau einer therapeutischen Beziehung daher als nicht notwendig eingeschätzt. Die Entstehung einer grundsätzlich positiven Übertragung gilt als selbstverständlich. Wesentliche therapeutische Intervention kommt der Deutung zu, mit deren Hilfe das Unbewusste bewusst gemacht werden soll. Mit Deutung in diesem Kontext ist gemeint, die Erfahrungen der Mutter aus der Vergangenheit mit der Gegenwart sowie ihre Repräsentationen mit der Mutter-Kind-Interaktion zu verbinden. Deutung ist notwendig und reicht oft aus, um die Repräsentationen der Mutter zu verändern.

Die wichtigste Eintrittspforte für die Behandlung ist die Vorstellungswelt der Eltern, genauer: wie die Eltern die Wirkung der Erinnerungen aus der Vergangenheit auf die Gegenwart deuten und was sie dabei fühlen. Neben dem Fokus auf elterlichen Repräsentationen wird die Beziehung zwischen den Eltern und dem Kind bzw. das Interaktionsverhalten beobachtet und für die Intervention genutzt. Es werden solche Verhaltensmuster herausgesucht, die als Manifestierung des Hauptkonfliktes gedeutet werden können. Diese sogenannten symptomatischen Interaktionssequenzen sind als klinisches Material nur insofern von Wert, als sie als Beispiele oder Konkretisierungen dessen, was bereits bekannt ist, dienen. Die Mutter-Kind-Interaktion ist nicht Ausgangspunkt, nicht Anfangs-, sondern Schlusselement. Bei diesem Ansatz werden keine therapeutischen Techniken wie Beratung, Vermittlung von Ratschlägen, positive Anerkennung oder Unterstützung angewandt, da diese nach Meinung der Genfer Gruppe den analytischen Rahmen verletzen.

Den psychodynamischen therapeutischen Ansätzen der »San Francisco-Gruppe« und der »Genfer Gruppe« ist gemeinsam, dass sie sich beide um eine Veränderung der Repräsentationen bemühen, welche die Eltern von sich als Eltern und von ihrem Kind ausgebildet haben. Sie tun das jedoch mit unterschiedlichen Mitteln. Die Gruppe in San-Francisco misst der Realität eine größere Bedeutung bei, wogegen Vertreter des Genfer Ansatzes die mütterlichen Fantasien bzw. Repräsentationen fokussieren.

2. Das Verhalten des Säuglings als Eintrittspforte (Brazelton 1984)
Der klinische Fokus der Behandlung richtet sich bei diesem Ansatz auf das Verhalten des Säuglings. Es wird während einer kinderärztlichen Untersuchung oder in einer Testsituation beobachtet (z. B. »Bayley III Scales of Infant and Toddler Development«: Bayley 2006, oder »Verhaltensskala des Neugeborenen«: Brazelton 1984) und bildet den Ausgangspunkt für das Gespräch mit den Eltern. Von der Verhaltensbeobachtung des Kindes führt der Weg zu den Repräsentationen, Fragen und Problemen der Eltern. Dieses Vorgehen ähnelt der kinderärztlichen Routineuntersuchung, unterscheidet sich jedoch in der Hinsicht, dass die Eltern eine Rückmeldung über das Verhalten des Säuglings und seinen Entwicklungsstand bekommen.

Beschrieben wurde dieser Ansatz von Brazelton und seinen Mitarbeitern aus Boston (Brazelton 1984). Mit dieser Vorgehensweise sollen vor allem die Vorstellungen der Eltern von sich selbst und vom Säugling verändert werden, und zwar dadurch, dass die Aufmerksamkeit auf das beobachtbare Verhalten des Säuglings gerichtet wird. Die gemeinsame Besprechung der Beobachtungen hilft den Eltern, das Verhalten ihres Kindes besser zu verstehen. Wenn die Eltern mithilfe dieses Verfahrens anfangen, das Verhalten des Säuglings und sich selbst anders wahrzunehmen, trägt dies zur Veränderung ihrer Interaktionen mit dem Säugling bei. Diese Methode kann in der Kinderheilkunde schon vom Neugeborenenalter an angewandt werden.

3. Die Mutter-Kind-Interaktion als Ansatz (Stern 1995; Bennet et al. 1994)
Bei dieser Eintrittspforte dient die Interaktion zwischen Mutter und Kind als ausschließlicher klinischer Fokus. Die Aufmerksamkeit ist in einer spezifischen Weise auf die Interaktion gerichtet, um Zugang zu den Repräsentationen der Mutter zu finden. Die gemeinsame Beobachtung von Videosequenzen der Mutter-Kind-Interaktion hilft bei der Suche nach dem Zugang zur repräsentativen Welt der Mutter. Die von Stern ausgearbeitete »mikroanalytische Befragungstechnik« (Stern 1995) dient dabei als Grundlage für eine Eintrittspforte, bei der die Veränderung der elterlichen Repräsentationen angestrebt wird. Im Gegensatz zu der oben vorgestellten Genfer Mutter-Baby-Kurzzeittherapie ist bei dieser Methode die beobachtete Interaktion nicht der Endpunkt, sondern der Beginn jenes Prozesses, in dessen Verlauf die Experten die Vorstellungswelt der Eltern erkunden und verändern können.

Bennett und Mitarbeiter (1994) erarbeiteten eine Technik der psychotherapeutischen Kurzintervention, die fast ausschließlich die *»mikroanalytische Befragungstechnik«* zur Veränderung der elterlichen Repräsentationen anwendet. Im Laufe der Videoanalyse ist der Therapeut bestrebt, durch Fragen das Erleben der gegenwärtigen Situation mit den Erinnerungen der Vergangenheit zu verknüpfen: »Hat das Betrachten des Videos irgendetwas aus Ihrer eigenen Vergangenheit angesprochen? Haben

Sie selbst jemals Ähnliches erlebt?« (Stern 1995, S. 163). Das Aufleben der Erinnerung trägt erheblich dazu bei, die klinisch bedeutsame Phase aus dem Leben der Eltern in den Mittelpunkt der Behandlung zu rücken, die Beziehung zwischen Vergangenheit und Gegenwart aus einem neuen Blickwinkel zu erleben und zu bewerten.

4. Die Repräsentationen des Therapeuten als Ansatzpunkt (Gegenübertragungsansatz) (Bion 1963; Bick 1964)

Die Repräsentationen, Gedanken und Gefühle des Therapeuten dienen als Eintrittspforte zur Veränderung der elterlichen Repräsentationen. In der Fachliteratur wird diese Herangehensweise auch als Gegenübertragungsmethode bezeichnet. Sie umfasst das von Wilfred Bion ausgearbeitete Konzept, wonach die Eltern oder der Therapeut als »Container« der psychischen Aktivitäten des Säuglings dienen (Bion 1963). Auch die Methode der »Säuglingsbeobachtung« von Ester Bick (1964) bestimmte die weitere Entwicklung dieses therapeutischen Ansatzes.

Im Rahmen der *Säuglingsbeobachtung* besucht der Therapeut von Geburt des Kindes an zwei Jahre lang wöchentlich einmal die Familie zu Hause. Er ist als passiver Beobachter anwesend, schaltet sich nicht in das Geschehen ein, sondern richtet seine Aufmerksamkeit auf seine eigenen Vorstellungen. Im Mittelpunkt steht die Subjektivität des Therapeuten, d. h. sein Erleben des Säuglings. Die schriftlichen Protokolle werden in regelmäßigen Supervisionssitzungen besprochen. Im Fokus der Therapie steht also die Seelenfunktion des Therapeuten. Die Veränderung entsteht dadurch, dass die interessierte, wohlwollende und akzeptierende Aufmerksamkeit des Therapeuten eine positive Wirkung auf die elterlichen Repräsentationen und damit auch auf den Säugling ausübt. Diese psychoanalytische Methode ist weniger als therapeutisches Verfahren, sondern viel eher als analytisches Beobachtungsverfahren im Gebrauch, dennoch kann ihre Wirkung als therapeutisch angesehen werden.

5. Die (mutmaßlichen) Repräsentationen des Säuglings als Ansatz (Dolto 1971; Eliacheff 1993)

Die ursprünglich in Frankreich entwickelte therapeutische Technik, in der sich der Therapeut die »Stimme des Säuglings« zu eigen macht, wird in verschiedenen Behandlungsmethoden benutzt. Der Therapeut fasst die Gefühle und Gedanken des Säuglings in Worte und drückt im Namen des Säuglings mit seinen Worten aus, was im Kind vorgeht. So kommt es z. B. bei therapeutischen Sitzungen häufig vor, dass die Mutter in Tränen ausbricht, woraufhin der Säugling sein Spiel abbricht und aufgeschreckt die Mutter beobachtet. Daraufhin sagt der Therapeut im Namen des Kindes Folgendes: »Ich bin so traurig und unsicher, wenn du weinst.«

Vielen kommt es ungewöhnlich vor, wenn der Therapeut die Stimme des Säuglings verkörpert. Die Gefühle, Gedanken oder Absichten des Säuglings kann auch in der zweiten Person in Worte gefasst werden: »Ich sehe, wie traurig du bist, dass die Mama weint.« Das In-Worte-Kleiden der inneren Erlebnisse des Säuglings zielt auf die Eltern und auf deren Repräsentationen ab. Die Eltern sollen einen besseren Einblick in die intrapsychische Realität des Säuglings erhalten, um so das Gefühlsleben und die Gedankenwelt ihres Kindes leichter zu verstehen. Die an den Säugling gerichteten Mitteilungen nehmen in der Regel einen positiven Einfluss auf die Eltern-Kind-Interaktion und -Beziehung. Veränderungen in der Eltern-Kind-Beziehung haben wiederum eine Wirkung auf das Verhalten des Säuglings.

Diese von Dolto (1971) entwickelte und von Eliacheff (1993) fortgesetzte therapeutische Technik ist, wie gesagt, besonders in Frankreich verbreitet. Eine der wichtigsten, gleichzeitig auch umstrittensten Thesen Doltos lautet, dass der Säugling die Fähigkeit besitze, die Bedeutung der Worte zu verstehen und diese mit seinen eigenen Erfahrungen zu verknüpfen. Das unmittelbare Sprechen mit dem Säugling bedeutet demnach nicht nur das Benennen von Dingen und innerem Erleben, sondern vor allem die Anerkennung der Persönlichkeit des Säuglings.

Erwähnung verdient die neuerdings in Schweden angewandte Methode der »*unmittelbaren psychoanalytischen Behandlung des Säuglings*« (Norman 2001; Salomonsson 2007), bei der das Kind unmittelbar in die Behandlung einbezogen und mit ihm gesprochen wird – in der Annahme, dass der Säugling, bevor er sprechen kann, über eine nicht lexikalische, affektive Sprache verfügt. Bei dieser Methode wird dem Aufbau der Beziehung zwischen Analytiker und Säugling besondere Relevanz beigemessen.

5.2.4 Interaktionistische Ansätze zur Veränderung der Eltern-Kind-Interaktion

Interaktionistisch zentrierte Ansätze im Rahmen der Eltern-Säuglings-Therapie basieren überwiegend auf der behavioristischen, verhaltenstherapeutischen und pädagogischen Tradition. Der therapeutischen Beziehung wird jedoch ein größeres Gewicht beigemessen, als dies in der Verhaltenstherapie üblich ist. Themen der Übertragung und Gegenübertragung bekommen bei diesem Ansatz mehr Aufmerksamkeit als in manchen psychodynamisch orientierten Kurzzeittherapien.

Im Gegensatz zu psychodynamischen Ansätzen fokussiert man während der interaktionistisch zentrierten Behandlung die unmittelbar beobachtbare Mutter-Kind-Interaktion. Aus Videoaufzeichnungen werden gemeinsam mit den Eltern Filmsequenzen von in der Regel positiven, d. h. gelungenen Mutter-Kind-Interaktionseinheiten ausgesucht, gemeinsam beobachtet und analysiert. Ziel der therapeutischen Behandlung ist die Veränderung des beobachtbaren Interaktionsverhaltens der Mutter und des Kindes.

In Abhängigkeit vom therapeutischen Ansatz unterscheiden sich die Konzepte in ihren Vorgehensweisen (Stern 1995). Im Folgenden sollen drei international bekannte Konzepte der interaktionistisch orientierten therapeutischen Methoden vorgestellt werden:
- das beobachtbare Verhalten der Mutter (»Interaction Guidance«) (McDonough 1993)

- das gesamte Netzwerk der Familieninteraktionen (systemtheoretischer Ansatz) (Fivaz-Depeursinge / Corboz-Warnery 1999; Klitzing 1998)
- die »Münchner interaktionszentrierte Eltern-Säuglings- / Kleinkind-Beratung und Psychotherapie« (Papoušek 1998, Papoušek / Schieche / Wurmser 2004)

1. Das beobachtbare Verhalten der Mutter (McDonough 1993)

Der auf Interaktionsanleitung ausgerichtete Ansatz zählt zu den bekanntesten Methoden, welche das beobachtbare Verhalten der Eltern sowie die Eltern-Kind-Interaktion als Eintrittspforte benutzen. Die Methode wurde aus der klinischen Arbeit mit mehrfach benachteiligten Familien entwickelt.

Aufbau und Aufrechterhaltung eines therapeutischen Bündnisses sind dabei von großer Bedeutung. Wichtig ist auch, zu entscheiden, welche weiteren Personen aus dem familiären Umfeld sinnvollerweise an den therapeutischen Sitzungen beteiligt werden könnten. Fallweise kann die Einbeziehung einer Freundin, eines Nachbarn oder eines für die Eltern wichtigen Familienmitgliedes unterstützend für den therapeutischen Prozess sein. Wenn es angebracht ist, finden Hausbesuche statt, Empfehlungen und praktische Hilfen werden gegeben, oder es wird mit anderen Institutionen zusammengearbeitet.

Ein wichtiges Charakteristikum dieser Behandlung ist die Verstärkung des positiven elterlichen Verhaltens, selbst dann, wenn es sich nur für Bruchteile von Sekunden zeigt. Das positive Elternverhalten kann bei der Beobachtung der Eltern-Kind-Interaktion identifiziert werden. In der therapeutischen Sitzung werden fünf- bis 15-minütige Videoaufnahmen der Eltern-Kind-Interaktionen (Spielsituation, Füttern, Wickeln) gemacht und anschließend gemeinsam mit den Eltern besprochen. Der Therapeut fokussiert dabei ausschließlich die erfolgreichen Interaktionsmomente.

Die so festgestellten Muster von gut funktionierender Eltern-Kind-Interaktion tragen in hohem Maße zur Festigung der – wenn auch nur in geringem Umfang vorhandenen, jedoch nachweisbaren – elterlichen Kompetenz bei, ohne dass die Eltern sich kritisiert fühlen. Darüber hinaus kann auf diese Weise die Konfliktdynamik in der Eltern-Kind-Beziehung identifiziert werden, ebenfalls ohne Kritik des elterlichen Verhaltens. Kritik am elterlichen Verhalten würde ja gerade nicht zur Veränderung des problematischen elterlichen Verhaltens führen, sondern sich störend auf die Entfaltung des therapeutischen Bündnisses, die Motivation der Eltern und ihre Zusammenarbeit mit dem Therapeuten und somit auch auf die Effektivität der Behandlung auswirken.

2. Das vollständige Beziehungsnetz der Familie als Eintrittspforte (Fivaz-Depeursinge / Corboz-Warnery 1999; Klitzing 1998)

Dieser systemtheoretische Ansatz erinnert an die Familientherapie, unterscheidet sich davon jedoch grundlegend (Stern 1995). Die Familientherapie berücksichtigt sämtliche Beziehungen der Familienmitglieder, während bei der systemtheoretisch orientierten Eltern-Säuglings-Therapie die Anwesenheit von zwei Familienmitgliedern ausreicht, obgleich alle Mitglieder der Familie in die Behandlung einbezogen werden können. Bei Familien mit Kleinkindern wird der familientherapeutische Ansatz selten angewandt. Eine Ausnahme stellt die von Byng-Hall und Mitarbeitern in der Londoner Tavistock-Klinik praktizierte Methode dar (Byng-Hall 1999). Byng-Hall und Mitarbeiter nutzen bindungstheoretische Konzepte innerhalb der Familientherapie, nachdem sie die Bedeutung der emotionalen Bindung bei der Ausbildung der frühen Familienmuster erkannten.

Die bekanntesten Vertreter der Methode des vollständigen Beziehungsnetzes der Familie als Eintrittspforte (Fivaz-Depeursinge / Corboz-Warnery 1999) sind die Mitarbeiter des »Lausanner Familienforschungs-Zentrums« in der Schweiz. Sie formulieren ihr therapeutisches Konzept in drei Schritten.

- Der erste Schritt ist der Aufbau eines positiven therapeutischen Arbeitsbündnisses, mit dessen Hilfe die Familie Vertrauen in die Methode entwickeln kann. Während dieser Phase beobachtet der Therapeut die charakteristischen Interaktionen der Familienmitglieder untereinander und mit dem Therapeuten.
- Der zweite Schritt ist die Sicherstellung des räumlichen Rahmens, in dem die Interaktionsprozesse systematisch in der vorgegebenen zeitlichen und räumlichen Struktur beobachtbar werden können. Dazu gehört z. B., dass die Eltern ihrem Kind gegenüber Platz nehmen und so ein räumliches Dreieck bilden. In diesem Rahmen können die dyadischen (Mutter–Kind, Vater–Kind, Mutter–Vater) und triadischen (Mutter–Vater–Kind) Interaktionen beobachtet werden.
- Nachdem das therapeutische Bündnis und der physische Rahmen hergestellt sind, kommt der Therapeut zum dritten Schritt der Behandlung. Ziel sind die Veränderung der Wechselwirkung zwischen den Familienmitgliedern und dabei die Modifizierung der familiären Interaktionen, nicht die Veränderung der Persönlichkeitszüge der Familienmitglieder.

3. Die »Münchner interaktionszentrierte Eltern-Säuglings- / Kleinkind-Beratung und -Psychotherapie« (Papoušek 1998)

Dieses Konzept wurde von Mechthild und Hanuš Papoušek auf der Grundlage jahrzehntelanger internationaler wissenschaftlicher Forschungsarbeit begründet. Ihr Hauptinteresse gilt der Erforschung der Verhaltenszustände des Neugeborenen und Säuglings, seiner kommunikativen Fähigkeiten und des intuitiven elterlichen Verhaltens (Papoušek/Papoušek 1987; Papoušek 1994; Papoušek/Schieche/Wurmser 2004).

1991 eröffnete das Ehepaar Papoušek in Deutschland die erste international bekannte »Schreiambulanz« im Kinderzentrum der Münchner Universitätsklinik. Ein Merkmal der Ambulanz zur Behandlung von frühkindlichen Regulationsstörungen ist, dass ihre klinische Arbeit auf gut begründeten und weitreichenden wissenschaftlichen Untersuchungen aufbaut.

Die nun schon seit 20 Jahren in der Münchner Schreiambulanz gewonnenen empirischen Daten über Störungen der Verhaltensregulation trugen in hohem Maße zur Differenzierung von psychosomatischen Erkrankungen und zu deren Behandlung im Säuglings- und Kleinkindalter bei. Sie etablierten erstmals in Deutschland eine Weiterbildung von Fachleuten aus unterschiedlichen Disziplinen, die auch Grundlage der späteren Weiterbildungsprogramme wurde. Das Weiterbildungsprogramm umfasst sowohl Beratungs- als auch therapeutische Aspekte, je nach vorliegender Qualifikation der Teilnehmer. Der Ansatz der Münchner interaktionszentrierten Eltern-Säuglings-/Kleinkind-Beratung und -Psychotherapie legt den Fokus auf die alltäglichen Kommunikations- und Interaktionsprozesse in der Eltern-Kind-Beziehung. Kompetenzen der Eltern im Hinblick auf das intuitive elterliche Verhalten sowie die regulativen Fähigkeiten des Kindes werden in gleicher Weise berücksichtigt.

Das interdisziplinäre Team in der Schreiambulanz besteht aus Kinderärzten, Psychologen, Psychotherapeuten und Sozialarbeitern. Neben pädiatrischen Untersuchungen finden therapeutische Gespräche mit den Eltern in Gegenwart des Kindes statt, werden Videoaufnahmen über die verschiedenen Situationen der Eltern-Säuglings-Interaktionen (Spiel, Füttern, Windelnwechseln) hergestellt und diese gemeinsam mit den Eltern besprochen. Zum Zweck der Veränderung der Eltern-Säuglings-Interaktion wird die Methode des »Videofeedback« (ausführlich in 5.2.6 beschrieben) verwendet.

Die therapeutische Intervention fokussiert folgende Inhalte (Papoušek 1998):
- *Entlastung der Eltern* – körperliche Erschöpfung, Unausgeschlafenheit werden kompensiert durch Einbeziehung des Vaters oder anderer Familienmitglieder in die Pflege des Kindes. In manchen Fällen kann eine stundenweise Betreuung des Kindes in einer Krippe oder Kindertagespflege wesentlich zur Entlastung der Mutter und Verbesserung der Mutter-Kind-Bindung beitragen.
- *Die Entlastung der Eltern von psychischen Beeinträchtigungen* zielt auf die Wiederherstellung des infolge der »Krise« ins Wanken geratenen Selbstwertgefühls, auf die Entlastung von Schuldgefühlen und gegebenenfalls von depressiven Verstimmungen eines Elternteils.
- Eine *Beratung im Hinblick auf den Tagesablauf des Säuglings* beinhaltet z. B. die Beratung über Ernährungsfragen, Rituale und Gewohnheiten oder die Bedeutung des gemeinsamen Spiels mit dem Kind.
- Mit *Kommunikationstherapie* ist z. B. die Sensibilisierung der Eltern gemeint, auf die Signale des Kindes feinfühlig zu reagieren, oder sie im Hinblick auf ihre Kompetenz der intuitiven elterlichen Kommunikation zu unterstützen.

- Die *Beratung im Hinblick auf die Partnerschaftsbeziehung* umfasst unter anderem die Verteilung der elterlichen Funktionen, eventuelle Konflikte in der Paar- und Elternbeziehung, Aufdeckung und Behandlung der eigenen, nicht aufgearbeiteten aktualisierten Konflikte aus der Lebensgeschichte der Eltern.

Wie aus diesen Inhalten der therapeutischen Intervention hervorgeht, werden Beratung und Interaktionsanalyse, intrapsychische und interpersonelle Konflikte in der Behandlung berücksichtigt, ohne dass darauf besonderes Gewicht gelegt würde. Die Orientierung ist mehr verhaltenstherapeutisch und weniger tiefenpsychologisch ausgerichtet.

5.2.5 Bindungstheoretisch geleitete Methoden zur Veränderung der Eltern-Kind-Bindung

In den letzten Jahren hat die praktische Anwendung bindungstheoretischer Erkenntnisse eine wachsende Aufmerksamkeit bei der Behandlung von psychischen Erkrankungen im Säuglings- und Kleinkindalter sowie im Kinder- Jugend- und Erwachsenenalter erhalten.

Insbesondere im Bereich der Frühprävention und der Frühintervention sind bindungstheoretisch orientierte Behandlungstechniken von Bedeutung. Sie stellen eine Erweiterung der psychodynamisch und interaktionistisch orientierten therapeutischen Methoden dar. Das Bindungsverhalten des Kindes, seine Bindungsorganisation, Bindungsrepräsentanzen der Eltern sowie die Qualität der Eltern-Kind-Bindung sind hier von Bedeutung.

Drei auch im deutschsprachigen Raum bekannte bindungstheoretische Methoden werden im Folgenden vorgestellt. Sie können in unterschiedliche therapeutische Verfahren integriert oder als eigenständige Methode angewandt werden.

1. »Care-Index« (Crittenden 1979–2004)

Mithilfe des Care-Index wird die Qualität der Eltern-Säuglings/Kleinkind-Interaktion bewertet und dabei besonders die Feinfühligkeit berücksichtigt, mit der Eltern auf die Signale des Kindes reagieren. Die elterliche Feinfühligkeit wird nicht als persönliche Eigenschaft, sondern als Charakteristikum der jeweiligen dyadischen Beziehung interpretiert. Ein Elternteil kann in der Beziehung zu verschiedenen Kindern unterschiedlich feinfühlig sein. Beim Care-Index werden kurze, drei- bis fünfminütige Videoaufnahmen im Hinblick auf die Mutter-Kind- oder Vater-Kind-Interaktionen analysiert. Die Aufnahmen werden entweder zu Hause bei der Familie oder in Institutionen angefertigt.

Der Index umfasst sieben Verhaltenskategorien zur Beobachtung des elterlichen und des kindlichen Verhaltens. Die Kategorien des elterlichen Verhaltens beinhalten: *sensibel, kontrollierend* und *nicht responsiv*. Die Kategorien des kindlichen Verhaltens sind: *kooperativ, schwer lenkbar, passiv* und *ängstlich angepasst*. Grundlage der Beobachtungen sind Gesichtsausdruck, Vokalisierung / Verbalisierung, Körperhaltung und Körperkontakt, Gefühlsausdruck, »Sprecherwechsel« und Kontrollverhalten.

Der Care-Index ist gleichermaßen geeignet für wissenschaftliche Untersuchungen und diagnostische Zwecke. Er kann auch als Interventionsangebot in der therapeutischen Behandlung eingesetzt werden. Mit seiner Hilfe können »verborgenes feindseliges« Verhalten der Eltern und die Gefahr eventueller Kindesmisshandlung erkannt werden. Ähnlich wie bei anderen bindungstheoretischen Methoden erfordert auch die Anwendung des Care-Index eine Vorbereitung der Experten im Rahmen intensiver Weiterbildung bzw. von Training durch die Autorin dieses Verfahrens.

2. »Watch, Wait and Wonder« (Cohen et al. 1999; Cohen 1003) –
»Beobachten, warten und sich wundern«

Diese Psychotherapie (Cohen et al. 1999; Cohen 2003) ist eine Form der »Beziehungstherapie« mit dem Ziel, den Aufbau einer emotional sicheren Eltern-Kind-Bindung zu unterstützen. Im Fokus steht das Kind, die therapeutische Arbeit erfolgt jedoch mit den Eltern. Nach einer Anleitung beobachten die Eltern 20 bis 30 Minuten lang den Säugling beim Spiel.

Die Eltern werden folgendermaßen angeleitet: Die Mutter oder der Vater setzt sich auf den Boden, überlässt dem Säugling den Spielverlauf, beginnt von sich aus keine Interaktion, reagiert aber immer auf die Signale des Säuglings und lässt diesen frei spielen, ohne ihn zu manipulieren. Es gilt dabei die Maxime: »Beobachten, warten und sich wundern«. Die Anwendung dieser Methode sollte erst mit Säuglingen ab dem vierten bis sechsten Lebensmonat beginnen, wenn sie ihre emotionalen Zustände und ihr Verhalten einigermaßen selbst regulieren können.

Die Intervention erfolgt sowohl auf der Verhaltensebene als auch auf der Ebene der Repräsentationen. Die Rolle des Therapeuten ist weniger interaktiv als psychoanalytisch. Während der Beobachtungszeit mischt sich der Therapeut nicht in das Geschehen ein. Ähnlich wie die Eltern übernimmt er die Rolle des passiven Beobachters und tritt in den Hintergrund. Die therapeutische Intervention beginnt damit, dass der Therapeut die Eltern ermuntert, über ihre Gedanken und Gefühle während der Beobachtung zu berichten. Die Beobachtungen der Aktivität des Säuglings werden besprochen. Während dieses Gesprächs gibt der Therapeut weder Anleitung noch Ratschläge und interpretiert nicht. Er begleitet die Äußerungen der Eltern neutral, aber interessiert.

Dieses Verfahren ist eine der seltenen Methoden, die auch ohne Teilnahme an einem intensiven Trainingsprogramm leicht anwendbar sind. Als effektives Instrument kann es in hohem Maß zum Erfolg der therapeutischen Arbeit beitragen. Die Feinfühligkeit der Eltern wird erhöht, indem sie in der Behandlung lernen, sich vom Kind leiten zu lassen und mehr auf die Signale des Kindes zu reagieren, als von sich aus die Initiative zur Interaktion mit dem Kind zu ergreifen. Somit wird die Wahrscheinlichkeit für den Aufbau einer sicheren Mutter-/Vater-Kind-Bindung erhöht (Cohen et al. 1999).

3. »STEEP-Programm« (Steps Toward Effective and Enjoyable Parenting) (Erickson / Egeland 2009) – »Schritte zu einer wirksamen und zufriedenstellenden Elternschaft«

Das STEEP-Programm wurde 1986 auf der Grundlage der Bindungstheorie von Martha Erickson und Byron Egeland in den USA ausgearbeitet. Ziel ist die Entwicklung einer organisierten und sicheren Eltern-Kind-Bindungsbeziehung im Rahmen der Frühprävention und Frühintervention.

Das Präventionsprogramm beruht auf der Annahme, dass die gesunde seelische Entwicklung im Säuglingsalter beginnt, weshalb bereits in dieser frühen Lebensphase eine präventive Intervention notwendig sein kann. Damit können spätere psychische Probleme verhindert werden. Bei der Zielgruppe handelt es sich um mehrfach benachteiligte Familien, die mit anderen therapeutischen Methoden kaum oder gar nicht zu erreichen sind; sozialpädagogische Maßnahmen reichen zur Prävention oft nicht aus.

Die Intervention im Rahmen des STEEP-Programms beginnt während der Schwangerschaft und dauert bis zum zweiten Lebensjahr des Kindes. Nach der Geburt finden regelmäßige Familienbesuche in zweiwöchentlichem Abstand statt, und die Mutter nimmt alle zwei Wochen an Gruppensitzungen mit oder ohne Kind teil.

Das gemeinsame Besprechen von Videoaufnahmen über die Eltern-Säuglings-Interaktionen hilft am besten, die oben genannten Interventionsziele zu erreichen: Anleitung zur Selbstbeobachtung, zur Verstärkung der elterlichen Feinfühligkeit, zum besseren Verständnis von Entwicklung und Verhalten des Kindes sowie zur Ausbildung der Fähigkeit, als Eltern die Perspektive des Kindes einzunehmen. Ein wichtiges Element der Intervention besteht darin, die Eltern mithilfe der Methode des »*Seeing is Believing*« (Sehen ist Glauben) immer wieder zu motivieren, ihr Kind zu beobachten und in seinem Gefühlszustand, seinen Wünschen und Bedürfnissen zu verstehen.

Zusammenfassend kann festgehalten werden, dass dieses komplexe Frühinterventionsprogramm auf die Unterstützung der Eltern-Kind-Bindung fokussiert und die unterschiedlichen Ebenen für die Intervention berücksichtigt: Verhaltensebene, Repräsentationsebene, soziale Unterstützung und beratende Beziehung.

Für die Anwendung dieser Methode müssen die STEEP-Trainer, die eine oder mehrere Familien über mehr als zwei Jahre begleiten, gründlich vorbereitet werden. Dazu wurde ein umfangreiches, 160 Unterrichtsstunden und 32 Supervisionseinheiten umfassendes Weiterbildungsprogramm entwickelt. Bundesweit werden regelmäßig Weiterbildungskurse zum »STEEP-Trainer« angeboten. Die Organisation der Weiterbildung liegt im »Zentrum für Praxisentwicklung« (ZEPRA) der Fakultät Wirtschaft und Soziales der Hochschule für Angewandte Wissenschaften Hamburg. Themen der Weiterbildung sind unter anderem die Grundlagen der Bindungstheorie, die gesunde und pathologische Entwicklung im Säuglings- und Kleinkindalter, Mutter-Kind-Interaktion, die Auswirkung traumatischer Erfahrungen auf das Familienleben und die Inhalte des STEEP-Programms.

Die Wirksamkeit des Programms konnte durch zahlreiche wissenschaftliche Studien nachgewiesen werden (Suess/Sroufe 2008; Erickson/Egeland 2009; Kißgen 2009).

5.2.6 Integrativer Ansatz der Eltern-Säuglings-/Kleinkind-Beratung und -Therapie (Stern 1995. Hédervári-Heller 2000, 2008 b)

Es ist oft nicht leicht, die verschiedenen, im Zusammenhang mit den jeweiligen therapeutischen Ansätzen dargestellten Behandlungsmethoden eindeutig dem einen oder anderen Verfahren zuzuordnen. Dies gilt insbesondere dann, wenn die psychodynamischen, interaktionistisch orientierten und auf der Bindungstheorie basierenden Behandlungstechniken je nach psychischer Erreichbarkeit der Patienten und je nach Symptomatik des Kindes angewandt werden. Erfahrungen aus der therapeutischen Arbeit und in der Beratung liefern gleichermaßen den Nachweis, dass es sinnvoll sein kann, unterschiedliche Methoden der Intervention im Dienste einer erfolgreichen Behandlung zu nutzen. Der daraus abzuleitende *integrative Ansatz* ermöglicht ein breiteres Spektrum der Behandlung auch mit mental schwer erreichbaren oder sonst »untypischen« Patienten (Stern 1995; 1999; Hédervári-Heller 2000).

Stern (1995) betont, dass die therapeutische Intervention erfolgreicher verläuft, wenn für die Veränderung der elterlichen Repräsentationen oder Eltern-Kind-Interaktionen nicht nur eine bestimmte Eintrittspforte (z. B. der psychoanalytische oder interaktionistische Ansatz) verwendet, sondern in beide Richtungen Offenheit praktiziert wird.

Es scheint zunächst so, als ob zwischen den einzelnen therapeutischen Methoden große Unterschiede bestünden. Bei näherer Betrachtung jedoch sind die Unterschiede weniger gravierend, und es treten Ähnlichkeiten in der therapeutischen Intervention zutage. Die Betonung liegt nicht auf der Anwendung einer bestimmten Methode, sondern darauf, möglichst genau die Konfliktdynamik der jeweiligen Eltern-Kind-Paare zu verstehen und den Eltern die geeignete und damit wirkungsvollste Intervention anzubieten. Dies ist offenbar am besten zu verwirklichen, wenn die intrapsychischen und interpersonellen Eigenheiten der Eltern-Kind-Paare sowie ihre aktuelle Lebenssituation gleichermaßen berücksichtigt werden.

Wie bereits erwähnt, basieren die unterschiedlichen Ansätze der Eltern-Säuglings-/Kleinkind-Therapie auf unterschiedlichen theoretischen Grundlagen. Forschungsarbeiten zur Effektivität der Eltern-Säuglings-Therapie (Robert-Tissot et al. 1996; Papoušek/Schieche/Wurmser 2004) sowie langjährige praktische Erfahrung lassen den Schluss zu, dass man in der Praxis selten der ausschließlichen Anwendung einer bestimmten Methode begegnet. Von Fall zu Fall wenden die Therapeuten intuitiv oder bewusst Elemente der einen oder anderen Methode in der therapeutischen Behandlung an. Es kommt vor, dass die Patienten auf unterschiedliche Weise erreichbar sind, deshalb kann die Integration der verschiedenen Ansätze innerhalb einer Behandlung sinnvoll sein.

Die Erfahrung lehrt, dass es für den Erfolg der Behandlung wichtiger ist, sich als Therapeut auf die Patienten einzustimmen, als auf der Anwendung einer bestimmten Methode zu bestehen. Wenn die Frage vom berufsideologischen Standpunkt aus untersucht wird, so könnte vielleicht die Furcht mancher Therapeuten, ihre fachliche Identität zu verlieren, die Zurückhaltung gegenüber Konzepten aus anderen Fachdisziplinen begründen.

Der integrative Ansatz der Eltern-Säuglings-Therapie berücksichtigt Elemente der psychodynamischen, der interaktionistischen sowie der bindungstheoretischen Methode. Je nach psychischem Zustand der Patienten sowie in Abhängigkeit von den Symptomen der Regulierungsstörung konzentriert sich die Behandlung auf Vorteile der einen oder anderen Methode. Eine ausführliche Beschreibung dieser Verfahren soll die praktische Anwendung der Eltern-Säuglings-Therapie nach dem integrativen Ansatz in ihren Einzelheiten demonstrieren.

1. Rahmenbedingungen und Inhalte der integrativen Eltern-Säuglings- / Kleinkind-Psychotherapie

Im Rahmen der integrativen Eltern-Säuglings-/Kleinkind-Psychotherapie werden Kindern im Alter von null bis drei Jahren zusammen mit ihren Eltern behandelt. Wie langjährige Erfahrungen aus den unterschiedlichen therapeutischen Verfahren zeigen, lassen sich die Symptome der Regulierungsstörungen am sinnvollsten bei gemeinsamer Anwesenheit von Eltern und Kind behandeln. Es ist jedoch nicht ausgeschlossen, dass ausnahmsweise einzelne therapeutische Sitzungen mit nur einem Elternteil oder mit beiden Eltern in Abwesenheit des Kindes stattfinden.

Die Anwesenheit des Kindes während der Behandlungsstunden ist sowohl vom Standpunkt des Therapeuten und der Eltern als auch aus der Perspektive des Kindes bedeutend. Der Therapeut erhält wertvolle Informationen über das Bindungs- und Explorationsverhalten des Kindes sowie über die Eltern-Kind-Interaktion. Ferner kann er die Erscheinungsform und Intensität des Symptoms sowie den elterlichen Umgang mit der Regulationsstörung des Kindes unmittelbar beobachten.

Die Anwesenheit des Kindes bringt auch für die Eltern einige Vorteile mit sich. Die physische Nähe zum Kind erleichtert es, dass z. B. die unbewussten emotionalen Konflikte der Eltern aus der Vergangenheit und der Gegenwart an die Oberfläche gelangen *(Repräsentationsebene)* oder die während der therapeutischen Sitzung entstandenen Konflikte oder Symptome der Regulationsstörung von einer konkreten Situation ausgehend analysiert und verstanden werden können *(Verhaltens- und Interaktionsebene)*.

Verhaltensprobleme führen häufig zu einer ausgeprägten negativen Haltung der Eltern dem Kind gegenüber. Sie können ihr Kind nicht positiv besetzen und fokussieren nur noch die Probleme und Schwierigkeiten im Alltag. Oft wird den Eltern diese Dynamik erst während der therapeutischen Behandlung bewusst, vor allem wenn sie selbst neue Entdeckungen im Hinblick auf positive Verhaltensweisen ihres Kindes machen. Eine veränderte Wahrnehmung der Eltern gegenüber ihrem Kind ist oft der Wendepunkt in Richtung emotionaler Sicherheit in der Eltern-Kind-Bindung.

Aus der Perspektive des Kindes lassen sich ebenfalls Vorteile aus seiner Anwesenheit in den Behandlungsstunden ableiten. In der Regel fühlen sich die Säuglinge und Kleinkinder während der Therapiestunden sehr wohl. Im Mittelpunkt des Geschehens fühlen sie sich offenbar wertgeschätzt, z. B. dadurch, dass sie angesprochen werden. Die Verbalisierung der Affekt- und Verhaltenszustände, ein direktes Ansprechen des Kindes schaffen eine Situation, in der nicht nur »über das Kind«, sondern »mit ihm« kommuniziert wird. Bereits junge Säuglinge, ca. ab dem vierten Lebensmonat, reagieren sehr feinfühlig auf die Atmosphäre und emotionalen Schwankungen im therapeutischen Raum. Das direkte Ansprechen des Kindes während der Behandlungsstunden ist altersunabhängig, es findet immer statt, wenn das Kind durch Blickkontakt oder durch aktive Verhaltensweisen zur Kommunikation und Interaktion bereit ist.

Die Sicherstellung einer Atmosphäre, in der sich alle Beteiligten wohlfühlen, ist Aufgabe des Therapeuten und eine der Grundbedingungen erfolgreicher therapeutischer Intervention. Oft wundern sich die Eltern über die Geduld ihres Kindes während der oft zweistündigen Sitzung. Der Therapeut kann zur Korrektur der gespannten Eltern-Kind-Beziehung beitragen, indem er auf das positive Verhalten und die Entwicklung des Kindes fokussiert, ohne die bestehenden Probleme zu bagatellisieren.

Vor der Behandlung im Rahmen der Eltern-Säuglings-/Kleinkind-Psychotherapie ist eine kinderärztliche Untersuchung erforderlich, um organische Ursachen der vorliegenden Regulationsstörung auszuschließen. Es empfiehlt sich, zum ersten Gespräch nicht nur die Mutter und den Säugling, sondern auch den Vater und die Geschwisterkinder einzuladen. Der Säugling wächst nicht in einer dyadischen Beziehung allein mit der Mutter, sondern in der Familie mit Mutter, Vater Geschwistern auf. Heutzutage ist auch die Rolle des Vaters im Leben des Säuglings allgemein akzeptiert und wird für seine Entwicklung als wichtig angesehen. Der Vater kann die Mutter im Alltag entlasten und er kann je nach Lebensumständen Pflege und Betreuung des Säuglings gleichberechtigt übernehmen.

Die Eltern-Säuglings-/Kleinkind-Psychotherapie, die oft mit einer Beratung beginnt, kann je nach Symptom des Kindes einige wenige Termine umfassen oder aber in eine Kurzzeitpsychotherapie von 25 Behandlungsstunden übergehen. Die einzelnen Sitzungen dauern ein bis zwei Stunden. In wenigen Ausnahmen kommt es zu einer Langzeittherapie mit bis zu 70 Behandlungsstunden.

Neben der Regulationsstörung gibt es weitere Themen, die von den Eltern oder vom Therapeuten angesprochen werden: z. B. die Entwicklung von Säugling oder Kleinkind, Erziehungsfragen, Fragen zur Tagesbetreuung, die Paarbeziehung, die gegenwärtige Situation der Familie, die Kindheitserlebnisse der Eltern, die Beziehung zur Herkunftsfamilie und andere für die Eltern bedeutende Themen.

Eine interdisziplinäre Zusammenarbeit mit anderen Institutionen und Experten kann vor allem bei mehrfach belasteten Familien notwendig sein. Meistens sind das Kinderärzte, Jugendbehörden, psychosomatische Kinderkliniken oder pädagogische Einrichtungen für die Tagesbetreuung von Kindern.

2. Vorgehensweise der integrativen Eltern-Säuglings- / Kleinkind-Psychotherapie

Nach einer telefonischen Anmeldung kommen die Eltern gemeinsam mit ihrem Kind zum ersten Gesprächstermin. Vorab wird in der Regel den Eltern auf dem Postweg ein Fragebogen zu wichtigen anamnestischen Daten zugesandt. Den ausgefüllten Fragebogen bringen die Eltern zum Ersttermin mit. Diese Informationen sind für den Therapeuten die erste Orientierungshilfe über die familiären Strukturen, psychodynamisch relevante Inhalte wie ungünstige psychosoziale oder medizinische Faktoren vonseiten der Eltern oder des Kindes (Separations- oder Verlusterfahrungen, Schwangerschafts-, Geburts- und Entwicklungsprobleme usw.).

Es ist die Aufgabe des Therapeuten, bei jeder Familie neu zu entscheiden, welche Inhalte wann und mit welcher Intensität in den Mittelpunkt des Beratungs- oder Therapiegespräches rücken sollen. Der Therapeut begleitet die Eltern mit *gleichbleibender Aufmerksamkeit* und ordnet während des Gesprächs in seinen Gedanken die wesentlichen und weniger wesentlichen Themen. Gelegentlich stellt er Zwischenfragen, lässt aber den von den Eltern gewählten Themen freien Lauf.

Die Erhebung von anamnestischen Daten im Rahmen der Eltern-Säuglings- / Kleinkind-Psychotherapie erfordert von den Therapeuten eine hohe Flexibilität. Der Themenkatalog, von dem später ausführlicher die Rede sein wird, dient als Orientierungshilfe während der therapeutischen Behandlung. In der Themenwahl und der Reihenfolge der Themen passt sich der Therapeut zunächst der Gedankenwelt der Eltern an. Durch das *empathische Zuhören* unterstützt er die spontanen Äußerungen der Eltern, merkt sich die noch fehlenden, jedoch relevanten Themen und kommt dann im weiteren Verlauf des Gesprächs darauf zurück.

Neben der verbalen Kommunikation befindet sich der Therapeut zusätzlich in der Rolle des *teilnehmenden Beobachters*. Während der Therapiestunden beobachtet er das Spielverhalten des Kindes, seine Orientierung im Raum, sein Verhalten gegenüber dem Therapeuten, sein Entwicklungsniveau und sein emotionales Verhalten. Gleichzeitig achtet er auf die Reaktionen der Eltern und auf die Signale des Kindes, d. h. auf ihre Feinfühligkeit, auf die Qualität der Eltern-Kind-Interaktionen und die Stimmung zwischen den Familienmitgliedern. Über die Qualität der Mutter- / Vater-Kind-Bindung stellt der Therapeut zur Anfang der Behandlung Hypothesen auf und beobachtet im Laufe der Behandlung mögliche Veränderungen. Eine exakte Bestimmung des kindlichen Bindungsmusters ist im therapeutischen Rahmen nicht möglich, da dafür die Durchführung eines standardisierten Testverfahrens notwendig wäre. Das Ziel ist hier nicht die Bestimmung der Bindungsqualität, sondern lediglich die Beobachtung der Aspekte der Beziehung.

Eine weitere wichtige Aufgabe ist es, das Kind bzw. *den Säugling in das Gespräch mit einzubeziehen*. Dies kann auf unterschiedliche Art und Weise geschehen: direktes Ansprechen, sich als Therapeut beim Kind vorstellen, erklären, worum es geht, im Namen des Kindes sprechen (in der ersten oder dritten Person), den Gefühlszustand des Kindes in Worte fassen oder gegebenenfalls seine Gedanken oder Handlungsabsichten verbalisieren. Derartige Interventionen des Therapeuten fördern zudem die Fähigkeit der Eltern, sich in die Gedankenwelt des Kindes hineinzuversetzen.

Auf den ersten Blick scheint es fast unmöglich, dass der Therapeut auf einmal einem solch komplexen Aufgabenkatalog gerecht werden kann. In einer Person sorgt er für die Struktur der Sitzung, führt Interviews, stellt eine angenehme und warme Arbeitsatmosphäre her, beobachtet, verhält sich immer wohlwollend und empathisch und erfasst die bewussten und unbewussten Anteile der Konfliktdynamik der kindlichen Regulationsstörung. Im Sinne des psychodynamischen therapeutischen Ansatzes achtet er auf die Übertragung und Gegenübertragung, auf die Abwehrprozesse der Eltern und muss in manchen Behandlungsstunden mit dem Widerstand der Eltern gegenüber der Psychotherapie umgehen. Er soll keine Kritik äußern, jedoch, wenn angebracht, die Eltern wohlwollend konfrontieren, soll interpretieren oder vorsichtig deuten.

Es ist verständlich, wenn Therapeuten mit wenig Erfahrung vor der gleichzeitigen Erfüllung so vieler Aufgaben zurückschrecken. Allerdings müssen derart vielfältige Aufgaben nicht alle auf einmal erledigt werden. Hinzu kommt, dass Experten in helfenden Berufen, Experten, die mit Familien und Kindern arbeiten, oft intuitiv richtig handeln. Intuition reicht jedoch im professionellen Handeln nicht aus. Wichtiger ist es, sich bewusst zu machen und zu verstehen, welche Interventionsangebote zum Behandlungserfolg führen und welche nicht.

Wie aus der psychoanalytischen Arbeit bekannt, ist ein wichtiges Element der Professionalität die Bewusstmachung unbewusster Vorgänge und Verhaltensformen. Die »Zerlegung« von therapeutischen Prozessen in unseren Gedanken erscheint viel komplizierter, als es in der gegebenen Situation tatsächlich erlebt wird. Auch umgekehrt gilt: Situationen, die während der Behandlung als schwierig empfunden wurden, können sich bei der nachträglichen Analyse als leicht erweisen. Trotzdem bleibt die Notwendigkeit, sich immer wieder bewusst zu machen, was, wann und warum wir etwas so tun, wie wir es immer tun. Notwendige Veränderungen des eigenen professionellen Verhaltens können nur auf Grundlage derartiger Reflexion möglich sein.

3. Gesprächsinhalte der Eltern-Säuglings- / Kleinkind-Psychotherapie

Das Gespräch beginnt mit den spontanen Äußerungen der Eltern zur Problemanamnese. Diese umfasst die Beschreibung der Regulationsstörung, ihren Ursprung, ihre

Intensität, die Häufigkeit ihres Auftretens und die bisherigen Behandlungen zur Lösung des Konfliktes. Auf Nachfrage des Therapeuten reflektieren die Eltern aus ihrer Sicht die möglichen Ursachen der Regulationsstörung und ihren Umgang damit. Es wird erfasst, in welchem Umfang die Mutter und der Vater jeweils für sich die Last des Problems tragen und wie sich die Regulationsstörung auf die Paarbeziehung und die Elternschaft auswirkt.

Die Eltern berichten spontan oder auf Nachfrage über die Schwangerschaft, die Geburt und die Entwicklungsdaten des Kindes. Dabei handelt es sich unter anderem um die folgenden Fragen:
- War das Kind geplant oder gewünscht?
- Wie erlebten die Eltern jeweils für sich die Schwangerschaft, sind psychische, medizinische oder soziale Probleme aufgetreten?
- Wie erschien das noch ungeborene Kind in der Fantasie der Eltern, oder gab es eine Idealvorstellung vom Geschlecht und Temperament des Kindes?
- Wie sah das »Traumkind« in der Vorstellung der Eltern aus? Wie ist die Beziehung der Mutter zu ihrer eigenen Mutter, wie erlebt sie sich als Mutter und wie sieht sie ihre Beziehung zum Kind (»Mutterschaftskonstellation«, Stern 1995)?
- Wie verlief die Geburt, und was waren die ersten Gedanken der Mutter und des Vaters beim Anblick des Kindes?

Diese detailliert zu behandelnden Themen helfen den Eltern, ihre positiven und negativen Erlebnisse in der prä-, peri- und postnatalen Phase der kindlichen Entwicklung zu aktualisieren. Hierher gehört unter anderem die mögliche Enttäuschung bei der Entdeckung, wie stark sich das »reale« Kind nach der Geburt vom »Traumkind« aus der Schwangerschaft unterscheidet; wie Mutter und Vater das Temperament des Kindes erleben; wie sie die Veränderungen in ihrem Leben durch die Geburt des Kindes beurteilen; was sich beruflich verändert hat; welche Wünsche und Pläne der Eltern es gibt; wie sie sich als Paar und wie sie die aktuelle Familiensituation einschätzen; schließlich die Erfassung der sozialen Kontakte zu den Herkunftsfamilien und die Kontakte im weiteren sozialen Umfeld, vor allem unter dem Gesichtspunkt möglicher Unterstützung.

Weitere wichtige Themen sind die eigene Lebensgeschichte der Eltern, ihre früheren und gegenwärtigen Beziehungen zu den Mitgliedern ihrer Herkunftsfamilien und zu anderen wichtigen Bezugspersonen. Gab es Krisensituationen, schwere Erkrankungen im Leben der Eltern oder den Verlust einer wichtigen Bindungsperson durch Tod? Themen wie Misshandlung, Missbrauch oder Vernachlässigung erfordern eine besondere Aufmerksamkeit und eine emotional tragende therapeutische Beziehung. Auf jeden Fall ist es wichtig, die Aufmerksamkeit auf die in der Vergangenheit liegenden traumatischen Erfahrungen der Eltern zu richten und bindungsrelevante Themen zu behandeln. Nur auf diese Weise wird es möglich sein, die *Gespenster* aus der unverarbeiteten Vergangenheit der Eltern zu vertreiben (Fraiberg/Adelson/Shapiro 1975,).

Häufig erwähnen die Eltern in einem Nebensatz oder erst im Verlauf der therapeutischen Behandlung ihre eigenen psychischen oder psychosomatischen Erkrankungen.

Über organmedizinische Erkrankungen zu sprechen fällt den Eltern viel leichter, als psychische Beeinträchtigungen preiszugeben. Letzteres hat mit Schuld- und Schamgefühlen zu tun. Je nach Umgang der Eltern mit emotional belastenden Erfahrungen passt sich der Therapeut dem Tempo der Eltern an, sich intensiver oder zunächst eher oberflächlich diesen Themen zu widmen. Es bedarf einer ständigen »Wachsamkeit« des Experten, den roten Faden zu finden, um aufzudecken, was die Hauptschwierigkeiten jeder Familie sind und was diese am ehesten als Hilfestellung benötigt.

4. Weitere wichtige Aufgaben des Therapeuten und Elemente der Intervention in der Behandlung

Jeder neue Behandlungsfall ist eine neue Herausforderung an die Kompetenz des Therapeuten, gleicht einem Schauspiel, in dem der Therapeut Regie führt, ohne das Drehbuch zu kennen. Bekannt sind ihm die Bühne, die Darsteller und die für das Stück nötigen Requisiten, also das vielfältige theoretische Wissen und die sichere Handhabung von Behandlungstechniken. Der Regisseur (Therapeut) passt sich den Darstellern (Eltern und Kind) an, lernt den Inhalt des Drehbuchs kennen und wägt ab, welche Mittel er wann anwendet, wann er dem Spiel freien Lauf lässt und wann er sich in das Geschehen einbringt. Die Darsteller improvisieren und spielen nach ihrem eigenen Drehbuch, wobei meist zu Anfang die Regulationsstörung des Säuglings oder andere Konflikte im Mittelpunkt stehen.

In seiner Rolle als Regisseur fungiert der Therapeut einmal als interessierter Zuhörer, ein anderes Mal eher in der Rolle des Beobachters oder als regulierender Dritter in der oft belasteten Eltern-Kind-Beziehung. Um seine vielfältigen Aufgaben erfolgreich zu meistern, benötigt er eine reichhaltige »Requisitenkammer«. Damit sind unter anderem folgende Kompetenzen gemeint:
- umfangreiches entwicklungspsychologisches, psychoanalytisches und bindungstheoretisches Wissen im Hinblick auf die gesunden und abweichenden Entwicklungsverläufe von Kindern in den ersten drei Lebensjahren
- Diagnose, Differenzialdiagnose, Entstehungsursachen, Verlauf und Behandlung von Regulierungsstörungen
- Kenntnisse über pädagogische Themen wie Erziehungsprobleme und Tagesbetreuung von jungen Kindern
- Beobachtungsverfahren
- Gesprächsführung
- Anwendung der Videotechnik und Analyse von Interaktionsprozessen
- psychoanalytisches Wissen über intrapsychische und interpersonelle Prozesse, Abwehrmechanismen, Widerstand, Übertragung, Gegenübertragung, Psychodynamik
- Bindungsrepräsentanzen der Erwachsenen
- psychische und psychiatrische Erkrankungen im Erwachsenenalter
- Möglichkeiten der interdisziplinären Zusammenarbeit mit Institutionen.

Der Therapeut erfasst nebenbei die Fähigkeit der Eltern zur Selbstbeobachtung (*Introspektion*), zur Rückschau in die Vergangenheit (*Retrospektion*), zur *Feinfühligkeit*, auf die Signale des Kindes zu reagieren, und ihre *elterlichen Kompetenzen*. Die Stärkung dieser Fähigkeiten im therapeutischen Prozess ist von besonderer Bedeutung – vor allem, wenn der Therapeut einen Mangel an elterlichen Kompetenzen und »Mentalisierung« (die Fähigkeit, eigenes und das Verhalten anderer einschließlich der zugrunde liegenden mentalen Zustände zu verstehen) feststellt. Die Fähigkeit zur Introspektion, Retrospektion und Mentalisierung ist eine wichtige Voraussetzung, die verzerrte Wahrnehmung des Kindes und die eigene Wahrnehmung der Eltern zu korrigieren.

5. Erhebung von anamnestischen Daten und Gesprächsführung

Wie bereits mehrfach betont, ist die Effektivität der therapeutischen Arbeit von verschiedenen Faktoren beeinflusst, so auch von der Art der Kommunikation zwischen den Eltern-Kind-Paaren und dem Therapeuten. Das Gespräch geht vom Therapeuten aus und führt auch wieder zu ihm zurück, ohne dass die spontanen Äußerungen der Eltern dabei gestört oder unterbrochen würden. Oft ist es für den Therapeuten keine leichte Aufgabe, sich in die Persönlichkeit und Kommunikationsfähigkeit der Eltern spontan hineinzuversetzen und so zu reagieren, dass bereits beim ersten Treffen eine emotional warme und vertrauenerweckende Atmosphäre entsteht.

Die Eltern-Säuglings-/Kleinkind-Psychotherapie lässt sich methodisch am ehesten mit den psychodynamischen Kurzzeittherapien vergleichen. Deren Hauptmerkmale sind: begrenzter *Zeitrahmen* von zehn bis 40 Sitzungen, *Begrenzung der therapeutischen Zielsetzung* und *Fokussierung der therapeutischen Arbeit*. Michael Balint (Balint/Ornstein/Balint 1972) gehörte zu den ersten Wissenschaftlern, die diese Methode ausgearbeitet haben. Seine Technik des interaktiven Interviews findet international große Anerkennung. In der medizinischen Arbeit ist diese Methode unter dem Namen »Balint-Gruppen« bekannt.

Es ist daher angebracht, Methoden zur Erhebung von anamnestischen Daten in Betracht zu ziehen, die sich in der Kurzzeittherapie bewährt haben und auf die Eltern-Säuglings-/Kleinkind-Psychotherapie übertragbar sind. Ein gelungenes Erstinterview ist der erste wesentliche Grundpfeiler der Kurzzeittherapie. Von den zahlreichen bekannten Interviewtechniken werden nun zwei Vorgehensweisen vorgestellt, deren Elemente sich auch bei den Prozessen der Eltern-Säuglings-/Kleinkind-Psychotherapie als nützlich erweisen: das in der Psychoanalyse verwendete, von Argelander (1970) ausgearbeitete »Erstinterview« sowie die »tiefenpsychologisch-biografische Anamnese« nach Dührssen (1980).

Das »psychoanalytische Erstinterview« (Argelander 1970)
Es unterscheidet sich von der traditionellen ärztlichen Anamnese. Es bedeutet, dass ein nicht strukturiertes Gespräch geführt wird, bei dem der Patient einen Freiraum

zur Mitteilung seiner persönlichen Probleme erhält. Der Therapeut stellt keine oder nur selten Fragen, und im Zentrum seines Interesses steht die Beobachtung darüber, wie der Patient selbst das Gespräch strukturiert. Er strebt keine vollständige Datenerhebung an. Besondere Aufmerksamkeit kommt den emotional bedeutsamen subjektiven Bezügen und Szenen zu. Das Erstinterview stellt besondere Herausforderungen an die Kompetenzen des Therapeuten. Er muss innerhalb kürzester Zeit die unbewussten Konflikte des Patienten erfassen und deuten.

In Erstinterviews werden drei Formen von Daten erhoben: objektive, subjektive und szenische Daten.

- *Objektive Informationen:* die Sammlung von persönlichen Angaben und biografischen Daten sowie die Beobachtung von Verhaltensweisen und Persönlichkeitseigenschaften des Patienten. Diese Daten sind im Hinblick auf ihren Wahrheitsgehalt verlässlich.
- *Subjektive Informationen:* Ihr Inhalt ist mehr oder weniger wahr oder nicht wahr. Maßgeblich ist, welche Bedeutung sie für den Patienten haben. Hierzu gehören persönliche Bezüge, Meinungen, Beziehungsverhältnisse und Übertragungs- und Gegenübertragungsprozesse.
- *Szenische oder situative Informationen:* Sie unterscheiden sich von den subjektiven Daten nur durch die Verlagerung des Schwerpunktes. Sie umfassen jene Szenen, die sich vom ersten Augenblick an zwischen dem Therapeuten und dem Patienten abspielen (Anfangssituation, spätere Situationen). Die Erfassung der *szenischen Informationen* hängt von den Kompetenzen des Therapeuten ab, das Geschehen im Hier und Jetzt wahrzunehmen und zu interpretieren.

Der Therapeut sucht auf folgende Fragen eine Antwort:
- Was ist der Grund für das Leiden des Patienten, was bereitet ihm die größte Qual?
- Welche bewussten und unbewussten Wünsche hat der Patient?
- Unter welchen bewussten und unbewussten Ängsten leidet der Patient?
- Wie verfährt der Patient mit seinen Ängsten (Abwehrmechanismen)?
- Wie verhält sich der Patient dem Experten gegenüber?
- Lassen sich bestimmte Erwartungen oder Interaktionen erkennen?
- Wie spiegelt sich all dies im Erleben des Therapeuten (Gegenübertragung)?
- Wie erhält der Patient seine Krankheit aufrecht, lässt sich etwas von der inneren Dynamik erkennen (primärer Krankheitsgewinn)?
- Welche Rolle spielen andere Personen beim Fortbestehen der Erkrankung (sekundärer Krankheitsgewinn)?

Im Hinblick auf die Motivation des Patienten wird eine Klassifizierung nach den drei folgenden Kriterien vorgenommen:
- *Der vorgeschobene Patient* wird von Fachleuten, Verwandten oder Freunden in die Behandlung geschickt und ist für die therapeutische Arbeit kaum motiviert.
- *Der anspruchsvolle Patient* hat wenig Krankheitseinsicht, stellt hohe Ansprüche an

den Therapeuten, zeigt jedoch kaum Bereitschaft zur Mitarbeit.
- *Der unergiebige Patient* erscheint gehemmt, emotional starr, sein Widerstand tritt deutlich in Erscheinung.

Die exakte Anwendung des psychoanalytischen ersten Interviews erfordert besondere Schulung und Kenntnisse, die man sich im Rahmen der psychotherapeutischen Ausbildungen aneignen kann. Als Orientierungshilfe ist sie jedoch auch dann nützlich, wenn der Experte keine therapeutische Ausbildung hat und die Behandlung der Regulierungsstörungen auf der Ebene der Beratung stattfindet.

Die Methode des Erstinterviews im Rahmen der Eltern-Säuglings-/Kleinkind-Psychotherapie zu berücksichtigen kann sehr hilfreich sein. Die Symptomebene bezieht sich hier nicht auf die Eltern, sondern auf die Regulationsstörung des Kindes, und mit »Patienten« sind nicht die Eltern, sondern die Eltern-Kind-Dyade gemeint.

Die »tiefenpsychologisch-biografische Anamnese« (Dührssen 1980)

Sie ist ein diagnostisches Verfahren mit strukturierter Gesprächsführung. Die Themen der Datenerhebung sind mehr oder weniger identisch mit denen des »Erstinterviews«, aber die Vorgehensweise ist eine andere. Ziel ist es, ein einheitliches Bild von der Persönlichkeit des Patienten, der Familiendynamik im Zusammenhang mit dem aktuellen Konflikt zu erhalten sowie die Psychodynamik der Vorgeschichte des Patienten zu erfassen. Die Daten sollen zur Einschätzung der Prognose, der Indikation für die therapeutische Behandlung sowie des Therapieplans zusammengefasst werden.

Inhalt der tiefenpsychologische-biografischen Anamnese:
- Im Zusammenhang mit *der Symptombeschreibung* ist vor allem auf die spontane und auf die Nachfrage erfolgte Benennung des Symptoms sowie auf die Auslösesituation der Symptomentstehung zu achten.
- Die Daten zu *allgemeinen Lebensumständen* des Patienten beinhalten die Wohnsituation, Informationen zu Familienmitgliedern und deren Beziehungen zueinander, materielle Situation, Arbeitsteilung, Sexualität der Eltern, ihre Paarbeziehung usw.
- Informationen zur *Biografie von Mutter und Vater* nehmen einen wichtigen Teil der Anamnese ein; konkret handelt es sich dabei um die Kindheitsgeschichte, kritische Lebensereignisse, Erkrankungen, den sozialen Hintergrund, die Beziehung zu den Eltern und Geschwistern, den schulischen Werdegang und die Arbeitssituation.
- Die *Entwicklungsdaten des Kindes* umfassen Schwangerschaft, Geburt, Stillen, Erkrankungen, allgemeine Entwicklungsdaten und traumatische oder sonst erschütternde Lebensereignisse.

Zur Zusammenfassung und Interpretation des umfangreichen Datenmaterials schlägt Dührssen (1980) folgende Kategorisierung vor:
- Angaben über den allgemeinen Eindruck des Patienten
- Beschreibung der Symptomatik und der auslösenden Situation
- aktuelle Lebensumstände

- Kindheitsgeschichte des Patienten
- schulischer- und beruflicher Werdegang
- Bindungsbeziehungen, Liebesbeziehungen und Sexualität
- gegenwärtige Familienbeziehungen.

Vergleichbar zum *Erstinterview* bietet die hier vorgestellte Technik einige Vorteile, die im Rahmen der Eltern-Säuglings-/Kleinkind-Psychotherapie genutzt werden können. Sie hilft bei der Strukturierung des Gespräches und bietet einen Leitfaden bei der Datenerhebung. Zur Anwendung ist keine Schulung notwendig, lediglich ein analytisches Verständnis bei der Interpretation der Daten.

6. Die Anwendung der Videotechnik

Das Einsetzen der Videotechnik hat die Untersuchungsmethoden der Säuglingsforschung geradezu revolutioniert. Sie eröffnet die Möglichkeit, das Verhalten des Säuglings wie unter einem Mikroskop zu beobachten, zu analysieren und zu verstehen. Die Nutzung der Videotechnik für wissenschaftliche Zwecke führte zu einem vorher ungeahnten Verstehen des Säuglings in seinem Verhalten und Gefühlszustand. Darüber hinaus wurde es möglich, den Säugling in seiner Individualität zu erfassen und auf seine Entwicklungs- und Regulationsstörung differenziert zu reagieren. Parallel zur Nutzung der Videotechnik für wissenschaftliche Zwecke erfolgte ihre praktische Anwendung in der pädagogischen und therapeutischen Arbeit (Brazelton 1984; Lieberman/Pawl 1993; McDonough 1993; Stern 1995; Papoušek 2000, Hédervári-Heller 2008 a).

Die Anwendung der Videotechnik ist aus Sicht sowohl des Therapeuten als auch der Patienten von besonderem Nutzen. Ihre technischen Vorzüge liegen unter anderem in der Möglichkeit, sofort und mehrfach wiederholt Szenen zu beobachten, das Videogerät anzuhalten und ein Standbild zu erzeugen. Der Therapeut bekommt ein reales Bild von der Regulationsstörung des Kindes, der Charakteristik der Eltern-Kind-Interaktion oder der Affektregulierung und kann immer wieder von Neuem die Mutter-Kind-Interaktion beobachten. Die eigene Fantasie und die Vorurteile des Therapeuten werden mithilfe dieser Technik zugunsten einer objektiven Beurteilung des Eltern-Kind-Paares in den Hintergrund gedrängt.

Die Videotechnik ermöglicht einen breiten Informationsgewinn hinsichtlich des Verhaltens und der Gefühlszustände des Säuglings und seiner Eltern. Die im Laufe der Behandlung über mehrere Sitzungen wiederholte Nutzung von Videoaufnahmen erleichtert es, Veränderungen in der Interaktion, im Verhalten und Gefühlsausdruck des Kindes oder bezogen auf die Feinfühligkeit der Eltern zu erfassen.

Für die Eltern, aber auch für den Therapeuten, ist es oft schwer, die von Tag zu Tag kaum bemerkbaren Veränderungen wahrzunehmen. Auf der anderen Seite ist gerade das Bewusstwerden von Veränderungen ein wichtiger Faktor für den Erfolg der Behandlung von Regulationsstörungen. Auf diese Weise erhöht sich die Motivation der

Eltern, das Problem gemeinsam zu analysieren und zu lösen. Es können Aha-Erlebnisse entstehen, und das Bewusstwerden der Verbindungen zwischen den vergangenen mütterlichen Erfahrungen und dem derzeitigen Verhalten in der Interaktion mit dem Kind kann unterstützt werden. Die Videoarbeit führt auch oft zur veränderten Wahrnehmung der Mutter und des Vaters über das Wesen und das Verhalten des Kindes und fördert somit die Entstehung einer emotional sicheren Bindungsorganisation.

Am Beispiel der Behandlung von Fütter- und Essstörungen ist der Nutzen der Videotechnik gut zu demonstrieren. Bei Fütter- und Essstörungen kommt es häufig vor, dass der Säugling während der Essenssituation Blickkontakt vermeidet oder die Mutter kaum vokalisiert und angespannt wirkt. Beim Betrachten der Videosequenzen macht die Mutter selbst diese Beobachtungen und fasst, auf Anregung des Therapeuten, ihre Gefühle in Worte, etwa ihre Enttäuschung über die Nahrungsverweigerung des Kindes und seine Vermeidung des Blickkontaktes mit der Mutter. Der Teufelskreis in der Interaktion mit ihrem Kind wird der Mutter plötzlich bewusst. Sie entdeckt, dass auf ihr »Schweigen« und intrusives (eindringend-störendes) Verhalten beim Füttern das Kind mit Blickvermeidung reagiert. Umgekehrt gilt auch, dass die Blickvermeidung des Kindes zum »Schweigen« der Mutter beiträgt.

Das Bewusstwerden von »Teufelskreisen« mithilfe der Videoarbeit und der psychodynamischen Gespräche zeigt seine positive Wirkung nicht nur im Erleben der Mutter, sondern auch in ihrem Verhalten im Umgang mit dem Kind. Bei den nachfolgenden Videoaufnahmen kommt es in der Regel zur Unterbrechung negativer Ketten von Interaktionen in der Mutter-Kind-Beziehung sowie zur positiven Veränderung des kindlichen und des mütterlichen Verhaltens. Die Mutter kann diese Veränderungen unmittelbar repräsentieren und sich dem Kind gegenüber feinfühliger verhalten. Das Bewusstwerden von positiven Veränderungen erfüllt die Eltern zusätzlich mit Freude, weckt Hoffnung für die Lösung des Konfliktes und festigt das therapeutische Bündnis.

»Videofeedback« als Interventionsangebot kann auf mindestens zwei Ebenen verwendet werden: als Interaktionsanalyse oder mit dem Fokus auf psychodynamische Aspekte. Das Videofeedback findet möglichst in Anwesenheit beider Elternteile und in Anwesenheit des Kindes statt. Es kommt gelegentlich vor, dass das Videofeedback ohne Anwesenheit des Kindes stattfindet.

Videofeedback als Interaktionsanalyse ist ein mikroanalytisches Verfahren, in dem auf Blickkontakt, Gesichtsausdruck, Orientierung, Körperkontakt und Verbalisierung geachtet wird (McDonough 1993; Papoušek 1998, 2000). Unterdessen rücken auch das Affekterleben, die Affektregulierung, der Aufmerksamkeitszustand und die Zeitparameter gleichermaßen in den Mittelpunkt des Interesses. Das Hauptziel ist die Analyse der Mutter-/Vater-Kind-Interaktion. Der Therapeut lenkt die Aufmerksamkeit auf gelungene und positive Interaktionsmomente. Das Interaktionsverhalten und das emotionale Ausdrucksverhalten der Mutter sowie die Reaktion des Kindes auf das mütterliche Verhalten werden besprochen.

Beim *Videofeedback mit Fokus auf psychodynamische Aspekte* kommt es neben der Hervorhebung positiver Interaktionen, Mitteilungen von Informationen und Interpretationen zur Besprechung zusätzlicher Inhalte. Hierbei werden die »Entstehungsgeschichte« des Symptoms, die »Geschichte« des auf dem Video präsentierten Geschehens und die »Geschichte« der eigenen Erziehung der Eltern miteinander verbunden (Beebe/Lachmann 2002), und es wird versucht, die spezifischen Repräsentationen der Mutter von ihrem Kind zu identifizieren – Repräsentationen, die auf die Beobachtungsfähigkeit der Mutter einwirken könnten.

Die Erfahrung der Mutter, während des Videofeedbacks sich selbst und ihr Kind in der Interaktion zu beobachten, und der gemeinsame Versuch, die Interaktionseinheiten in Worte zu fassen, fördert die Fähigkeit der Mutter, zu sehen und zu erinnern. Ein zentrales Ziel ist dabei das Bewusstwerden des nonverbalen Verhaltens und unbewusster Konflikte.

Praktische Fragen zur Videotechnik
Die Anwendung der Videotechnik kann unterschiedlich erfolgen. Eine Möglichkeit ist es, die Eltern darum zu bitten, in der gewohnten Umgebung zu Hause eine Aufnahme von der bestehenden Regulierungsstörung, z. B. einer Fütter- und Essstörung, zu machen. Es ist ratsam, die Zeitspanne der Aufnahme auf fünf bis maximal zehn Minuten zu begrenzen. Ein weniger erfahrener Therapeut sollte die Videoaufnahme zunächst allein anschauen und die geeigneten Filmszenen für die gemeinsame Beobachtung mit den Eltern vorab aussuchen.

Videoaufnahmen können auch, in Absprache mit den Eltern, in der Therapiesitzung angefertigt werden. Um Prozessverläufe zu beobachten, ist es sinnvoll, mehrere Videoszenen zu drehen und diese mit den Eltern zu besprechen.

Ethische Fragen und Gefahren der Anwendung der Videotechnik sollten berücksichtigt werden. Die Eltern sehen sich mit ihrem eigenen Verhalten konfrontiert, und die Aufzeichnung liefert die verschiedensten Interpretationsmöglichkeiten und Kritikmöglichkeiten. Schamgefühle können freigesetzt werden, Schamgefühle, welche die latent vorhandenen Gewissensbisse, Schuldgefühle, Selbstquälerei und Selbstkritik verstärken können.

Die Anwendung von Videofeedback erfordert vom Experten besondere Vorsicht und Flexibilität. Er muss darauf achten, dass die Eltern vor negativen Gefühlen und Erfahrungen geschützt werden, sie emotional stabilisieren und »halten« sowie das Erleben von positiven korrigierenden Erfahrungen fördern.

Weiterhin ist der Datenschutz zu berücksichtigen. Die Eltern müssen schriftlich ihr Einverständnis für die Herstellung der Videoaufnahmen erklären und aufgeklärt werden, dass sie jederzeit ein Recht auf den Widerruf ihrer Einverständniserklärung haben.

7. Die Prognose

Sich zur Beginn der Behandlung Gedanken über den möglichen Erfolg oder Misserfolg der Behandlung zu machen und eine vorläufige Prognose aufzustellen liefert eine

erste Orientierung über den Verlauf des therapeutischen Prozesses. Die Bedingungen für eine günstige Prognose in der Eltern-Säuglings-/Kleinkind-Psychotherapie sind durch mehrere Faktoren bestimmt:
- Motivation und Kooperationsbereitschaft der Eltern
- Erreichbarkeit, Entwicklungsniveau sowie Entwicklungsmöglichkeiten des Kindes
- Ressourcen der Eltern (Persönlichkeitsstruktur, psychische oder psychiatrische Erkrankungen und Entwicklungsmöglichkeiten)
- Ausprägung der Regulierungsstörung im Hinblick auf ihre Intensität und Dauer
- vorhandene Unterstützung im sozialen Netz (Großeltern, Verwandte, Freunde …)

Im Zusammenhang mit der Aufstellung der Prognose sind die Möglichkeiten institutioneller Unterstützung sowohl im Gesundheitswesen als auch auf pädagogischem Gebiet zu berücksichtigen. Es ist sinnvoll, die Eltern über die prognostische Einschätzung der Behandlung vorsichtig zu informieren.

Eltern, die über genügend Selbstvertrauen verfügen, fragen oft von sich aus nach der Prognose der Behandlung. Erscheint die Prognose günstig, so fällt die Antwort des Therapeuten leicht. Eine ungünstige Prognose ist natürlich schwerer zu kommunizieren. Der Therapeut muss sich immer wieder klarmachen, dass die offene, authentische und zuverlässige Kommunikation mit den Eltern und mit dem Kind einer der Stützpfeiler des Behandlungserfolges ist. Wenn man das berücksichtigt, wird es auch bei einer ungünstigen Prognose möglich, die Eltern vorsichtig und offen damit zu konfrontieren und gemeinsam über weitere ambulante oder stationäre psychotherapeutische, medizinische oder sozialpädagogische Maßnahmen nachzudenken.

5.2.7 Wissenschaftliche Evidenz der Eltern-Säuglings-/Kleinkind-Psychotherapie

Die Ergebnisse von wissenschaftlichen Untersuchungen weisen darauf hin, dass sowohl die psychodynamisch als auch die interaktionistisch orientierten Ansätze ebenso wie die auf der Bindungstheorie basierenden Interventionen einen positiven Einfluss auf die Regulationsstörung des Kindes und auf die emotionale Mutter-Kind-Bindungsbeziehung nehmen (Stern-Bruschweiler/Stern 1989; Robert-Tissot et al. 1996; Cohen et al. 1999; Erickson/Egeland 2009). Es hat den Anschein, dass der Unterschied zwischen den Methoden nicht in der Unterschiedlichkeit der Patienten, nicht in den abweichenden Behandlungstechniken und nicht in der Schwere der Symptome liegt, sondern in der therapeutischen Beziehung (Stern 1995).

Nicht nur im Hinblick auf die Effektivität der unterschiedlichen Behandlungsmethoden liegen Forschungsdaten vor, sondern auch zur Frage von Langzeiteffekten bei der Nichtbehandlung von frühkindlichen Regulationsstörungen.

In einer prospektiven Studie (Degangi et al. 1993) wurden Kinder zu zwei Messzeitpunkten (im achten bis elften Lebensmonat und im vierten Lebensjahr) mit und ohne

Regulationsstörung untersucht. Nicht behandelte Kinder mit Regulationsstörungen wurden mit Kindern ohne diese Symptome verglichen. Kinder mit Regulationsproblemen im Säuglingsalter hatten im vierten Lebensjahr häufiger Entwicklungsdefizite, sensomotorische Schwierigkeiten und / oder emotionale Verhaltensprobleme als Kinder ohne Regulationsstörung.

Diese Ergebnisse lassen vermuten, dass Kinder Störungen der Verhaltensregulation mit der Zeit nicht »auswachsen«. Werden Regulationsstörungen nicht behandelt, stellen sie ein Risiko für die spätere kindliche Entwicklung dar. Sicherlich werden weitere wissenschaftliche Untersuchungen notwendig sein, um die Entstehung, den Verlauf und die Behandlung von Regulationsstörungen im Säuglings- und Kleinkindalter genauer zu erfassen. Solche Studien könnten zur Optimierung von Behandlungsmöglichkeiten, sowohl in der pädagogischen Beratung als auch in der psychotherapeutischen Behandlung beitragen.

Trotz der noch geringen empirischen Basis kann festgehalten werden, dass im Hinblick auf die Behandlung von frühkindlichen Regulationsstörungen in Deutschland in kurzer Zeit viel erreicht wurde. Sowohl in der Beratung als auch in der Psychotherapie gibt es bundesweit viele Angebote für die in eine »Krise« geratenen Familien mit Säuglingen und Kleinkindern. Im anschließenden sechsten Kapitel soll auf diese Angebote kurz eingegangen werden.

6 Möglichkeiten der Hilfe

Das Verhalten von Kleinkindern, die über Sprache als Kommunikationsmittel noch nicht ausreichend verfügen, ist für Erwachsene oft ein Rätsel. Insbesondere, wenn Störungen der frühkindlichen Verhaltensregulation auftauchen, deren Gründe kaum zu verstehen und nur schwer zu entschlüsseln sind. Mittlerweile sind zwar eine ganze Reihe von Fachbüchern und Elternratgeber über die frühkindliche Entwicklung und Erziehung erschienen, dennoch sind Eltern oftmals auf Hilfe von Experten angewiesen. Wenn ein Säugling oder Kleinkind Schwierigkeiten in der Verhaltensregulation entwickelt hat, reicht die innerfamiliäre Unterstützung in der Regel nicht mehr aus, um die Eltern zu entlasten und zur Lösung des Konflikts beizutragen.

Die klinische Bedeutung frühkindlicher Regulationsstörungen wurde lange Zeit verharmlost. Entsprechend fehlten professionelle Beratungs- und Therapieangebote für betroffene Eltern mit Säuglingen und Kleinkindern. Vor diesem Hintergrund entstand 1991 im Kinderzentrum München die »Münchener Sprechstunde für Schreibabys« (Papoušek / Schieche / Wurmser 2004) als erste Ambulanz im deutschsprachigen Raum, in der Familien von einem interdisziplinären Team aus Ärzten, Psychologen und Sozialarbeitern unterstützt werden. Nun ist die Versorgungssituation heute eine andere als vor 20 Jahren. Die Aufmerksamkeit einer breiten Fachöffentlichkeit aus Wissenschaft, Praxis und Politik wurde seitdem auf frühkindliche Bildung, Erziehung und Entwicklung gelenkt.

Eltern können im pädagogischen, psychotherapeutischen und medizinischen Kontext auf professionelle Hilfe zurückgreifen. Diese erfolgt je nach Angebot als *Frühprävention* oder als *Frühintervention*. Präventive Arbeit leisten vor allem Hebammen und Kinderärzte, wenn sie die Eltern über die frühkindlichen Regulationsstörungen aufklären. Eine rechtzeitige Unterstützung von jungen Eltern in schwierigen Lebenssituationen und eine Stärkung der elterlichen Kompetenzen wirkt ebenfalls präventiv auf eine gesunde seelische und körperliche Entwicklung von jungen Kindern. Frühintervention erfolgt im pädagogischen, psychotherapeutischen und im medizinischen Rahmen ambulant oder in wenigen Fällen stationär.

6.1 Pädagogische Unterstützung

Bundesweit haben Erziehungs- und Familienberatungsstellen der Jugendämter, die freien Träger, Familien-, Frauen- und Mütterzentren sowie Kliniken ihr Angebot um die Behandlung von frühkindlichen Regulationsstörungen erweitert (Schenerer-Englisch / Fröhlich 2010). Sie bieten Sprechstunden an und sind beratend tätig. In diesen niedrigschwelligen Angeboten handelt es sich vorwiegend um Beratung. Der Fokus liegt mehr auf dem Umgang mit der Regulationsstörung als auf der Aufdeckung der dahinter verborgenen Konfliktdynamik. In diesem Sinne geht es hierbei um eine *unterstützende (supportive)* und weniger um eine aufdeckende Arbeit. Die Beratungsgespräche beschränken sich in der Regel auf wenige Sitzungen. Wenn innerpsychische oder interpersonelle Konflikte vorhanden sind, reicht die pädagogische Unterstützung durch Beratung nicht mehr aus, und es ist sinnvoll, ambulante oder stationäre psychotherapeutische Maßnahmen einzuleiten.

Es gibt Initiativen, die Einrichtungen der Tagesbetreuung (Krippen, Kindergärten) von jungen Kindern nutzen, um dort beratend und therapeutisch zu intervenieren. Eine konzeptuelle Implementierung von Beratung und therapeutischer Intervention in Kindertagesstätten in Bezug auf frühe Regulationsstörungen ist allerdings noch selten, wäre jedoch für die Zukunft wünschenswert.

6.2 Psychotherapeutische Intervention

Die psychotherapeutische Intervention zur Behandlung von frühkindlichen Regulationsstörungen erfolgt, wie bereits im fünften Kapitel ausführlich behandelt, im Rahmen der Eltern-Säuglings- / Kleinkind-Therapie. Bisherige Erfahrungen zeigen, dass die Eltern-Säuglings- / Kleinkind-Therapie eine wirkungsvolle und schnelle Unterstützung von Familien sein kann, die wenig Zeit beansprucht. Gemeinsam mit den Eltern werden durch Gespräche und Beobachtungen die möglichen Ursachen des Problems ermittelt, und es wird über praktische Lösungen diskutiert. Die individuelle Situation, Erfahrungen und Möglichkeiten der einzelnen Familien werden dabei besonders berücksichtigt.

Heute finden Eltern bundesweit niedergelassene Psychotherapeuten, die Eltern-Säuglings- / Kleinkind-Therapien anbieten. Diese Leistung wird seit mehreren Jahren von den gesetzlichen und den privaten Krankenkassen finanziell getragen. Eltern müssen keinen Beitrag zahlen, wenn sie sich an niedergelassene Psychotherapeuten mit Kassenzulassung wenden.

Analytische Kinder- und Jugendlichenpsychotherapeuten, tiefenpsychologisch fundierte und verhaltenstherapeutisch orientierte Therapeuten und Kinderärzte mit einer Zusatzqualifikation sind dazu berechtigt, Eltern-Säuglings-Psychotherapie durchzuführen. Viele Ausbildungsinstitute für Analytische Kinder- und Jugendlichenpsychotherapie sowie Kliniken für Kinder- und Jugendpsychiatrie haben »Schreiambulanzen« eröffnet und bieten dort Eltern-Säuglings-Psychotherapie im Rahmen einer Kurzzeittherapie von 25 Sitzungen an. In Einzelfällen kann die Behandlung kürzer oder länger, d. h. bis zu 70 Therapiestunden, dauern.

6.3 Stationäre Behandlung

Bei frühkindlichen Regulationsstörungen ist in manchen Fällen ein krisenhafter Verlauf zu befürchten. Dann reichen ambulante Hilfsmaßnahmen zur Milderung der Symptomatik nicht mehr aus. Vor allem bei Fütter- und Gedeihstörungen kommt es häufiger zu einer stationären Unterbringung des Kindes gemeinsam mit der Mutter und / oder dem Vater. Aber auch bei schweren Schlafstörungen kann es zur Aufnahme des Kindes und seiner Eltern in eine spezielle Kinderklinik kommen.

Wenige psychosomatische Kinderkliniken und Kliniken der Kinder- und Jugendpsychiatrie, z. B. in München, Homburg an der Saar, Frankfurt am Main und Hamburg, haben sich auf die Behandlung von frühkindlichen Regulationsstörungen spezialisiert. Wenn das Wohl und die Gesundheit des Kindes stark gefährdet sind, kann oft nur eine intensive zwei- bis sechswöchige, manchmal länger dauernde, stationäre Behandlung eine effektive Intervention anbieten. Ein interdisziplinäres Team von Medizinern, Psychologen und Pädagogen arbeitet dort eng zusammen. Nach einer stationären Behandlung kann die Eltern-Säuglings- / Kleinkind-Psychotherapie weiter fortgesetzt werden. Es wäre sehr zu wünschen, dass in jeder Großstadt eine stationäre Behandlung von frühkindlichen Regulationsstörungen angeboten würde. Die Wartezeiten in den meisten Kliniken sind sehr lang, bis zu sechs Monate, sodass oft nur die sehr dringenden Fälle behandelt werden können.

6.4 Ausblick

Die rasche Entwicklung hinsichtlich der vielfältigen Behandlungsmöglichkeiten von frühkindlichen Regulationsstörungen in den letzten zwanzig Jahren ist erfreulich. Dennoch muss festgehalten werden, dass eine ausreichende ambulante und stationäre Versorgung von Familien mit sehr jungen Kindern, insbesondere in ländlichen Regionen und von Familien mit mehrfachen psychosozialen Belastungen, noch nicht vorhanden ist. Es wäre wünschenswert, flächendeckende Beratungs- und Therapieangebote in der pädagogischen und der klinischen Praxis zu installieren, um präventiv tätig zu sein, lange Wartezeiten zu senken und Folgekosten zu vermeiden.

Erfahrungen vor allem in der »Münchener Sprechstunde für Schreibabys« (Papoušek / Schieche / Wurmser 2004) zeigen, dass bestimmte Bevölkerungsgruppen, bei denen die psychosozialen Risiken besonders hoch sind, die vorhandenen Beratungs- oder Therapieangebote seltener in Anspruch nehmen. Dazu gehören jugendliche, alleinerziehende, berufstätige, alkohol- und drogenabhängige oder psychisch erkrankte Mütter sowie bildungsferne- und sozial benachteiligte Familien. Mit Berücksichtigung der speziellen Problematik dieser Familien sollte das Beratungs- und

Therapiekonzept zur Behandlung der Störung frühkindlicher Verhaltensregulation verändert und erweitert werden. Das STEEP-Programm (Kap. 5.2), das bundesweit, vor allem aber in Hamburg, Frankfurt am Main, Oldenburg und im Land Brandenburg Anwendung findet, ist ein gutes Beispiel diesbezüglicher Frühprävention und Frühintervention (Suess 2010; Buchwald/Lederer-Charrier 2010).

Neben dem weiteren Ausbau von Behandlungsangeboten erscheint es notwendig, die Öffentlichkeit über emotionale Störungen und psychosomatische Erkrankungen in der frühen Entwicklung zu informieren und diesbezügliche Probleme nicht zu verharmlosen. Pädagogen der frühkindlichen Bildung und Erziehung, Hebammen, Sozialarbeiter sowie niedergelassene Kinder- und Jugendärzte sind besonders gefordert, im Sinne der Frühprävention tätig zu sein und Aufklärungsarbeit zu leisten.

Neben dem weiteren Ausbau der pädagogischen und klinischen Intervention in der Beratung und der psychotherapeutischen Behandlung ist es notwendig, eine *wissenschaftliche Evaluierung* der Eltern-Säuglings-/Kleinkind-Beratung und Psychotherapie durch empirische Forschung sicherzustellen. Das umfangreiche Datenmaterial aus der »Münchener Sprechstunde für Schreibabys« bietet dafür eine wichtige Grundlage, die motivierend für weitere Forschungsstudien sein könnte (Papoušek/Schieche/Wurmser 2004; Schieche 2010).

7 Ist mein Kind noch zu jung für die Tagesbetreuung? Mythen und Fakten

7.1 Berufstätigkeit von Müttern und außerfamiliäre Tagesbetreuung von Kleinkindern

Berufstätigkeit von Frauen und mütterliches Verhalten unterliegen nicht nur persönlichen Entscheidungskriterien, sie werden seit der Antike auch durch staatliche Eingriffe und Entscheidungen mitgesteuert und – je nach Epoche – mit religiösen, ideologischen, sozialen oder wirtschaftlichen Interessen verbunden (Harsch 2008); dazu gehören häufig auch niedrige Geburtenraten.

Ein drastisches Sinken der Geburtenzahlen in Deutschland ab Mitte der 1960er-Jahre von 2,4 auf 1,38 Kinder im Jahr 2008 (Statistisches Bundesamt 2009) führte zu einer Umorientierung in der Familienpolitik. Die Frage nach der öffentlichen Verantwortung für die Erziehung von jungen Kindern wurde dabei nachdrücklich gestellt. Bei gleichzeitiger Betonung des Einflusses der Familie auf Bildungs- und Erziehungsprozesse wird die Aufgabe von Staat und Gesellschaft im »Zwölften Kinder- und Jugendbericht« für die frühkindliche öffentliche Betreuung und Erziehung besonders hervorgehoben (Bundesministerium für Familie, Senioren, Frauen und Jugend 2005).

Eine stärkere staatliche Verantwortung für junge Kinder sowie die nicht ausschließlich mütterliche Betreuung von Kleinkindern sind kein neues Phänomen: »Mütter arbeiten schon, seit es Menschen gibt, und schon immer waren sie auf die Hilfe anderer angewiesen, um ihre Nachkommen großzuziehen« (Hrdy 2002, S.12, 140 ff.).

Berufstätigkeit aus ökonomischen Gründen wird bei Müttern von Kleinstkindern eher toleriert als eine Position, die Berufstätigkeit und Kindererziehung auch ohne ökonomische Notwendigkeit als selbstverständlich erachtet. Die Debatten über die außerfamiliäre Tagesbetreuung von jungen Kindern werden seit Jahrzehnten kontrovers geführt. Trotz ausreichend gesicherter Daten aus der Forschung scheint die Diskussion um frühkindliche Tagesbetreuung immer noch ideologisch behaftet zu sein.

Warnungen vor den negativen Auswirkungen nicht ausschließlich mütterlicher Fürsorge gehen auf Forschungsergebnisse über Deprivation bei Säuglingen aus der früheren Heimforschung zurück (Spitz 1945). Die unhaltbaren Zustände in den Heimen der 1950er- und 1960er-Jahre, in denen Kinder keinen oder kaum Kontakt zu ihren primären Bindungspersonen hatten und einen erheblichen Mangel an emotionaler Zuwendung erleben mussten, sind mit der Tagesbetreuung von heute nicht mehr zu vergleichen. Bei der Tagesbetreuung bleiben die Eltern als die wichtigsten Bezugspersonen für das Kind erhalten, im Gegensatz zu Heimen, wo die Kinder in den meisten Fällen mit einem Verlust der elterlichen Fürsorge und mit wechselnden

Bezugspersonen konfrontiert sind. Die von Bowlby (1951) beschriebenen typischen Trennungsreaktionen von Kindern in Form von Protest, Verzweiflung und Gleichgültigkeit sind bei Kindern in der Tagesbetreuung mit guter Qualität nicht zu beobachten.

Angebliche negative Folgen frühkindlicher Tagesbetreuung konnten durch wissenschaftliche Untersuchungen, die vor allem in den USA seit den Sechzigerjahren durchgeführt werden, nicht bestätigt werden. Die umfangreichste US-amerikanische Studie des »National Institute of Child Health and Human Development« (NICHD) legte die Daten von 1300 untersuchten Familien und ihren Kindern zu verschiedenen Messzeitpunkten (1, 6, 15, 24, 36, 48, 56 Lebensmonate) vor und bestätigt auf breiter empirischer Basis die Unbedenklichkeit früher Tagesbetreuung (Belsky et al. 2007). Weder frühere noch aktuelle Forschungsdaten konnten einen anhaltenden negativen Einfluss auf die kognitive oder die sozial-emotionale Entwicklung von Kleinkindern bestätigen. Auch wissenschaftliche Studien aus ehemals Westberliner Krippen (Laewen 1994; Ziegenhain / Wolff 2000) und aus Berliner Krippen im Ostteil der Stadt nach der Wende (Ahnert 2004, 2010) weisen in dieselbe Richtung.

Das Forschungsinteresse richtet sich nun auch im deutschsprachigen Raum auf Qualitätsmerkmale einer guten Tagesbetreuung (Tietze / Viernickel 2002; Viernickel / Völkel (2005); Maywald / Schön 2008; Suess / Burat-Hiemer 2009). Zu Qualitätsmerkmalen einer hochwertigen Tagesbetreuung von Kleinkindern gehören unter anderem eine gute Grundausbildung von Erzieherinnen und ihre Feinfühligkeit, mit der sie auf die Signale der Kinder reagieren, die Möglichkeit für Fort- und Weiterbildung, Gruppengröße, Raumausstattung, die Zusammenarbeit mit den Eltern und schließlich die Gestaltung des Eingewöhnungsprozesses (Weegmann / Kammerlander 2010) In der modernen frühkindlichen Erziehung wird ein Schwerpunkt auf Bildungsprozesse gelegt, wobei man sich einig ist, dass Lernprozesse nicht erst im Kindergartenalter beginnen, sondern von Geburt an zu beobachten sind (Elschenbroich 2005, Dreier 2009).

7.2 Übergang in die Tagesbetreuung

Es besteht ein breiter Konsens darüber, dass Kinder in den ersten drei Lebensjahren beim Wechsel der Betreuungssituation leicht irritierbar sind. In diesem Alter reagieren sie auf die Trennung von primären Bezugspersonen in hohem Maße empfindlich. Trotz ihrer gut funktionierenden sozial-emotionalen Kompetenzen sind sie auf die Unterstützung von vertrauten Bindungspersonen angewiesen, um sich mit einer neuen Umgebung vertraut zu machen und zu anderen Erwachsenen und Kindern vertrauensvolle Beziehungen aufzubauen. Nur so kann kurze, täglich wiederkehrende Trennung von den Eltern vom Kind als nicht bedrohlich erlebt werden. Die Begleitung des Kindes während der Eingewöhnung in die Krippe durch die Eltern oder andere vertraute Bezugspersonen fördert darüber hinaus die Bereitschaft des Kindes zum Aufbau neuer Bindungen in der Einrichtung.

Die am Grundbedürfnis nach Bindung orientierte Eingewöhnungspraxis ist eine wichtige Voraussetzung nicht nur für die gesunde psychische Entwicklung des Kindes, sie ist auch die Grundlage für altersangemessenes Explorationsverhalten und damit für Lern- und Bildungsprozesse in der Tagesbetreuung.

Der Übergang von jungen Kindern aus der Familie in die Tagesbetreuung erfolgte lange Zeit ohne Einbeziehung der Eltern oder anderer vertrauter Bezugspersonen. Diese aus heutiger Sicht nicht annehmbare Situation führte bei den Krippenkindern zu lang anhaltenden Perioden von Weinen oder Protest und zu hohen Erkrankungsraten (Laewen 1989). Allerdings folgen daraus nicht automatisch eine Beeinträchtigung der kindlichen Entwicklung und eine Irritation der Mutter-Kind-Bindung (Friedman / Boyle 2009).

Bindungstheoretische Erkenntnisse (Bowlby 1969, 1973) und Untersuchungsergebnisse aus der nationalen und internationalen Krippenforschung führten schließlich seit Mitte der 80er-Jahre zu einer veränderten Eingewöhnungspraxis sowohl in der BRD als auch in der DDR. Seit dieser Zeit ist die Einbeziehung der Eltern in den Eingewöhnungsprozess von Krippenkindern vorgesehen und mehr und mehr zum konzeptuellen Bestandteil vieler pädagogischer Einrichtungen geworden.

Eine allgemeingültige Eingewöhnungspraxis mit Elternbeteiligung hat sich bundesweit allerdings bis heute nicht flächendeckend durchgesetzt. Eine sanfte Eingewöhnung unter Berücksichtigung des kindlichen Bedürfnisses nach der Anwesenheit einer vertrauten Bezugsperson und unter Berücksichtigung der Perspektive der Eltern und Mitarbeiter der Einrichtung sollte in Zukunft zu einem wichtigen Standardkriterium aller Einrichtungen in der Krippenbetreuung werden. Wie diese in der Kinderkrippe und in der Kindertagespflege realisiert werden kann, wird bei der Vorstellung des »Berliner Eingewöhnungsmodells« (Laewen / Andres / Hédervári 2009) im folgenden Abschnitt detailliert beschrieben.

7.2.1 Die Eingewöhnungssituation aus der Perspektive des Kindes

Der Übergang aus der Familie in die Tagesbetreuung bedeutet für Kinder in den ersten drei Lebensjahren eine besondere Herausforderung. Sich mit einer fremden Umgebung, einem veränderten Tagesablauf und fremden Personen vertraut zu machen und sich auf eine täglich wiederkehrende Trennung von den Eltern einzustellen verlangt den Kindern hohe Anpassungsleistungen ab. Während dieser kritischen Entwicklungsphase, vor allem aber zwischen dem sechsten und dem 24. Lebensmonat, reagieren Kinder besonders empfindlich auf einen Wechsel der Betreuungssituation und auf die Trennung von den Eltern. Es ist davon auszugehen, dass auch vor und nach diesem kritischen Alter Säuglinge und Kleinkinder zwar eine Veränderung der Betreuungssituation erleben, aufgrund ihres Alters und Entwicklungsstandes jedoch weniger sichtbar darauf reagieren.

Die leichte Irritierbarkeit von jüngeren Kindern ist vor allem mit der Bindungsorganisation in diesem Alter zu erklären und möglicherweise mit dem Aufbau eines komplexen Gedächtnissystems, wie dieses sich in der Entwicklung der Symbolisierung und der Mentalisierung offenbart (Fonagy et al. 2004; vgl. Kapitel 2.3.5 dieses Buches). Um das Kind vor seelischen Verletzungen zu schützen und ihm die Anpassung an die veränderte Lebenssituation zu erleichtern, müssen Bedingungen geschaffen werden, unter denen Kinder nicht unnötig irritiert und verunsichert werden.

Untersuchungen aus der Bindungsforschung zeigen, dass auch sehr junge Kinder neben ihren primären Bindungspersonen zu anderen Personen ihrer engsten Umgebung Bindungen aufbauen können, d. h. auch zu ihrer Krippenerzieherin oder Tagesmutter (Becher-Stoll 2009). Welche Bindungsqualität Kinder zu ihren Erzieherinnen oder der Tagesmutter entwickeln werden, ist hauptsächlich von der Feinfühligkeit der Erwachsenen gegenüber den Signalen des Kindes abhängig sowie von ihrer Fähigkeit zur Selbstreflexion. Anpassungsprozesse an neue Umweltbedingungen und Personen bedeuten große Anstrengungen für das Kind. Deshalb muss es Gelegenheit bekommen, sich zunächst nur mit seiner Bezugserzieherin vertraut zu machen, um eine Bindung aufzubauen. Nach und nach wird sich das Kind aus eigenem Interesse heraus für die anderen Erzieherinnen in der Gruppe interessieren und weitere Bindungsbeziehungen aufbauen. Die Bindung zu den Eltern bleibt erhalten und wird weder geschwächt noch irritiert (Hédervári-Heller 2010; Suess/Burat-Hiemer 2009).

7.2.2 Die Eingewöhnungssituation aus der Perspektive der Eltern

Für viele Eltern ist es eine schwierige Entscheidung und emotionale Belastung, ihr Kind in den ersten drei Lebensjahren durch andere Personen betreuen zu lassen. Sie haben Schuldgefühle, das Kind durch die frühe Trennungserfahrung emotional zu überfordern. Darüber hinaus befürchten sie, die Bindung zum Kind an die Erzieherin zu verlieren oder zumindest zu schwächen. Konkurrenzgefühle und Eifersucht erschweren ein kooperatives Miteinander mit der Krippenerzieherin oder Tagesmutter. Ähnlich wie die Kinder erleben auch die Eltern Trennungsangst und beeinflussen damit offensichtlich die Bereitschaft des Kindes, sich auf eine neue Erfahrung einzulassen.

In einer Berliner Studie wurde ein Zusammenhang zwischen der Trennungsangst der Mütter und dem Verhalten und Wohlbefinden von Krippenkindern gefunden (Laewen 1994): Kinder von Müttern mit einem höheren Maß an Trennungsangst zeigten in der Krippe mehr negatives Verhalten (Ängstlichkeit, Scheu und Irritierbarkeit) als Kinder von Müttern mit weniger Trennungsangst. In einer weiteren Studie wurde ein Zusammenhang zwischen der Trennungsangst der Mütter und der Bindungssicherheit von Kindern im Krippenalter gefunden (Hédervári 1995): Mütter von unsicher gebundenen Kindern äußerten mehr Trennungsangst als Mütter mit sicher gebundenen Kindern. Sie hatten mehr Kummer, Traurigkeit und Schuldgefühle, wenn sie vom Kind getrennt waren.

Qualitativ hochwertige Krippenbetreuung kann aus Sicht der Eltern jedoch auch eine große Entlastung bedeuten, z. B. bei einer belasteten Eltern-Kind-Bindung, psychischer Beeinträchtigung der Mutter, Überforderung der Eltern im Umgang mit dem Kind, bei alleinerziehenden Eltern oder bei Berufstätigkeit beider Eltern. Die psychische und zeitliche Entlastung durch die Tagesbetreuung kann in vielen Familien kompensatorisch wirken und zu einer entspannteren Atmosphäre in der Familie bis hin zur Verbesserung der Mutter- / Vater-Kind-Bindung beitragen.

Wichtig ist, die Eltern von ihren Schuldgefühlen und Trennungsängsten zu entlasten und ihnen ihre Funktion als eine emotional sichere Basis durch ihre Anwesenheit bei der Eingewöhnung des Kindes in die Krippe oder Kindertagespflege zu vermitteln. Die Eltern wissen in der Regel wenig darüber, was von ihnen während der Eingewöhnungszeit erwartet wird, wie sie sich verhalten sollen oder wie sie ihrem Kind die Eingewöhnung in die neue Umgebung am besten erleichtern könnten. Daher brauchen sie Erklärungsmodelle über ihre Rolle und Funktion während der Eingewöhnungszeit und über die psychische Belastung des Kindes, wenn es nicht von einer vertrauten Bezugsperson begleitet wird.

7.2.3 Die Eingewöhnungssituation aus der Perspektive der Erzieherin in der Krippe

Die Eingewöhnungssituation ist für die Erzieherin in der Krippe emotional ebenso belastend wie für das Kind und die Eltern. Sie muss sich sowohl auf das neue Kind als auch auf seine Eltern einstellen, ihre Eigenarten, Gewohnheiten und ihre Beziehung zueinander kennenlernen. Sie muss sich außerdem als Ansprechpartnerin für das Kind anbieten und feinfühlig auf seine Signale reagieren. All dies erfordert eine besondere Aufmerksamkeit und Flexibilität, sich an jedes einzelne Kind anzupassen, sowie die Bereitschaft, eine emotionale Bindungsbeziehung zu jedem einzelnen Kind aufzubauen. Verhält sich die Bezugsperson im Hinblick auf Bindungssignale des Kindes emotional distanziert und betrachtet sie den Aufbau einer Bindungsbeziehung zum Kind als nicht notwendig, so besteht die Gefahr, dass das Kind eine unsichere Bindung zur Erzieherin aufbaut und überzufällig häufig desorganisierte Verhaltensmuster zeigt (Ahnert 2004).

Eine weitere wichtige Aufgabe der Bezugsperson während der Eingewöhnung besteht darin, eine emotional warme Atmosphäre zu schaffen, in der sich jedes Kind seinem Alter und individuellen Entwicklungsstand, seinen Interessen und seiner Emotionalität entsprechend willkommen fühlt und angenommen wird. Auch die Eltern profitieren von einer Atmosphäre, in der sie sich sicher fühlen, ihr Kind der Erzieherin oder Tagesmutter anzuvertrauen. Die Bezugsperson trägt einen großen Anteil zur Herstellung eines sicheren Dreiecks zwischen der Mutter, dem Kind und sich selbst bei. Eine auf gegenseitige Kooperation und Vertrauen bauende Beziehung zwischen den Erwachsenen spielt dabei eine wichtige Rolle.

Das Nachdenken über das eigene Selbst, über die inneren Zustände des Kindes und die der Eltern ist ein weiterer wichtiger Bestandteile des erzieherischen Handelns. Die Unterstützung durch das Team ist ebenfalls von Bedeutung und führt zur Entlastung der Erzieherin. Ihre *Persönlichkeit,* ihr *Fachwissen,* ihre pädagogische *Haltung* und ihre *Handlungskompetenz* tragen zu einer umfassenden fachlichen Kompetenz bei, die den Verlauf der Eingewöhnungssituation vonseiten der Erzieherin nachhaltig prägt.

Eingewöhnungsmodelle, die sowohl wissenschaftliche Erkenntnisse als auch praktische Erfahrungen berücksichtigen, bieten grundlegende Unterstützung für die Vorbereitung des Eingewöhnungsprozesses sowie für die möglichst stressfreie Durchführung. Das bundesweit erprobte »Berliner Eingewöhnungsmodell« berücksichtigt die Perspektive des Kindes, der Eltern und der Erzieherin, eingebettet in die institutionellen Rahmenbedingungen der Krippe. Im Folgenden soll das »Berliner Eingewöhnungsmodell« detailliert beschrieben werden.

7.3 Das »Berliner Eingewöhnungsmodell« (Laewen / Andres / Hédervári 2009)

Das »Berliner Eingewöhnungsmodell« basiert konzeptionell auf der Bindungstheorie und berücksichtigt die internationalen Forschungsdaten zur außerfamiliären Tagesbetreuung von Kindern unter drei Jahren. Neben der wissenschaftlichen Grundlage bezieht das Modell Erfahrungen von Erzieherinnen und eigene Forschungsarbeiten der Autoren mit ein (Laewen 1989, Hédervári 1995). Darüber hinaus wurden Konzepte aus Norditalien bei der Ausarbeitung des Modells mit berücksichtigt (Dreier 2009). Zahlreiche Videodokumentationen über Eingewöhnungsprozesse von Kindern in Krippen und Tagespflegestellen machten es möglich, theoretische Fragen praxisnah am Verhalten der betroffenen Kinder zu überprüfen und die Beobachtungen bei der Ausarbeitung des Modells einzubeziehen.

Das Grundbedürfnis des Kindes nach emotionaler Bindung steht im Mittelpunkt des »Berliner Eingewöhnungsmodells«. Die an das Kind angepasste, individuelle Eingewöhnungszeit in Anwesenheit der Eltern ist eine Vorbedingung dafür, dass das Kind seine neue Umwelt als schützend und stabil erleben kann und mit der Unterstützung der Eltern eine vertraute Bindungsbeziehung zu seiner Betreuerin aufbaut. Der zentrale Punkt während der Eingewöhnung ist der Aufbau einer Bindungsbeziehung des Kindes zu seiner Bezugsperson. Daher ist es notwendig, dass sich zunächst eine Erwachsene um das Eingewöhnungskind kümmert, zu der das Kind beginnt, eine Bindungsbeziehung aufzubauen. Diese Beziehung wird mit zunehmendem Aufenthalt des Kindes in der Einrichtung stabiler. Es stellt allerdings eine Überforderung dar, wenn das Kind schon zu Beginn der Tagesbetreuung gleichzeitig zu zwei oder drei Erzieherinnen eine Bindung aufbauen soll. Nach einigen Wochen oder Monaten wird das Kind dann in der Regel kein Problem mehr haben, sich auch an andere Personen in der Einrichtung emotional zu binden.

Es ist ausreichend, wenn das Kind zu Beginn der Eingewöhnungszeit täglich ein bis zwei Stunden in Begleitung seiner Bindungsperson in der Krippe verbringt. Eine große Rolle spielen dabei die Intensität und Qualität seiner Erfahrungen in der Interaktion mit der Bezugserzieherin. Je nach Verhalten des Kindes ist die Dauer der Eingewöhnung individuell unterschiedlich und kann von ca. zehn Tagen bis drei Wochen, in Einzelfällen auch länger dauern.

Die neu aufgebaute Bindungsbeziehung zur Erzieherin gibt dem Kind die Sicherheit, für einige Stunden am Tag auf die Anwesenheit der Eltern zu verzichten. Die Eltern bleiben trotzdem die wichtigsten Bindungspersonen für das Kind. Die Bindung an die Erzieherin wird die Bindung an die Eltern weder schwächen noch ersetzen. Diese Informationen den Eltern beim Aufnahmegespräch mitzuteilen ist angebracht, denn unterschwellige Konkurrenzgefühle und Ängste, die Bindung zum Kind zu verlieren, können so im Vorfeld abgeschwächt werden. Auf diese Weise tragen die Erwachsenen von Beginn an zu einer liebevollen und entspannten Atmosphäre bei, die zu einem stressfreien Eingewöhnungsprozess wesentlich beiträgt und ein »sicheres Dreieck« zwischen dem Kind, den Eltern und den Erzieherinnen ermöglicht.

Die Umsetzung einer sanften Eingewöhnung nach dem »Berliner Eingewöhnungsmodell« verlangt von den Mitarbeiterinnen in der Krippe einige grundsätzliche organisatorische Aufgaben. Dazu gehört eine frühzeitige Planung, die berücksichtigt, dass wöchentlich nicht mehr als ein Kind aufgenommen wird. Lässt sich dies nicht realisieren, so ist darauf zu achten, dass die neu aufgenommenen Kinder zu unterschiedlichen Zeiten eingewöhnt werden (z. B. kommt ein Kind am Vormittag in die Krippe und ein anderes Kind am Nachmittag). Während der Eingewöhnungszeit sollte die Bezugserzieherin anwesend sein (d. h. keinen Urlaub oder Fortbildungen planen) und von ihren Kolleginnen unterstützt werden, damit sie sich ganz auf das Eingewöhnungskind konzentrieren kann. Sie sollte das Kind und seine Eltern jeden Tag empfangen und begrüßen und während ihres Aufenthalts in der Krippe zur Verfügung stehen.

Die Entscheidung, ob das Kind durch eine Bindungsperson begleitet wird oder nicht, kann nicht den Eltern allein überlassen werden. Vielmehr sollte die Einbeziehung einer für das Kind vertrauten Bindungsperson zum konzeptuellen Bestandteil der Einrichtung gehören und zur notwendigen Bedingung für die Aufnahme des Kindes in die Krippe erklärt werden. Es empfiehlt sich deshalb, die Eltern nicht nur im Gespräch, sondern auch schriftlich (Informationsmaterial zur Einrichtung, Flyer zur Eingewöhnung) über die Eingewöhnungspraxis zu informieren.

7.3.1 Phasen des Eingewöhnungsprozesses

1. Rechtzeitige Information der Eltern

Bereits beim ersten Kontakt zwischen den Eltern und Mitarbeiterinnen der Tageseinrichtung sollten die Eltern über die Notwendigkeit ihrer Beteiligung beim Eingewöhnungsprozess ihres Kindes informiert werden. Darüber hinaus sollten die Eltern erfahren, dass sie die wichtigsten Bindungspersonen für ihr Kind bleiben und dass ihre Anwesenheit eine wichtige Vorbedingung für den Eingewöhnungsprozess darstellt. Denn die Unterstützung des Kindes durch die Anwesenheit der Eltern wird es dem Kind ohne Stress ermöglichen, sich an die neue Umgebung anzupassen und eine Bindungsbeziehung zu der Bezugsperson aufzubauen.

Die Eltern sollten dadurch emotional entlastet werden, dass sie erfahren, wie bedeutend für das Wohlbefinden des Kindes die Bindungsbeziehung zur Erzieherin ist. Die Eltern bleiben jedoch weiterhin die Hauptbindungspersonen. Schließlich werden die Eltern über wichtige Inhalte und den Ablauf des Eingewöhnungsprozesses im Einzelnen informiert (mögliche Dauer der Eingewöhnung, Verhaltensregeln für die Eltern, Absprachen über Aufgabenverteilung ...).

2. Eine dreitägige Grundphase

Während der ersten drei Tage begleitet ein Elternteil oder eine andere wichtige Bindungsperson das Kind in die Einrichtung und bleibt zusammen mit ihm im Gruppenraum. Um dem Kind die Orientierung in der neuen Umgebung zu erleichtern und die Kontaktaufnahme zu der Betreuerin zu ermöglichen, ist es wichtig, dass die Eltern sich zurückhalten und selbst keine Initiative ergreifen, mit dem Kind zu spielen. Sie sollten sich zur Verfügung stellen und immer, wenn das Kind von sich aus den Kontakt zu den Eltern sucht, darauf angemessen reagieren. Die Eltern dienen als ein »sicherer Hafen«, von dem aus das Kind seine neue Umgebung erkundet und zu dem es, wann immer es möchte, zurückkehren kann.

Die Erzieherin bleibt zunächst auf Distanz, zeigt jedoch Interesse am Kontakt mit dem Kind. Ihre Aufmerksamkeit richtet sich in den ersten Tagen ausschließlich auf das Eingewöhnungskind. Sie beobachtet sein Verhalten und wartet ab, wann es von sich aus Kontaktangebote durch Blickkontakt, Vokalisierung oder durch das Anbieten von Gegenständen initiiert. Anschließend versucht die Erzieherin, durch Spielangebote oder Beteiligung am Spiel des Kindes Kontakt zu ihm aufzunehmen.

In den ersten zwei bis drei Tagen wird das Kind primär von den Eltern versorgt (gefüttert und gewickelt). Nach und nach übernimmt dann die Erzieherin diese Aufgaben. Während der ersten drei Tage finden keine Trennungsversuche statt. Auch dann nicht, wenn sich das Kind scheinbar autonom und unbefangen verhält und kaum Kontakt zu den Eltern sucht. In der Regel ist die Anwesenheit einer Bindungsperson die Ursache für die Unbekümmertheit des Kindes in einer fremden Umgebung und nicht seine emotionale Sicherheit und Autonomie. Ein Zeitraum von drei Tagen ist dafür das Minimum, damit das Kind beginnt, sich der neuen Bezugsperson zuzuwenden, die ersten Erfahrungen mit ihr zu internalisieren und nach und nach eine kurze Trennung von den Eltern zuzulassen.

3. Vorläufige Entscheidung über die Dauer der Eingewöhnungszeit

Am vierten Tag (wenn dies ein Montag ist, einen Tag später) kommt es zur ersten Trennung zwischen dem Elternteil und dem Kind. Fünf bis zehn Minuten nach Ankunft in der Einrichtung verabschiedet sich der Elternteil vom Kind und verlässt den Gruppenraum, auch dann, wenn das Kind protestiert. Mutter oder Vater bleiben in der Nähe der Tür des Gruppenraums und warten ab, ob sich das Kind, wenn es weint, innerhalb von ein bis zwei Minuten von der Erzieherin beruhigen lässt. Wenn ja, dann bleibt der Elternteil ca. 20 Minuten außerhalb des Gruppenraums.

Wenn das Kind sich von seiner Betreuerin nicht beruhigen lässt oder nach kurzer Zeit erneut anfängt zu weinen, sollte der Trennungsversuch abgebrochen und für diesen und den nächsten Tag nicht wiederholt werden. Wir können davon ausgehen, dass das Kind noch einige Tage braucht, um auf die Anwesenheit der Eltern für wenige Minuten zu verzichten und die Erzieherin als eine Bindungsperson zu akzeptieren. Die Eingewöhnung dauert bei diesen Kindern in der Regel etwas länger, d. h. drei bis vier Wochen.

Es kommt nur selten vor, dass ein Kind für die Eingewöhnung länger als vier Wochen braucht, wenn die Grundregeln des Eingewöhnungsmodells eingehalten werden. In einem solchen Fall sollte möglichst rasch ein Gespräch mit den Eltern stattfinden, in dem ihre Bedenken und eigenen Trennungsängste angesprochen werden. Reagiert das Kind auf den ersten und zweiten Trennungsversuch unbefangen oder lässt sich von seiner Gruppenerzieherin innerhalb von ein bis zwei Minuten trösten, so ist zu erwarten, dass das Kind mit einer kürzeren Eingewöhnungszeit von etwa ein bis zwei Wochen zurechtkommt.

4. Die Stabilisierungsphase

Diese beginnt am vierten oder fünften Tag. Die Bezugsperson übernimmt im Beisein des Elternteils die Versorgung (Füttern, Wickeln) des Kindes. Die Eltern überlassen es der neuen Bezugsperson, auf die Signale des Kindes zuerst zu reagieren. Sie helfen nur, wenn das Kind die Unterstützung der neuen Bezugsperson noch nicht akzeptiert. Kinder lernen schnell, sich in der neuen Umgebung an anderen Personen als den Eltern zu orientieren. Eine Grundbedingung dafür ist, dass sich die Erwachsenen vorher darüber verständigen, wie sich die Eltern nach und nach zurückziehen, um dem Kind so zu signalisieren, dass in der Einrichtung die neue Bezugsperson für es zuständig ist.

Während der Stabilisierungsphase, die von einigen Tagen bis zu zwei Wochen dauern kann, werden die Trennungszeiten nach und nach verlängert. Die Eltern bleiben jedoch weiterhin in der Nähe und abrufbereit. Rituale erleichtern dem Kind den Umgang mit der Alltagssituation. Daher sollte die neue Bezugsperson die Eltern unterstützen, kurze Abschiedsrituale mit dem Kind zu entwickeln und sich von ihm immer zu verabschieden. Nie sollten die Eltern den Gruppenraum verlassen, ohne sich vom

Kind verabschiedet zu haben. Während der Eingewöhnungszeit und auch noch danach richtet die Bezugserzieherin ihre Aufmerksamkeit bei Abschiedsszenen immer auf das Kind.

5. Die Schlussphase

Während der Schlussphase (dritte bis vierte Woche) bleibt das Kind allein in der Einrichtung. Die Eltern sollen jedoch jederzeit erreichbar sein, falls die Beziehung zur Erzieherin noch nicht stabil genug ist, um das Kind bei besonderen emotionalen Belastungen aufzufangen.

Der Eingewöhnungsprozess ist abgeschlossen, wenn das Kind die Erzieherin als »sichere Basis« akzeptiert und sich von ihr trösten, füttern und wickeln lässt. Es kommt vor, dass das Kind auf den Abschied von den Eltern auch nach der Eingewöhnungszeit ab und zu mit Weinen reagiert. Entscheidend ist jedoch, ob es sich wenige Minuten nach dem Weggang der Eltern durch die neue Bezugsperson beruhigen lässt und sich seinen Aktivitäten zuwendet.

7.3.2 Beginn der Betreuung – abschließende Überlegungen

Die Eingewöhnung an die neue Umgebung in der Tageseinrichtung verlangt vom Kind trotz der hier beschriebenen Schutzmaßnahmen eine große Anpassungsleistung. Daher ist es besonders wichtig, in der Eingewöhnungssituation die Eltern einzubeziehen und immer die innerpsychische Realität und individuelle Anpassungsleistung des Kleinkindes zu berücksichtigen. Nur unter diesen Umständen kann die Chance für eine gesunde seelische Entwicklung auch in der Tagesbetreuung gewährleistet werden. Der Verzicht auf die Einbeziehung der Eltern führt dagegen zu einer besonderen emotionalen Belastung und zu höheren Erkrankungsraten (Laewen 1989). Es ist davon auszugehen, dass ungünstige Eingewöhnungspraktiken zur Entstehung von Regulationsstörungen beitragen können.

Häufiger taucht die Frage nach dem Beginn der Betreuung von Kindern in einer Tageseinrichtung auf. Dabei scheint weniger ausschlaggebend zu sein, wie alt das Kind ist, als vielmehr die Bedingungen in der neuen Betreuungsumwelt (Maywald 2010). Es liegen hierfür keine empirischen Daten vor, jedoch Erfahrungen aus der Praxis. Beispielhaft sei die Einrichtung »Mainkrokodile« in privater Trägerschaft in Frankfurt am Main (Niedergesäß et al. 2005) genannt. Hier werden Säuglinge bereits mit einigen Wochen in einer Krippe betreut, ohne negative Auswirkungen auf ihre weitere Entwicklung. Die pädagogische Qualität dieser Einrichtung liegt auf einem sehr hohen Niveau. Die Qualifikation der Mitarbeiterinnen, regelmäßige Supervision, psychoanalytische Weiterbildung und eine intensive Elternarbeit sind nur einige Aspekte der hohen Betreuungsqualität.

Die Qualifikation von Erzieher/innen in der Tagesbetreuung im Elementarbereich auf Hochschulniveau hat bereits begonnen (Ludwig-Körner 2008). Der Bachelor-Studiengang »Bildung, Erziehung und Entwicklung in der Kindheit«, der mittlerweile bundesweit in vielen Hochschulen angeboten wird, setzt neue Standardkriterien einer qualitativ hochwertigen Tagesbetreuung und betont eine gesamtgesellschaftliche Verantwortung für das Wohl von jungen Kindern.

Literatur

Ahnert, L. (2004): Bindungsbeziehungen außerhalb der Familie: Tagesbetreuung und Erzieherinnen-Kind-Bindung. In: Ahnert, L. (Hrsg.): Frühe Bindung. Entstehung und Entwicklung. München: Ernat Reinhardt, S. 256–280.

Ahnert, L. (2010): Wie viel Mutter braucht ein Kind? Heidelberg: Spektrum.

Ainsworth, M.D.S./Wittig, B.A. (1969): Attachment and the exploratory behavior of one-year-olds in a strange situation. In: Foss B.M. (Hrsg.): Determinants of infant behavior. London: Methuen, S.111–136.

Ainsworth, M.D.S. (1977): Skalen zur Erfassung mütterlichen Verhaltens von Mary D.S. Ainsworth: Feinfühligkeit versus Unempfindlichkeit gegenüber den Signalen des Babys. In: Grossmann, K.E. (Hrsg.): Entwicklung der Lernfähigkeit in der sozialen Umwelt. München: Kindler, S. 98–107.

Ainsworth, M.D.S./Blehar, M.C./Waters, E./Wall, S. (1978): Patterns of attachment: A psychological study of the strange situation. Hillsdale, N.J.: Erlbaum Associates.

Argelander, H. (1970): Das Erstinterview in der Psychotherapie. Darmstadt: Primus.

Ariès, P. (1960/1974): Geschichte der Kindheit. München: Hanser.

Astington, J.W. (2000): Wie Kinder das Denken entdecken. München: Ernst Reinhardt.

Baillargoen. R. (1987): Object permanence in 3 1/2- and 4 1/2 month-old infants. In: Developmental Psychology 23, S. 655–664.

Balint, M. (1937/1969): Frühe Entwicklungsstadien des Ichs. Primäre Objektliebe. In: Balint, M. (Hrsg.): Die Urformen der Liebe und die Technik der Psychoanalyse. Frankfurt am Main (1969): Fischer, S. 83–103.

Balint, M./Ornstein, P./Balint, E. (1972): Focal Psychotherapy – An Example of Applied Psychoanalysis. London: Mind and Medicine Monographs, Tavistock Publications.

Ballhausen I. (1993): Will mein Kind mich ärgern? Kleinkinder besser verstehen lernen. München: Südwest.

Baradon, T./Broughton, C./Gibbs, I./James, J./Joyce, A./Woodhead, J. (2005): The Practice of Psychoanalytic Parent-Infant Psychotherapy. London: Routledge.

Barth, R. (2008): Was mein Schreibaby mir sagen will. Weinheim: Beltz.

Bates, J.E./Maslin, C.A./Frankel, K.A. (1985): Attachment security, mother-child interaction, and temperament as predictors of behaviour problem ratings at age three years. In: Monographs of the Society for Research in Child Development 50, S. 167–193.

Bauer, J. (2006): Warum ich fühle, was du fühlst. Intuitive Kommunikation und das Geheimnis der Spiegelneurone. München: Heyne.

Bayley, N. (2006): Bayley III Scales of Infant and Toddler Development. New York: Psychological Corporation.

Beebe, B.,/Lachmann, F.M. (2002/2004): Säuglingsforschung und die Psychotherapie Erwachsener. Wie interaktive Prozesse entstehen und zu Veränderungen führen. Stuttgart: Klett-Cotta.

Becker-Stoll, F. (2009): Von der Eltern-Kind-Bindung zur Erzieherin-Kind-Beziehung. In: Brisch, K.-H./Hellbrügge, Th. (Hrsg.): Wege zu sicheren Bindung in Familie und Gesellschaft. Stuttgart: Klett-Cotta, S.152–169.

Belsky, J. (1999): Modern evolutionary Theory and patterns of attachment. In: Cassidy, J./Shaver, P.R. (Hrsg.): Handbook of Attachment. New York: Guilford, S. 141–161.

Belsky, J./Vandell, D.L./Burchinal, M.C./Clarke-Steward, K.A./McCartney, K./Owen, M.T./ (2007): NICHD Early Child Care Research Network. Are there long-term effects of early child care? In: Child Development 78, S. 681–701.
Bennett, S./Sackler-Lefcourt, I./Haft, W./Nachmna, P./Stern, D. (1994): The Activation of Maternal Representations. In: Infant Mental Health Journal 15, S. 336–347.
Bick, E. (1964): Notes on infant observation in psychoanalytic training. In: International Journal of Psycho-Analysis 45, S. 558–566.
Bion, W.R. (1963/1992): Elemente der Psychoanalyse. Frankfurt am Main: Suhrkamp.
Boris, N.W./Aoki, Y./Zeanah, C.H. (1999): The development of infant-parent attachment: Considerations for assessment. In: Infants and Young Children 11, S. 1-10.
Bowlby, J. (1951): Maternal Care and Mental Health. WHO, Genf. New York: Columbia University Press.
Bowlby, J. (1953/1995): Mutterliebe und kindliche Entwicklung. München (1995): Ernst Reinhardt.
Bowlby, J. (1969/1975): Bindung: eine Analyse der Mutter-Kind-Beziehung. München: Kindler.
Bowlby, J. (1973/1976): Trennung: psychische Schäden als Folgen der Trennung von Mutter und Kind. München: Kindler.
Bowlby, J. (1980/1983): Verlust, Trauer und Depression. Frankfurt am Main: Fischer.
Bowlby, J. (1988/1995): Elternbindung und Persönlichkeitsentwicklung. Heidelberg: Dexter.
Brazelton, T.B. (1984): Neonatal Behavioural Assessment Scale. Philadelphia: Lipincott.
Brazelton, T. B./Cramer, B. G. (1989): Die frühe Bindung. Die erste Beziehung zwischen dem Baby und seinen Eltern. Stuttgart (1990): Klett-Cotta.
Bretherton, I. (1990): Communication patterns, internal working models, and the intergenerational transmission of attachment relationships. In: Infant Mental Health Journal 11, S. 237–252.
Brisch, K.-H. (1999): Bindungsstörungen. Stuttgart: Klett-Cotta.
Buchwald, M./Lederer-Charrier, J. (2010): STEEP: Frühe Hilfen im Spannungsfeld von Präventi-on und Intervention – ein Praxisbericht. In: Suess, G./Hammer, W. (Hrsg.):Kinderschutz. Stuttgart: Klett-Cotta, S.193–211.
Bundesministerium für Familie, Senioren, Frauen und Jugend (Hrsg.) (2005): Zwölfter Kinder- und Jugendbericht. Bericht über die Lebenssituation junger Menschen und die Leistungen der Kinder- und Jugendhilfe in Deutschland. Berlin: DruckVogt GmbH.
Burian, W. (1998): Die zunehmende Distanz zwischen Beobachtung und Rekonstruktion. Überlegungen zur Konzeptualisierung der postfreudianischen psychoanalytischen Theorie. In: Burian, W. (Hrsg.): Der beobachtete und der rekonstruierte Säugling. Göttingen: Vandenhoeck & Ruprecht, S. 7–19.
Bürgin, D. (1993): Psychosomatik im Kindes- und Jugendalter. Stuttgart: Gustav Fischer.
Byng-Hall, J. (1999): Family and Couple Therapy: Toward Greater Security. In: Cassidy, J./Shaver, P. (Hrsg.): Handbook of Attachment. Theory, Research, and Clinical Applications. New York: Guilford Press, S. 625–645.
Chatoor, I./Egan, J./Getson, P./Menvielle, E./O'Donnell, R. (1988): Mother-infant interactions in infantile anorexia nervosa. In: Journal of the American Academy of Child and Adolescent Psychiatry 27, S. 535–540.
Chatoor, I./Getson, P./Menvielle, E./Brasseaux, C./O'Donnel, R./Rivera, Y./Mrazek, D.A. (1997): A feeding scale for research and clinical practice to assess mother-infant interactions in the first three years of life. In: Infant Mental Health Journal 18, S. 76–91.
Cierpka, M. (2009): Keiner fällt durchs Netz. Wie hoch belastete Familien unterstützt werden können. In: Familiendynamik 34, S. 36–47.
Cierpka, M./Windaus, E. (Hrsg.) (2007): Psychoanalytische Säuglings-Kleinkind-Eltern-Psychotherapie. Frankfurt am Main: Brandes & Apsel.
Cohen, N.J. (2003): »Watch, Wait and Wonder« – ein kindzentriertes Psychotherapieprogramm zur Behandlung gestörter Mutter-Kind-Beziehungen. In: Kinderanalyse 11, S. 58–79.

Cohen, N.J./Muir, E./Parker, C.J./Brown, M./Lojkasek, M./Muir, R./Barwick, M. (1999): Watch, Wait, and Wonder: Testing the Effectiveness of a New Approach to Mother-Infant Psychotherapy. In: Infant Mental Health Journal 20, S. 429– 451.
Cramer, B./Palacio-Espasa, F. (1993): Psychotherapie mit Müttern und ihren Babys. Augustin-Forster, M.-J. (Hrsg.): Psychotherapie mit Müttern und ihren Babys. In: Gießen (2009): Psychosozial.
Crittenden, P.M. (1979–2004): Care-Index: Coding Manual. Unpublished manuscript, Miami.
Crittenden, P.M. (1990): Internal represantational models of attachment relationships. In: Infant Mental Health Journal 11, S. 259–277.
DeCasper, A./Spence, M. (1986): Prenatal maternal speech influences newborns' perception of speech sounds. In: Infant Behavior and Development 9, S. 133–150.
Degangi, G./Porges, S./Sickel, R./Greenspan, S. (1993): Four-Year Follow-Up of A Sample of Regulatory Disordered Infants. In: Infant Mental Health Journal 14, S. 330–343.
deMause, L. (Hrsg.) (1974/1977): Hört ihr die Kinder weinen? Eine psychogenetische Geschichte der Kindheit. Frankfurt am Main: Suhrkamp.
Deutsche Gesellschaft für Kinder- und Jugendpsychiatrie, Psychosomatik und Psychotherapie/Bundesarbeitsgemeinschaft Leitender Klinikärzte für Kinder- und Jugendpsychiatrie, Psychosomatik/Psychotherapie und Berufsverband der Ärzte für Kinder- und Jugendpsychiatrie, Psychosomatik und Psychotherapie (Hrsg.) (2007): Leitlinien zu Diagnostik und Therapie von psychischen Störungen im Säuglings-, Kindes- und Jugendalter. Köln: Deutscher Ärzte-Verlag.
Deutsche Liga für das Kind in Familie und Gesellschaft e.V./Deutscher Kinderschutzbund Bundesverband e.V./Verband allein erziehender Mütter und Väter, Bundesverband e.V. (Hrsg.) (2005): Wegweiser für den Umgang nach Trennung und Scheidung. Berlin.
Dolto, F. (1971): Psychoanalyse und Kinderheilkunde. Frankfurt am Main: Fischer.
Dornes, M (1993): Der kompetente Säugling. Die präverbale Entwicklung des Menschen. Frankfurt am Main: Fischer.
Dornes, M. (1997): Die frühe Kindheit. Frankfurt am Main: Fischer.
Dornes, M. (2000): Die emotionale Welt des Kindes. Frankfurt am Main: Fischer.
Dornes, M. (2006): Die Seele des Kindes. Entstehung und Entwicklung. Frankfurt am Main: Fischer.
Dornes, M. (2010): Ambivalenzen moderner Kindheit: Kinder zwischen Freiheit und Verletzlichkeit. In: Suess, G./Hammer, W. (Hrsg.):Kinderschutz. Stuttgart: Klett-Cotta, S.46–62.
Dozier, M./Stovall, K. C./Albus, K. E. (1999): Attachment and Psychopathology in Adulthood. In: Cassidy, J/Shaver, P. R. (Hrsg.): Handbook of Attachment, S. 497–519.
Dreier, A. (2009): Was tut der Wind, wenn er nicht weht? Begegnung mit der Kleinkindpädagogik in Reggio Emilia. Weinheim: Beltz.
Dührssen, A. (1980): Psychotherapie bei Kindern und Jugendlichen. Ein Lehrbuch für Familien- und Kindertherapie. Göttingen: Verlag für Medizinische Psychologie im Verlag Vandenhoeck & Ruprecht.
Egeland, B. (2002): Ergebnisse einer Langzeitstudie an Hoch-Risiko-Familien. Implikationen für Prävention und Intervention. In: Brisch, K.-H./Grossmann, K. E./Grossmann, K./Köhler, L. (Hrsg.): Bindung und seelische Entwicklungswege. Stuttgart: Klett-Cotta, S. 305–324.
Egle, U. T./Hoffmann, S.O./Steffens, M. (1997): Pathogene und protektive Entwicklungsfaktoren in Kindheit und Jugend. In: Egle, U. T./Hoffmann, S.O./Joraschky, P. (Hrsg.): Sexueller Missbrauch, Misshandlung, Vernachlässigung. Stuttgart: Schattauer, S. 3–20.
Ekman, P. (1979): Zur kulturellen Universalität des emotionalen Gesichtsausdrucks. In: Scherer, K./Wallbott, H. (Hrsg.): Nonverbale Kommunikation. Weinheim: Beltz, S. 50–59.
Ekman, P. (1988): Gesichtausdruck und Gefühl. 20 Jahre Forschung von Paul Ekman. In: von Salisch, M. (Hrsg.): Paderborn: Junfermann.
Eliacheff, C. (1993): Das Kind, das eine Katze sein wollte. Psychoanalytische Arbeit mit Säuglingen und Kleinkindern. München: Kunstmann.

Elschenbroich, D. (2005): Weltwunder. Kinder als Naturforscher. München: Kunstmann.
Emde, R.N. (1991): Die endliche und die unendliche Entwicklung. In: Psyche 45, S. 745–799.
Emde, R.N./Klingman, D.H./Reich, J.H./Wade, J.D. (1978): Emotional expression in infancy: Initial of social signalling and an emergent model. In: Lewis, M./Rosenblum, L. (Hrsg.): The development of affect. New York: Plenum Press.
Erickson, M./Egeland, B. (2009): Die Stärkung der Eltern-Kind-Bindung. Stuttgart: Klett-Cotta.
Fagan, J. (1976): Infant's recognition of invariant features of faces. In: Child Development 47, S. 627–638.
Ferenczi, S. (1924): Versuch einer Genitaltheorie. In: Ferenczi, S. (Hrsg.): Schriften der Psychoanalyse, Band II. Frankfurt am Main (1982): Fischer, S. 317–400.
Fivaz-Depeursinge, E./Corboz-Warnery, A. (1999): The primary triangle. Boulder: Basic Books.
Fonagy, P./Steele, H./Steele, M. (1991): Maternal representations of attachment during pregnancy predict the organization of infant-mother attachment at one year age. In: Child Development 62, S. 891–905.
Fonagy, P. (1998): Die Bedeutung der Entwicklung metakognitiver Kontrolle der mentalen Repräsentanzen für die Betreuung und das Wachstum des Kindes. In: Psyche 52, S. 349–368.
Fonagy, P. (2003): Bindungstheorie und Psychoanalyse. Stuttgart: Klett-Cotta.
Fonagy, P./Gergely, G./Jurist, E./Target, M. (2004): Affektregulierung, Mentalisierung und die Entwicklung des Selbst. Klett-Cotta: Stuttgart.
Fonagy, P./Target, M. (2005): Frühe Bindung und psychische Entwicklung. Beiträge aus Psychoanalyse und Bindungsforschung. Gießen: Psychosozial.
Fraiberg, S. (1969): Object constancy and mental representation. In: The Psychoanalytic Study of the Child 24, S. 9–47.
Fraiberg, S. (Hrsg.) (1980): Clinical Studies in infant mental health: The first year of life. New York: Basic Books.
Fraiberg, S./Adelson, E./Shapiro, V. (1975): Ghost in the nursery. In: Journal of the American Academy of Child Psychiatry 14, S. 387–422.
Freud, A. (1946/1987): Das psychoanalytische Studium der frühkindlichen Essstörungen. In: Die Schriften der Anna Freud, Band IV. Frankfurt am Main: Fischer, S. 1041–1060.
Freud, A. (1965/1987): Wege und Irrwege in der Kinderentwicklung. Die Schriften der Anna Freud, Band VIII. Frankfurt am Main: Fischer.
Freud, S. (1905/1999): Drei Abhandlungen zur Sexualtheorie. G.W. Bd. V. Frankfurt am Main: Fischer.
Freud, S. (1915/1999): Triebe und Triebschicksale. G.W. Bd. X, S. Frankfurt am Main: Fischer.
Freud, S. (1917/1980): Allgemeine Neurosenlehre. Vorlesungen zur Einführung in die Psychoanalyse. Frankfurt am Main: Fischer.
Freud, S. (1920/1999): Jenseits des Lustprinzips. G.W. Bd. XIII. Frankfurt am Main: Fischer.
Freud, S. (1924/1972): Der Untergang des Ödipuskomplexes. Studienausgabe Band V. Frankfurt am Main: Fischer.
Freud, S. (1931/1999): Über die weibliche Sexualität. G.W. Bd. XIV. Frankfurt am Main: Fischer.
Friedman, S.L. (1972): Habituation and recovery of visual response in the alert human newborn. In: Journal of Experimental Child Psychology 13, S. 339–349.
Friedman, S.L./Boyle, E. (2009): Kind-Mutter-Bindung in der NICHD-Studie »Early Child Care and Youth Development«: Methoden, Erkenntnisse und zukünftige Ausrichtungen. In: Brisch, K.H./Hellbrügge, T. (Hrsg.): Wege zu sicheren Bindungen in Familie und Gesellschaft. Stuttgart: Klett-Cotta, S. 94–151.
Fröhlich-Gildhoff, K./Rönnau-Böse, M. (2009): Resilienz. München: Reinhardt.
George, C./Kaplan, N./Main, M. (1984/1985/1996): The Adult Attachment Interview for Adults. Unpublished interview. Berkeley: University of California.
George, C./West, M. (2001): The Development and Preliminary Validation of a New Measure of Adult Attachment Projective. In: Attachment & Human Development 3, S. 55–86.

Gergely, Gy./Watson, J.S. (1999): Early socio-emotional development: Contingency perception and the social biofeedback model. In: Rochat, P. (Hrsg.): Early Social Cognition. Hillsdal, N.J.: Erlbaum Associates, S. 101–137.

Gervai, J. (2008): Einfluss von Genetik und Umwelt auf die Entwicklung von Bindungsverhaltensweisen. In: Brisch, K.H./Hellbrügge, T. (Hrsg.): Der Säugling – Bindung, Neurobiologie und Gene. Stuttgart: Klett-Cotta, S. 185–206.

Gibson, E.J./Walk, R.D. (1960): The visual cliff. In: Scientific American 202, S. 64– 71.

Gloger-Tippelt, G. (2001): Bindung im Erwachsenenalter. Ein Handbuch für Forschung und Praxis. Bern: Hans Huber.

Gloger-Tippelt, G./König, L. (2009): Bindung in der mittleren Kindheit. Weinheim: Beltz.

Goleman, D. (1996): Emotionale Intelligenz. Ulm: Hanser.

Gopnik, A./Kuhl, P./Meltzoff, A. (2003): Forschergeist in Windeln. München: Piper.

Grice, H. (1975): Logic and conversation. In: Cole, P./Morgan, J. (Hrsg.): Syntax and semantics 3: Speech acts. New York: Academic Press, S. 41–58.

Grossmann. K./Grossmann, K.E. (2004): Bindungen – das Gefüge psychischer Sicherheit. Stuttgart: Klett-Cotta.

Grossmann. K.E./Grossmann, K./Zimermann, P. (1999): A wider view of attachment and exploration. Stability and change during the years of immaturity. In: Cassidy, J./Shaver, P. R. (Hrsg.): Handbook of Attachment. Theory, research, and clinical applications. New York: Guilford, S. 760–786.

Harsch, H. (2008): Zur Geschichte früher außerfamiliärer Betreuung. In: Psyche 62, S. 109–117.

Hartmann, H. (1952/1964): The mutual influences in the development of ego and id. Essays on ego psychology. New York: International Universities Press, S. 155–182.

Hartmann, H.-P. (2001): Stationär-psychiatrische Behandlung von Müttern mit ihren Kindern. In: Praxis der Kinderpsychologie und Kinderpsychiatrie 50, S. 537–551.

Hartmann, H.-P./Grande, B. (2007): Stationäre Behandlung von Müttern mit postpartalen psychiatrischen Erkrankungen und ihren Kindern nach dem »Heppenheimer Modell der Mutter-Kind-Behandlung«. In: Brisch, K.-H./Hellbrügge, T. (Hrsg.): Die Anfänge der Eltern-Kind-Bindung. Stuttgart: Klett-Cotta, S. 259–270.

Hédervári, É. (1995): Bindung und Trennung. Frühkindliche Bewältigungsstrategien bei kurzen Trennungen von der Mutter. Wiesbaden: Deutscher Universitätsverlag.

Hédervári-Heller, É. (2000): Klinische Relevanz der Bindungstheorie in der therapeutischen Arbeit mit Kleinkindern und deren Eltern. In: Praxis der Kinderpsychologie und Kinderpsychiatrie 4, S. 580–596.

Hédervári-Heller, É. (2003): Frühe Interaktionsstrukturen in der Mutter-Kind-Dyade: Interaktionsprozesse sowie Selbst- und Objektrepräsentanzen. In: Finger-Trescher, U./Krebs H. (Hrsg.): Bindungsstörungen und Entwicklungschancen. Gießen: Psychosozial, S. 109–132.

Hédervári-Heller, É. (2005): Seelische Gesundheit von Kindern in den ersten Lebensjahren in Deutschland. In: Frühe Kindheit 6, S. 22–25.

Hédervári-Heller, É. (2007): Babyambulanz. In: Krause-Girth, C. (Hrsg.): Die Gruppe, das Paar und die Liebe. Gießen: Psychosozial, S. 109–126.

Hédervári-Heller, É. (2008 a): Frühkindliche Entwicklung und Störungen der Verhaltensregulation. Therapeutische Überlegungen und Behandlungsmöglichkeiten. In: Frühe Kindheit, S. 19–26.

Hédervári-Heller, É. (2008b): A szülö-csecsemö konzultáció és terápia. A csecsemö- és kisgyermekkor viselkedésszabályozás zavarai. Budapest: Animula.

Hédervári-Heller, É. (2010): Eingewöhnung. In: Weegmann, W./Kammerlander, C. (Hrsg.): Die Jüngsten in der Kita. Ein Handbuch zur Krippenpädagogik. Stuttgart: Kohlhammer, S. 237–250.

Hermann, I. (1936): Sich-Anklammern – Auf-Suche-Gehen. Über ein in der Psychoanalyse bisher vernachlässigtes Triebgegensatzpaar und sein Verhältnis zum Sadismus-Masochismus. In: IZPsa. XXII, S. 349–370.

Hofacker, N. von / Papoušek, M. / Wurmser H. (2004): Fütter- und Gedeihstörungen im Säuglings- und Kleinkindalter. In: Papoušek, M. / Schieche, M. / Wurmser, H. (Hrsg.): Regulationsstörungen der frühen Kindheit. Frühe Risiken und Hilfen im Entwicklungskontext der Eltern-Kind-Beziehungen. Bern: Hans Huber, S. 171–200.
Hornstein, C. / De Marco, A. / Rave, E. / Schenk, S. / Wortmann-Fleischer, S. / Schwarz, M. (2003): Die Behandlung psychotischer Mütter in einer Mutter-Kind-Einheit. Ein Beitrag zur Primärprävention. In: Psychodynamische Psychotherapie 2, S. 113–121.
Hrdy, S.B. (2002): Mutter Natur. Die weibliche Seite der Evolution. Berlin: BvT Berliner Taschenbuchverlags GmbH.
Hüther, G. / Bonney, H. (2002): Neues vom Zappelphilipp. ADS: Verstehen, vorbeugen und behandeln. Düsseldorf: Walter.
ICD-10 (Internationale statistische Klassifikation der Krankheiten und verwandter Gesundheitsprobleme)(2009): Köln: Deutscher Ärzte-Verlag.
Immelmann, K. / Keller, H. (1988): Die frühe Entwicklung. In: Immelmann, K. / Scherer, K.R. / Vogel, C. / Schmoock, P. (Hrsg.): Psychobiologie. Grundlagen des Verhaltens. Weinheim: Psychologie Verlags Union, S. 133–180.
Infant Mental Health Journal, 24/4. (2003): The Use of the Diagnostic Classification 0–3.
Israel, A. (Hrsg.) (2007): Der Säugling und seine Eltern. Die psychoanalytische Behandllung frühester Entwicklungsstörungen. Frankfurt am Main: Brandes & Apsel.
Izard, C.E. (1977 / 1994): Die Emotionen des Menschen. Eine Einführung in die Grundlagen der Emotionspsychologie. Weinheim: Beltz.
Izard, C.E. (1978): On the ontogenesis of emotions and emotion-cognition relationships in infancy. In: Lewis, M. / Rosenblum, L.A. (Hrsg.): The development of affect. New York: Plenum Press, S. 389–413.
Julius, H. / Gasteiger-Klicpera, B. / Kißgen, R. (Hrsg) (2009): Bindung im Kindesalter. Diagnostik und Interventionen. Göttingen: Hogrefe.
Kagan, J. (2000): Die drei Grundirrtümer der Psychologie. Weinheim: Beltz.
Keller, H. (1999): Jetzt schläft mein Baby durch. Niederhausen: Falken.
Keller, H. / Meyer, H.-J. (1982): Psychologie der frühesten Kindheit. Stuttgart: Kohlhammer.
Kernberg, O. (1976 / 1989): Objektbeziehungen und Praxis der Psychoanalyse. Stuttgart: Klett-Cotta.
Kißgen, R. (2009): Kontinuität und Diskontinuität von Bindung. In: Julius, H. / Gasteiger-Klicpera, B. / Kißgen, R. (Hrsg): Bindung im Kindesalter. Diagnostik und Interventionen. Göttingen: Hogreff, S. 65–84.
Kißgen, R. / Heinen, N. (Hrsg.) (2010): Frühe Risiken und frühe Hilfen. Stuttgart: Klett-Cotta.
Klann-Delius, G. (1989): Affektivität und Spracherwerb. In: Praxis der Psychotherapie und Psychosomatik 35, S. 140–149.
Klann-Delius, G. (2008): Spracherwerb. Stuttgart: Weimer / Metzler.
Klein, M. (1952 / 1991): Das Seelenleben des Kleinkindes und andere Beiträge zur Psychoanalyse. Stuttgart: Klett-Cotta.
Klitzing, K. von (Hrsg.) (1998): Psychotherapie in der frühen Kindheit. Göttingen: Vandenhoeck & Ruprecht.
Klitzing, K. von / Simoni, H. / Amsler, F. / Bürgin, D. (1999): The role of the father in early family interactions. In: Infant Mental Health Journal, 20, S. 222–237.
Klitzing, K. von (2009): Reaktive Bindungsstörungen. München: Springer.
Köhler, L. 1998. Zur Anwendung der Bindungstheorie in der psychoanalytischen Praxis. Psyche 52, S. 369–397.
Krause, R. (1992): Die Zweierbeziehung als Grundlage der psychoanalytischen Therapie. In: Psyche 46, S. 588–613.
Krause, R. (1997): Allgemeine psychoanalytische Krankheitslehre. Band 1: Grundlagen. Stuttgart: Kohlhammer.

Krause, R. (1998): Allgemeine psychoanalytische Krankheitslehre. Band 2: Modelle. Stuttgart: Kohlhammer.
Laewen, H.-J. (1989): Nichtlineare Effekte einer Beteiligung von Eltern am Eingewöhnungsprozess von Krippenkindern. In: Psychologie in Erziehung und Unterricht 2, S. 102–108.
Laewen, H.-J. (1994): Zum Verhalten und Wohlbefinden von Krippenkindern. In: Psychologie in Erziehung und Unterricht 41, S. 1–13.
Laewen, H.-J./Andres, B./Hédervári, É. (2009): Die ersten Tage – Ein Modell zur Eingewöhnung in Krippe und Tagespflegestelle. Berlin: Cornelsen.
Largo, R. (2010): Babyjahre: Entwicklung und Erziehung in den ersten vier Jahren. München: Piper.
Lebovici, S. (1983): Der Säugling, die Mutter und der Psychoanalytiker: Die frühen Formen der Kommunikation. Stuttgart (1990): Klett-Cotta.
Lehmkuhl, U./Lehmkuhl, G. (Hrsg.) (2004): Frühe psychische Störungen und ihre Behandlung. Göttingen: Vandenhoeck & Ruprecht.
Leuzinger-Bohleber, M. (2009): »Was nun…?« Einige Gedanken zu zukünftigen Entwicklungen in der Psychoanalyse. In: Leuzinger Bowhleber, M./Canestri, J./Target, M. (Hrsg): Frühe Entwicklung und ihre Störungen. Klinische, konzeptuelle und empirische psychoanalytische Forschung. Kontroversen zu Frühprävention, Resilienz und ADHS. Frankfurt am Main: Brandes & Apsel, S. 301–312.
Leuzinger-Bohleber, M./Brandl, Y./Hüther, G. (Hrsg.) (2006): ADHS – Frühprävention statt Medikalisierung. Göttingen: Vandenhoeck & Ruprecht.
Leuzinger-Bohleber, M./Mertens, W./Koukkou, M. (Hrsg.) (1998): Erinnerung von Wirklichkeiten. Psychoanalyse und Neurowissenschaften im Dialog. Band 2: Folgerung für die Psychoanalytische Praxis. Stuttgart: Verlag Internationale Psychoanalyse
Lichtenberg, J. (1983/1991): Psychoanalyse und Säuglingsforschung. Berlin: Springer.
Lieberman, A.F./Pawl, J.H. (1993): Infant-parent psychotherapy. In: Zeanah, C. (Hrsg.): Handbook of Infant Mental Health. New York: Guilford.
Lieberman, A. F./Zeanah, C. H. (1999): Contributions of Attachment Theory to Infant-Parent Psychotherapy and Other Interventions with Infants and young Children. In: Cassidy, J./Shaver, P. R. (Hrsg.): Handbook of Attachment. Theory, research, and clinical applications. New York: Guilford, S. 555–574.
Locke, J. (1693/1967): Einige Gedanken über die Erziehung. Paderborn: Deermann.
Luby, J. (2005): Depression. In: Zeanah, C. (Hrsg.): Handbook of Infant Mental Health. New York: Guilford, S. 382–396.
Ludwig-Körner, C. (2008): Psychoanalyse und Frühpädagogik. In: Psyche 62, S. 171–181.
Ludwig-Körner, C./Derksen, B./Koch, G./Welder, D./Fröhlich, M./Schneider, L. (2001): Primäre Prävention und Intervention im Bereich der frühen Eltern-Kind-Beziehung. Arbeitsmaterialien des Fachbereiches Sozialwesen der Fachhochschule Potsdam, Nr. 15.
Mahler, M./Pine, F./Bergman, A. (1975): Die psychische Geburt des Menschen. Frankfurt am Main: Fischer.
Main, M. (1982): Vermeiden im Dienst von Nähe: ein Arbeitspapier. In: Immelmann, K./Barlow, G./Petrinowich, L./Main M. (Hrsg.): Verhaltensentwicklung bei Mensch und Tier. Berlin: Prey, S. 751–793.
Main, M./Goldwyn, R. (1985–1996). Adult attachment scoring and classification systems. Berkely: University of California.
Main, M./Kaplan, N./Cassidy, J. (1985): Security in infancy, childhood and adulthood: A move to the level of representation. Growing points in attachment theory and research. In: Monographs of the Society for Research in Child Development 50, S. 66–104.
Main, M./Solomon, J. (1986): Discovery of an insecure-disorganized/disoriented attachment pattern. In: Brazelton, T.B/Yogman, M. (Hrsg.): Affective development in infancy. Norwood: Ablex, S. 95–124.

Main, M./Weston, D. (1981): The quality of the toddler's relationship to mother and to father: Related to conflict behaviour and the readiness to establish new relationships. In: Child Development 52, S. 932–940.
Mandler, J. (1988): How to build a baby: On the development of an accessible representational system. In: Cognitive Development 3, S. 113-136.
Maywald, J. (2010): Die beste Frühbetreuung. Krippe, Tagesmutter, Kinderfrau. Weinheim: Beltz.
Maywald, J./Schön, B. (Hrsg.) (2008): Krippen: Wie frühe Betreuung gelingt. Fundierter Rat zu einem umstrittenen Thema. Weinheim: Beltz.
McDonough, S.C. (1993): Interaction Guidance: Understanding and Treating Early Infant-Caregiver Relationship Disturbances. In: Zeanah, C. (Hrsg.): Handbook of Infant Mental Health. New York: Guilford, S. 414–426.
Meltzoff, A. (1988): Infant imitation after 1-week delay: Long-term memory for novel acts and multiple stimuli. In: Developmental Psychology 24, S. 470–476.
Meltzoff, A. (1995): Understanding the intentions of others: Re-enactment of intended acts by 18-months-old children. In: Developmental Psychology 31, S. 838–850.
Meltzoff, A./Borton, R. (1979): Intermodal matching by human neonates. In: Nature 282, S. 403–404.
Mietzel, G. (2002): Wege in die Entwicklungspsychologie. Kindheit und Jugend. Weinheim: Beltz.
Newman, B. M./Newman, P. R. (1978): Infancy and Childhood. New York: Wiley.
Niedergesäß, B./Drexler-Wagner, S./Strüber, E./Bastian-Störk, A. (2005): Die ersten gemeinsamen Schritte in die Welt. Lüneburg: Dagmar Dreves.
Nissen, G. (2005): Kulturgeschichte seelischer Störungen bei Kindern und Jugendlichen. Stuttgart: Klett-Cotta.
Norman, J. (2001): The Psychoanalyst and the Baby: A Now Look at Work with Infants. In: The International Journal of Psychoanalysis 82, S. 83–100.
Papoušek, H./Papoušek, M. (1987): Intuitive parenting: A dialectic counterpart to the infant's integrative competence. In: Osofsky, J.D. (Hrsg.): Handbook of infant development, 2nd. Edition. New York: Wiley, S. 669–720.
Papoušek, M. (1994): Vom ersten Schrei zum ersten Wort. Anfänge der Sprachentwicklung in der vorsprachlichen Kommunikation. Bern: Hans Huber.
Papoušek, M. (1998): Das Münchener Modell einer interaktionszentrierten Säuglings-Eltern-Beratung und -Psychotherapie. In: Klitzing, K. von (Hrsg.): Psychotherapie in der frühen Kindheit. Göttingen: Vandenhoeck & Ruprecht, S. 88–119.
Papoušek, M. (2000): Einsatz von Video in der Eltern-Säuglings-Beratung und -Psychotherapie. In: Praxis der Kinderpsychologie und Kinderpsychiatrie 49, S. 611–628.
Papoušek, M. (2002): Auswirkungen der Wochenbettdepression auf die frühkindliche Entwicklung. In: Braun-Scharm, H. (Hrsg.): Depression im Kindes- und Jugendalter. Stuttgart: Wissenschaftliche Verlagsgesellschaft, S. 201–229.
Papoušek, M./Hofacker, N. von (1995): Persistent crying and parenting: Search for a butterfly in a dynamic system. In: Early Development and Parenting 4, S. 209–224.
Papoušek, M./Schieche, M./Wurmser, H. (Hrsg.) (2004): Regulationsstörungen der frühen Kindheit. Frühe Risiken und Hilfen im Entwicklungskontext der Eltern-Kind-Beziehungen. Bern: Hans Huber.
Pedrina, F. (2006): Mütter und Babys in psychischen Krisen: Forschungsstudie zu einer therapeutisch geleiteten Mutter-Säugling-Gruppe am Beispiel postpartaler Depression. Frankfurt am Main: Brandes & Apsel.
Peschel-Gutzeit, L. M. (2008): Kinderrechte ins deutsche Grundgesetz? Chancen und Herausforderungen. In: Friedrich-Ebert-Stiftung (Hrsg.): Machen wir's den Kindern recht?! Rechtspolitische Impulse für ein kindgerechtes Deutschland. Berlin: Friedrich-Ebert-Stiftung Forum Berlin, S. 21–38.

Piaget, J. (1936/1975): Das Erwachen der Intelligenz beim Kinde. Gesammelte Werke 1. Studienausgabe. Stuttgart: Klett-Cotta.
Piaget, J. (1937/1975): Der Aufbau der Wirklichkeit beim Kinde. Gesammelte Werke 2. Studienausgabe. Stuttgart: Klett-Cotta.
Portmann, A. (1969): Biologische Fragmente zu einer Lehre von Menschen. Basel: Schwabe.
Remschmidt, H./Schmidt, M./Poustka, F. (2006): Multiaxiales Klassifikationsschema für psychische Störungen des Kindes- und Jugendalters nach ICD-10 der WHO. Bern: Hans Huber.
Resch, F. (2004): Aggressives Verhalten als Krankheit? In: Die frühe Kindheit 7, S. 22–25.
Robert-Tissot, C./Cramer, B./Stern, D./Serpa, S./Bachmann, J.-P./Palacio-Espasa, F./Knauer, D./De Muralt, M./Berney, C./Mendiguren, G. (1996): Outcome evaluation in brief mother-infant psychotherapies: report on 75 cases. In: Infant Mental Health Journal 17, S. 97–114.
Robertson, J./Robertson, J. (1975): Neue Beobachtungen zum Trennungsverhalten kleiner Kinder. In: Psyche 9, S. 626–664.
Rousseau, J-J. (1762/1993): Emil oder über die Erziehung. Paderborn: Schöningh.
Rutter, M. (2006): Die psychischen Auswirkungen früher Heimerziehung. In: Brisch, K.H./Hellbrügge, T. (Hrsg.): Kinder ohne Bindung. Stuttgart: Klett-Cotta, S. 91–137.
Salisch, M. von (Hrsg.) (2002): Emotionale Kompetenz entwickeln. Grundlagen in Kindheit und Jugend. Stuttgart: Kohlhammer.
Salisch, M. von (2007): Emotionale Entwicklung. In: Herpertz-Dahlmann, B./Resch, F./Schulte-Markwort, M./Warnke, A. (Hrsg.): Entwicklungspsychiatrie. Stuttgart: Schattauer.
Salisch, M. von/Kraft, U. (2010): Störungen der Emotionsregulation im Kindergartenalter und ihre Folgen. In: Kißgen, R./Heinen, N. (Hrsg.): Frühe Risiken und frühe Hilfen. Stuttgart: Klett-Cotta, S. 84–104.
Salisch, M. von/Kunzmann, U. (2005): Emotionale Entwicklung über die Lebensspanne. In: Asendorpf., J. B. (Hrsg.): Enzyklopädie der Psychologie. Band 3, Soziale, emotionale und Persönlichkeitsentwicklung. Göttingen: Hogrefe, S. 1–74.
Salomonsson, B. (2007): »Talk to me baby, tell me what`s the matter now«. Semiotic and developmental perspectives on communication in psychoanalytic infant treatment. In: International Journal of Psychoanalysis 88, S. 127–146.
Saß, H./Wittchen, H./Zaudig, M. (1996): Diagnostisches und statistisches Manual psychischer Störungen. DSM-IV. Dt. Bearb. Göttingen: Hogrefe.
Schäfer, G. E. (1995): Bildungsprozesse im Kindesalter. Weinheim: Beltz.
Scheuerer-Englisch, H./Fröhlich, H. (2010): Frühe Hilfen – Möglichkeiten und Angebote im Rahmen der Erziehungsberatung. In: Kißgen, R./Heinen, N. (Hrsg.): Frühe Risiken und frühe Hilfen. Stuttgart: Klett-Cotta, S.246–271.
Schieche, M. (2010): Frühe Hilfen bei Regulationsstörungen: Die Münchener Sprechstunde für Schreibabys. In: Kißgen, R./Heinen, N. (Hrsg.): Frühe Risiken und frühe Hilfen. Stuttgart: Klett-Cotta, S. 272–291.
Schlack, H. (2004): Die neuen Kinderkrankheiten. Einflüsse der Lebenswelten auf Gesundheit und Entwicklung. In: Die frühe Kindheit 7, S. 18–21.
Schmidt, H.-D. (1991): Das Bild des Kindes und seine pädagogischen Konsequenzen. In: Schmidt, H.-D./Schaarschmidt, U./Peter, V. (Hrsg.): Dem Kinde zugewandt. Überlegungen und Vorschläge zur Erneuerung der Bildungsgrenzen. Hohengehren: Schneider, S. 1–12.
Schneider, W./Büttner, G. (1995): Entwicklung des Gedächtnisses. In: Oerter, R./Montada, L. (Hrsg.): Entwicklungspsychologie. Weinheim: Beltz, S. 654–704.
Spangler, G./Zimmermann, P. (Hrsg.) (1995): Die Bindungstheorie: Grundlagen, Forschung und Anwendung. Stuttgart: Klett-Cotta.
Spitz, R. (1945): Hospitalism. An inquiry into the genesis of psychiatric conditions in early childhood. In: The Psychoanalytic Study of the Child 1, S. 53–75.

Spitz, R. (1954): Die Entstehung der ersten Objektbeziehungen. Stuttgart (1957): Klett-Cotta.
Spitz, R. (1963): Vom Dialog. München(1988): Deutscher Taschenbuch Verlag.
Spitz, R. (1965): Vom Säugling zum Kleinkind. Stuttgart (1985): Klett-Cotta.
Spitzer, M. (2005): Nervensachen: Geschichte vom Gehirn. Berlin: Suhrkamp.
Sroufe, L.A. (1988): The role of infant-caregiver attachment in development. In: Belsky, J./Nezworski, T. (Hrsg.): Clinical implications of attachment. Hillsdale, N.J.: Erlbaum Associates, S. 18–38.
Sroufe, L.A. (1997): Psychopathology as an outcome of development. In: Development and Psychopathology 9, S. 251–268.
Sroufe, L.A. (2000): Early relationship and the development of children. In: Infant Mental Health Journal 21, S. 67–74.
Statistisches Bundesamt (2009): Geburtenentwicklung. Wiesbaden: Statistisches Bundesamt Deutschland.
Steinhausen, H.-C. (2000): Seelische Störungen im Kindes- und Jugendalter. Stuttgart: Klett-Cotta.
Stern, D. (1985): Die Lebenserfahrung des Säuglings. Stuttgart (1992): Klett-Cotta.
Stern, D. (1995): Die Mutterschaftskonstellation. Eine vergleichende Darstellung verschiedener Formen der Mutter-Kind-Psychotherapie. Stuttgart (1998): Klett-Cotta.
Stern-Bruschweiler, N./Stern, D. (1989): A model for conceptualizing the role of the mother`s representational world in various mother-infant therapies. In: Infant Mental Health Journal 10, S. 142–156.
St. James-Roberts, I./Conroy, S./Wisher, K. (1995): Clinical, developmental and social aspects of infant crying and colic. In: Early Development and Parenting 4, S. 177–189.
St. James-Roberts, I./Halil, T. (1991): Infant crying patterns in the first year: normative and clinical findings. In: Journal of Child Psychology and Psychiatry 32, S. 951–968.
Stone, J./Smith, H./Murphy, L. (1973): The Competent Infant. New York: Basic Books.
Stork, J. (Hrsg.) (1986): Zur Psychologie und Psychopathologie des Säuglings – neue Ergebnisse in der psychoanalytischen Reflexion. Stuttgart-Bad Cannstatt: Frommann-Holzboog.
Stork, J. (1999): Ein Beitrag über das Schreien im frühen Säuglingsalter. In: Kinderanalyse 3, S. 240–266.
Strauß, B./Buchheim, A./Kächele, H. (2002): Klinische Bindungsforschung. Stuttgart: Schattauer.
Suess, G./Burat-Hiemer, E. (2009): Erziehung in Krippe. Kindergarten, Kinderzimmer. Stuttgart: Klett-Cotta.
Suess, G./Kißgen, R. (2005): Frühe Hilfen zur Förderung der Resilienz auf dem Hintergrund der Bindungstheorie: Das STEEP-Modell. In: Cierpka, M. (Hrsg.): Möglichkeiten der Gewaltprävention. Göttingen: Vandenhoeck & Ruprecht, S. 135–152.
Suess, G. J./Pfeifer, W.-K. P. (Hrsg.) (1999): Frühe Hilfen. Gießen: Psychosozial.
Suess, G./Sroufe, J. (2008): Klinische Implikationen der Minnesota Längsschnittstudie zur Persönlichkeitsentwicklung von der Geburt bis ins Erwachsenenalter. In: Frühe Kindheit 11, S. 8–17.
Thomä, H./Kechele, H. (2006): Lehrbuch der psychoanalytischen Therapie. Band I. Grundlagen. Berlin: Springer.
Thompson, R. A. (2008): Early Attachment and Later Development: Familiar questions, new answers. In: Cassidy, J./Shaver, P. R. (Hrsg.): Handbook of Attachment, New York: Guilford, S. 112–120.
Thomas, A./Chess, S. (1984): Genesis and evolution of behavioural disorders: From infancy to early adult life. In: American Journal of Orthopsychiatry 141, S. 1–9.
Tietze, W./Viernickel, S.(Hrsg.) (2002): Pädagogische Qualität in Tageseinrichtungen für Kinder. Ein internationaler Kriterienkatalog. Weinheim: Beltz.
Tomasello, M. (2002): Die kulturelle Entwicklung des menschlichen Denkens. Frankfurt am Main: Suhrkamp.
Tomasello, M. (2009): Die Ursprünge der menschlichen Kommunikation. Frankfurt am Main: Suhrkamp.
Trapmann, H./Rotthaus, W. (2004): Auffälliges Verhalten im Kindesalter. Handbuch für Eltern und Erzieher. Band I. Dortmund: Verlag Modernes Lernen.

Trevarthen, C. (1979): Communication and cooperation in early infancy: A description of primary interactivity. In: Bullowa, M. (Hrsg.): Before Speech. New York: Cambridge University Press, S. 321–346.
Tronick, E./Cohn, J. F. (1989): Infant-mother face-to-face interaction: Age and gender differences in coordination and the occurrence of miscoordination. In: Child Development 60, S. 85–92.
Tulving, E. (1985): How many memory systems are there? In: American psychologist 40, S. 385–398.
Vaitl, D. (1993): Biofeedback. In: Vaitl, D./Petermann, F. (Hrsg.): Handbuch der Entspannungsverfahren, Band 1. Weinheim: Beltz, S. 272–315.
van IJzendoorn, M. H. (1995): Adult attachment representations, parental responsiveness, and infant attachment: A meta-analysis on the predictive validity of the adult attachment interview. In: Psychological Bulletin 117, S. 387–403.
van IJzendoorn, M.H./Sagi, A. (1999): Cross-cultural patterns of attachment: Universal and contextual dimensions. In: Cassidy, J./Shaver, P. (Hrsg.): Handbook of Attachment: Theory, Research, and Clinical Applications. New York: Guilford, S. 713–734.
Vaughn, B./Bost, K. (1999): Attachment and temperament: Redundant, independent, or interacting influences on interpersonal adaptation and personality development? In: Cassidy, J./Shaver, P.R. (Hrsg.): Handbook of Attachment. New York: Guilford, S. 226–248.
Viernickel, S./Völkel, P. (2005): Beobachten und dokumentieren im pädagogischen Alltag. Freiburg: Herder.
Weegmann, W./Kammerlander, C. (Hrsg.) (2010): Die Jüngsten in der Kita. Ein Handbuch zur Krippenpädagogik. Stuttgart: Kohlhammer.
Weinfield, N.S./Sroufe, L.A./Carlson, E. A. (1999): The nature of Individual Differences in Infant-Caregiver Attachment. In: Cassidy, J/Shaver, P.R. (Hrsg.): Handbook of Attachment. New York: Guilford, S. 68–88.
Wessel, M.A./Cobb, J.C./Jackson, E.B./Harris, G.S./Detwiler, A.C. (1954): Paroxysmal fussing in infancy, sometimes called »colic«. In: Pediatrics 14, S. 421–434.
Wilken, M./Jotzo, M./Dunitz-Scheer, M. (2008): Therapie frühkindlicher Fütterstörungen. In: Borke, J./Eickhorst, A. (Hrsg.): Systemische Entwicklungsberatung in der frühen Kindheit. Wien: Facultas UTB, S. 189–210.
Wilkening, F./Krist, H. (2008): Entwicklung der Wahrnehmung und Psychomotorik. In: Oerter, R./Montada, L. (Hrsg.): Entwicklungspsychologie. Weinheim: Beltz, S. 413–435.
Winnicott, D.W. (1958/1985): Von der Kinderheilkunde zur Psychoanalyse. Frankfurt am Main: Fischer.
Winnicott, D.W. (1964/1976): Kind, Familie und Umwelt. München: Ernst Reinhardt.
Winnicott, D.W. (1965/1984): Reifungsprozesse und fördernde Umwelt. Frankfurt am Main: Fischer.
Winnicott, D. W. (1987/1990): Das Baby und seine Mutter. Stuttgart: Klett-Cotta.
Wolke, D. (1999): Interventionen bei Regulationsstörungen. In: Oerter, R./von Haagen, C./Röper, G./Noam, G. (Hrsg.): Klinische Entwicklungspsychologie. Ein Lehrbuch. Weinheim: Psychologie Verlags Union, S. 351–380.
Wolke, D./Rizzo, P./Woods, S.(2002): Persistent infant crying and hyperactivity problems in middle childhood. In: Pediatrics 109, S. 1054–1060.
Zeanah, C.H./Boris, N.V. (2005): Disturbances and Disorders of Attachment in Early Childhood. In: Zeanah, C.H. (Hrsg.): Handbook of Infant Mental Health. New York: Guilford, S. 353–368.
Zeanah, C.H./Smyke, A.T. (2008): Attachment Disorders in Family and Social Context. Infant Mental Health Journal 29, S. 219–233.
Zelnick, L.M./Buchholz, E.S.(1991): Der Begriff der inneren Repräsentanz im Lichte der neueren Säuglingsforschung. In: Psyche 45, S. 810–846.
Zero To Three. National Center for Infants, Toddlers, and Families (Hrsg.) (1999): Diagnostische Klassifikation: 0–3. Seelische Gesundheit und entwicklungsbedingte Störungen bei Säuglingen und Kleinkindern. Wien, New York: Springer.

Ziegenhain, U. (2009): Bindungsstörungen. In: Marggraf, J./Schneider, S. (Hrsg.): Verhaltenstherapie. Bd. 2: Störungen des Kindes- und Jugendalters. Berlin: Springer, S. 313–330.
Ziegenhain, U./Fries, M./Bütow, B./Derksen, B. (2004): Entwicklungspsychologische Beratung für junge Eltern. Weinheim: Juventa.
Ziegenhain, U./Wolff, U. (2000): Der Umgang mit Unvertrautem. Bindungsbeziehung und Krippeneintritt. In: Psychologie in Erziehung und Unterricht 47, S. 176–188.
Zimmermann, P./Spangler, G./Schieche, M./Becker-Scholl, F. (1995): Bindung im Lebenslauf: Determinanten, Kontinuität, Konsequenzen und künftige Perspektiven. In: Spangler, G./Zimmermann, P. (Hrsg.): Die Bindungstheorie: Grundlagen, Forschung und Anwendung. Stuttgart: Klett-Cotta, S. 311–332.

So macht Sprache Spaß

Die kindliche Sprachentwicklung vollzieht sich nicht allein im Gehirn – sie steht im engen Zusammenhang mit der Bewegung.
Vahle beschreibt die vier »Grundbeweglichkeiten« des Körpers – Herzschlag, Atmung, Tasten/Greifen und aufrechter Gang – und erklärt, welche Rolle sie beim Sprechenlernen spielen.

Zahlreiche Beispiele, Gedichte, Übungen und der Blick auf andere Kulturen vermitteln einen spielerischen Umgang mit der Sprache: So macht Sprechen nicht nur den Kindern Spaß!

Fredrik Vahle
Sprache mit Herz, Hand und Fuß
Wege zur Motorik der Verbundenheit
2010. 272 Seiten. Broschiert.
ISBN 978-3-407-62725-4

Beltz Verlag · Weinheim und Basel · Weitere Infos: www.beltz.de

Emotionale und soziale Kompetenzen stärken

Gerhard Friedrich / Renate Friedrich /
Viola de Galgóczy
Mit Kindern Gefühle entdecken
Ein Vorlese-, Spiel- und Mitsingbuch.
Mit Audio-CD
2008. 113 Seiten. Gebunden.
ISBN 978-3-407-62616-5

»Mit Kindern Gefühle entdecken«
ist eine zeitgemäße Einführung in die
Gefühlsentwicklung: Mit direkt
umsetzbaren Ideen, Spielen und
Liedern fördert das Buch die emotionalen und sozialen Kompetenzen von
Kindern. Als Vorlesegeschichte
verfasst, als Bilderbuch illustriert und
mit Musik-CD begleitet, bietet »Mit
Kindern Gefühle entdecken« einen
kindgerechten Zugang.

Der Clou: Die Stimmungen innerhalb
der Rahmengeschichte werden
musikalisch interpretiert. Das Lied um
die Krähe Rabine und acht kurze
Songs zu den wichtigsten emotionalen Grundstimmungen dienen dabei
als didaktisches Werkzeug.

Erzieher/innen und Grundschullehrer/
innen können anhand dieses Buches
Kinder auf eine Reise durch die Welt
der Gefühle mitnehmen. Ein einführender Teil zu den psychologischen
und neurobiologischen Grundlagen
bietet dafür das Fundament.

Beltz Verlag · Weinheim und Basel · Weitere Infos: www.beltz.de